AF645623

Abstract Watercolor

16 kreative und ausdrucksstarke Aquarellmotive

KATE REBECCA LEACH

CV

Inhalt

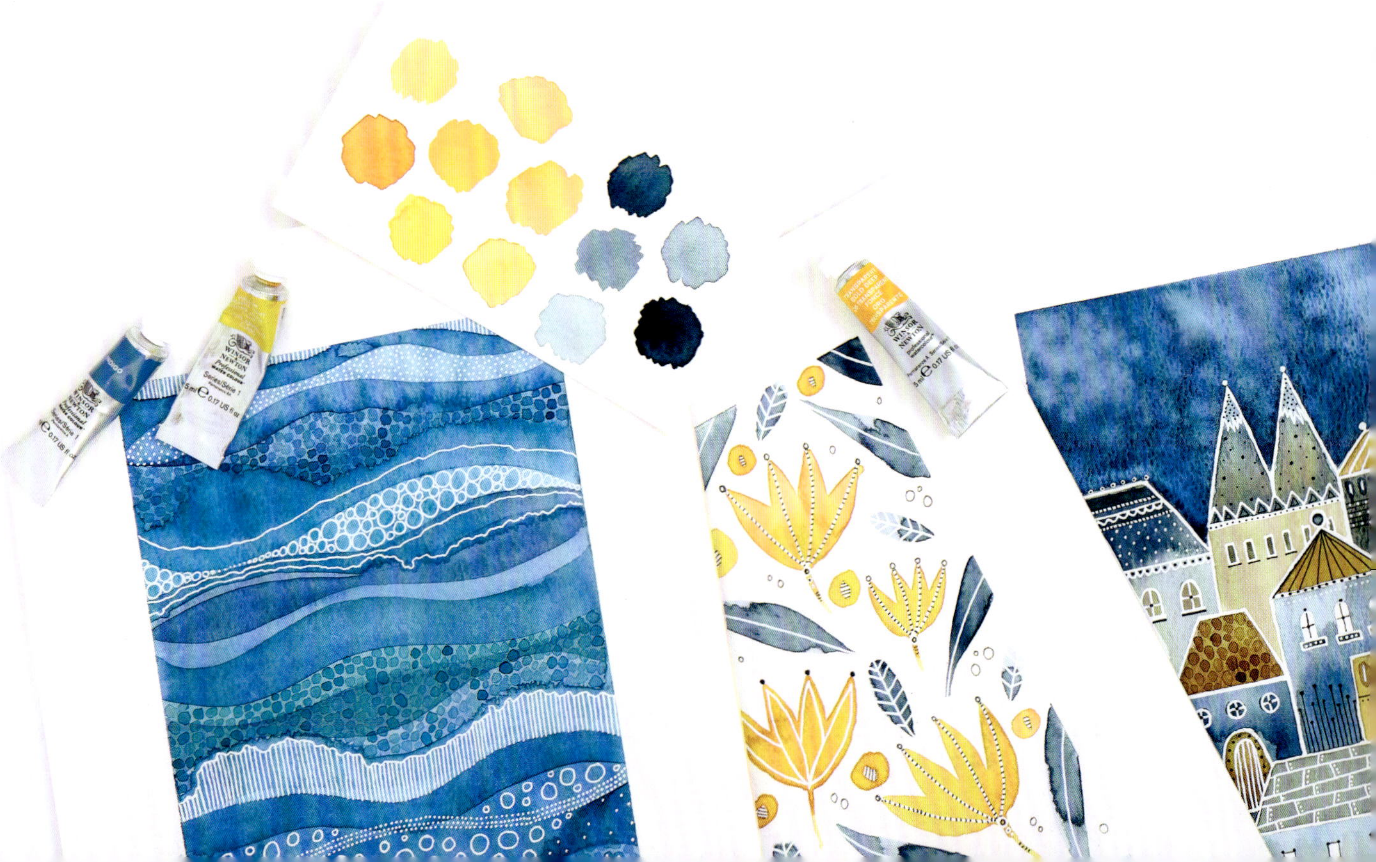

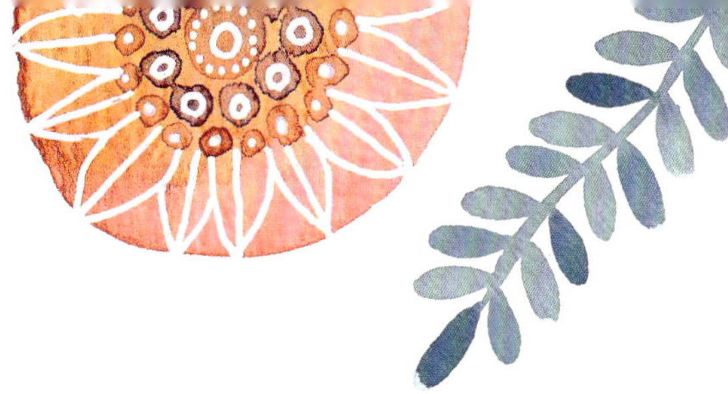

DIE PROJEKTE:

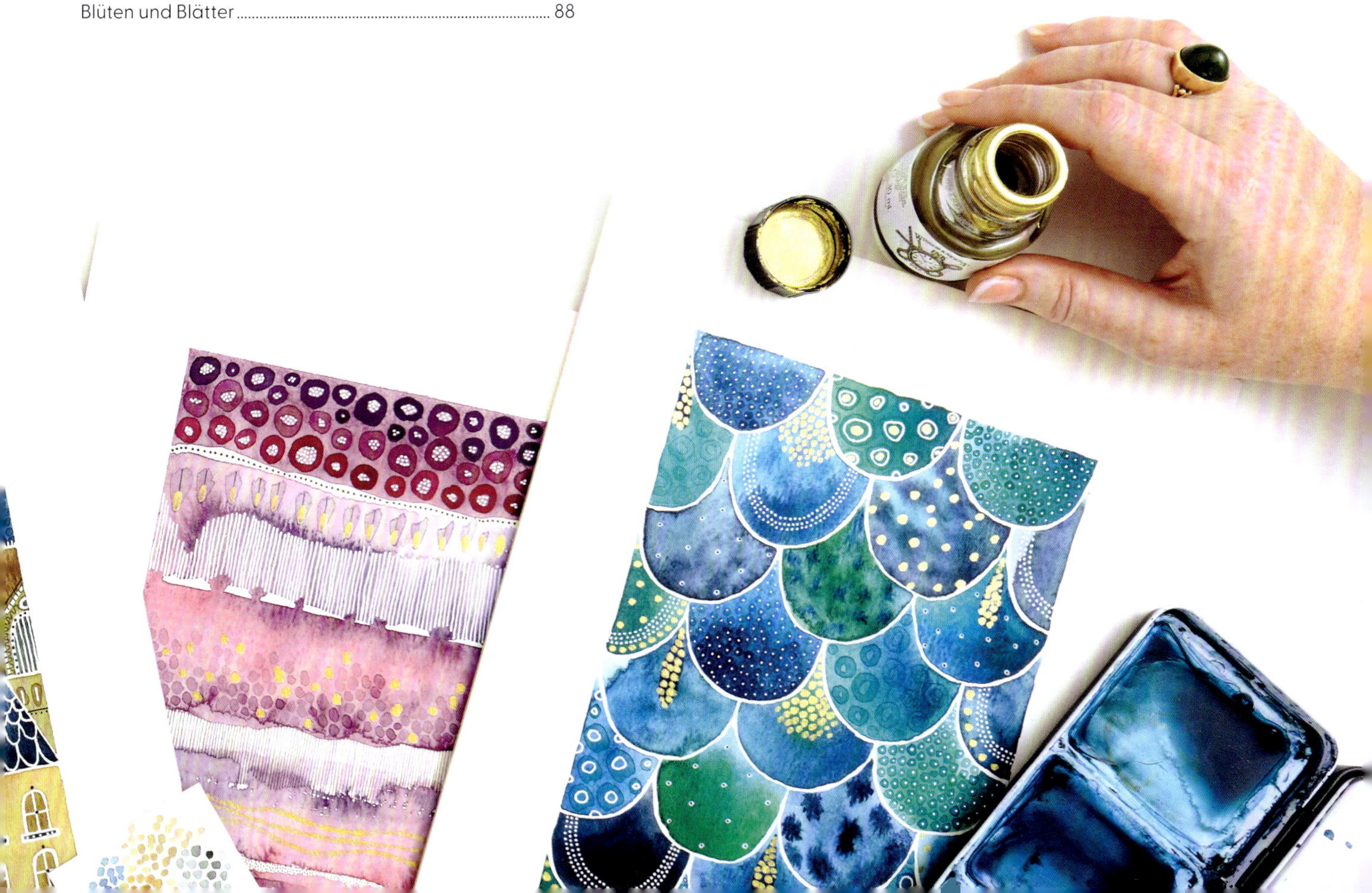

Einführung

Ich war schon immer kreativ, habe Torten extravagant dekoriert, Geschenke und Kunsthandwerkliches selbst gemacht. Ich arbeite gern mit meinen Händen und verleihe allem, was ich tue, eine persönliche Note. Doch das war seit der Ausbildung an der Kunsthochschule alles an Kreativität bei mir, und dann kam 2020 der große Lockdown!

Um die Monotonie des wochenlangen Zuhauseseins zu durchbrechen, nahm ich einen alten Wasserfarbkasten, der viele Jahre in einer Schublade verstaubt war. Als ich wieder zu malen begann, spürte ich eine große Ruhe und Zufriedenheit (meinen Stil zu finden und etwas zu erschaffen, auf das ich stolz war, dauerte allerdings etwas länger!). Als kreativer Mensch, der sich jedoch eingestehen muss, dass er Menschen, Gegenstände oder Landschaften nicht originalgetreu abbilden kann, stand ich vor dem Dilemma, was ich malen sollte. Ich begab mich auf eine Entdeckungsreise durch Farben, Texturen und Formen zu meinem Malstil – meine Liebe zu abstrakten Aquarellen war geboren!

Aber warum liebe ich Aquarelle, und wieso sollte es dir genauso gehen? Zuerst einmal mag ich es, die Farbe (und vor allem das Wasser) den Weg weisen zu lassen. Der Charme der Wasserfarben ist ihr relaxter Flow, in dem ich mich gern verliere. Dass die Farbe flüssig ist, heißt, sie lässt sich nicht immer gut kontrollieren – es herrscht das Prinzip des Zufalls. Das führt zu unerwarteten Farbverläufen (später mehr dazu) und anderen umwerfenden Effekten, die ich hier nicht alle einzeln nennen kann.

Aquarellmalerei hat einen großen Einfluss auf mein Leben und meine mentale Gesundheit gehabt. Manche entscheiden sich für Meditation oder Yoga, für mich aber ist der unkomplizierte und befreiende Charakter der abstrakten Aquarellmalerei eine Form der Achtsamkeit. Sie ermöglicht mir, abzuschalten und mich vom Alltagsstress zu erholen.

Ihr entdeckt in diesem Buch die besten Malmaterialien, die ich durch *viel* Recherche und noch mehr Versuch und Irrtum gefunden habe. Mit ein paar Farben, einem Glas Wasser, ein paar Pinseln und etwas Papier seid ihr bereit für eure Aquarellreise. Mit einfachen Mitteln könnt ihr Umrisse und Muster erschaffen. Schritt-für-Schritt-Projekte lassen die Farbe die Führung übernehmen. Entdeckt neue Farbpaletten, Formen, Muster und Abdecktricks beim Gestalten eurer Kunst.

Mein Ziel ist es, zu vermitteln, wie man Aquarellkunst erschafft, die Wände zieren kann! Dieses Buch wird nicht nur deine Kreativität anfeuern, sondern dich (hoffentlich!) auch ermutigen und inspirieren, deinen eigenen Stil zu finden.

Frohes Malen!

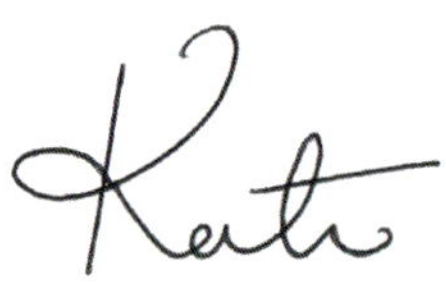

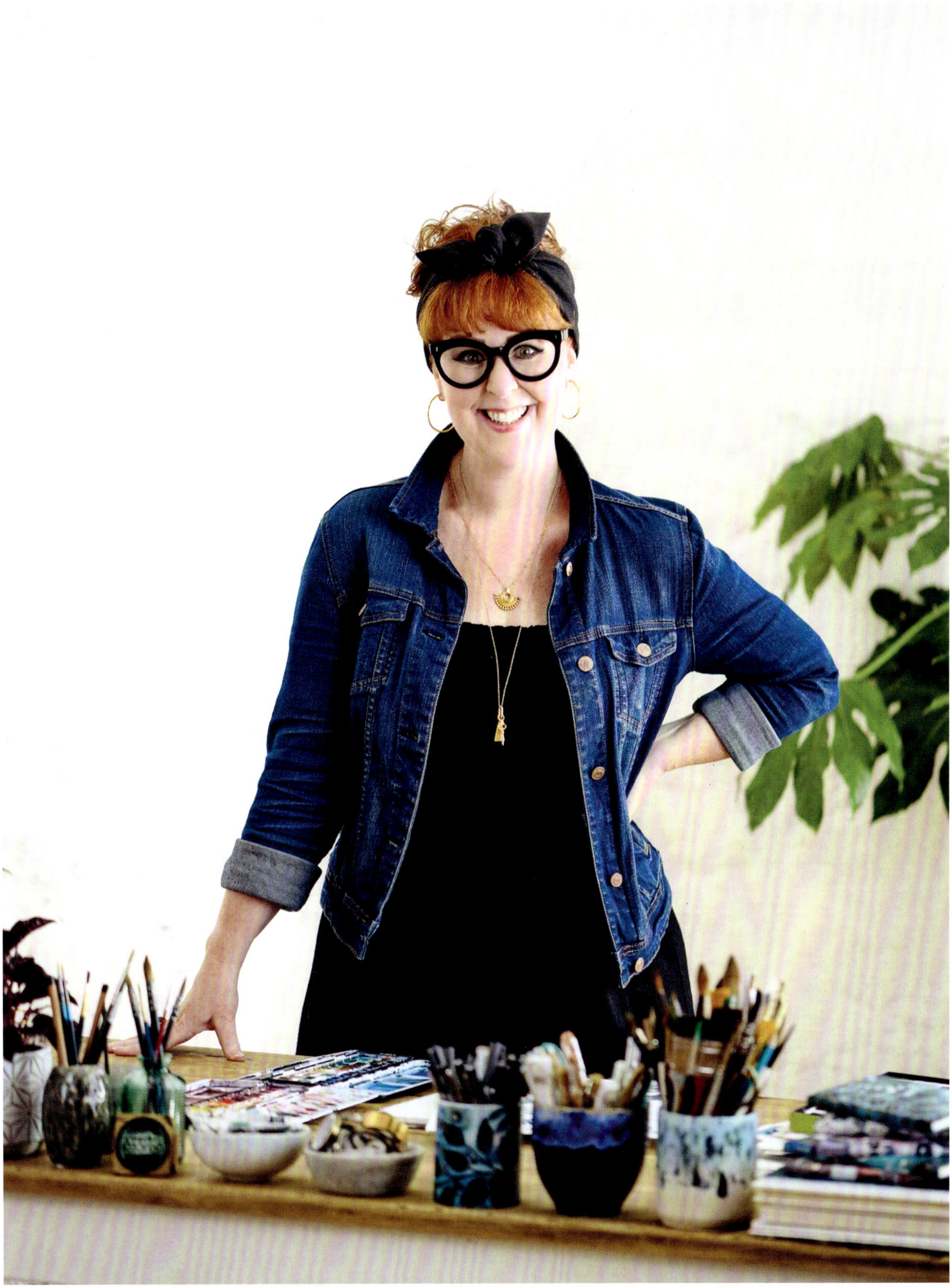

Was ist abstrakte Kunst?

„Abstrakte Kunst ist Kunst, die nicht versucht, die visuelle Realität akkurat darzustellen, sondern stattdessen durch Umrisse, Farben, Formen und Pinselschwünge ihren Effekt erzeugt" **Tate Gallery**

Diese Definition einer meiner Lieblingsgalerien hilft, es zu erfassen. Die allgemeine Definition ist subjektiv, bezieht sich aber meist auf Kunst, die aus der Vorstellungskraft entsteht. Oder einfach ausgedrückt, mit Kunst nicht etwas nachzuahmen, was es in der Wirklichkeit gibt.

Was abstrakte Kunst für mich bedeutet

Für mich ist abstrakte Kunst eine Ausdrucksform, bei der ich einfache Formen, Farben, Texturen und Muster sprechen lasse! Ich versuche nicht, ein Gesicht oder eine Blumenvase zu erschaffen, sondern erzeuge mit meinen Farben gefällige Formen und Muster aus meiner Fantasie. Der Farbflow bestimmt das Aussehen. Einige meiner Lieblingsbilder begannen mit einer einfachen Idee, und die Art, wie die Farbe verlaufen und getrocknet ist, hat das Bild fertiggestellt.

Abstrakte Künstler entdecken

Um abstrakte Kunst wirklich zu verstehen, schaue ich mir Werke aus dieser Bewegung an. Ich möchte nicht ihren Stil imitieren, sondern mich von ihrer Verwendung von Farbe, Form, Textur und Komposition, um Kunst außerhalb der Realität unseres Alltags zu schaffen, inspirieren lassen. Ich erschaffe eine Variation ihrer Kunst, die auf meinen eigenen Gedanken und Gefühlen beruht. Ich habe viele Stunden in Galerien wie der Tate Modern in London verbracht und ihre Werke bewundert. Falls du sie noch nicht kennst, beschäftige dich mit den Werken folgender Künstler:

- *Wassily Kandinsky*
- *Joan Miró*
- *Mark Rothko*
- *Paul Klee*

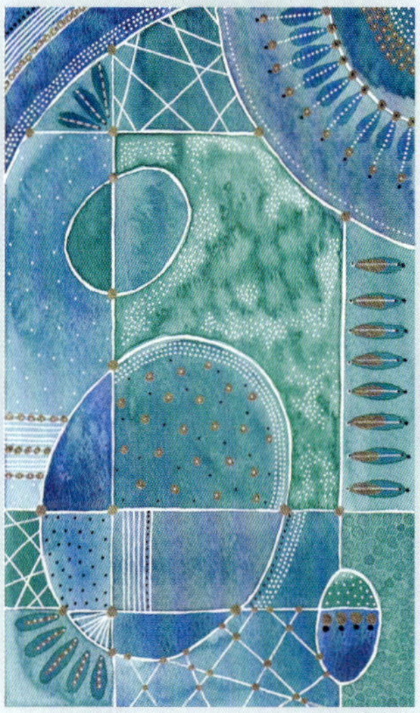

Dieses Gemälde ist ein tolles Beispiel dafür, was ich unter abstrakter Kunst verstehe (siehe Abstrakte Formen: Freestyle-Abstrakt).

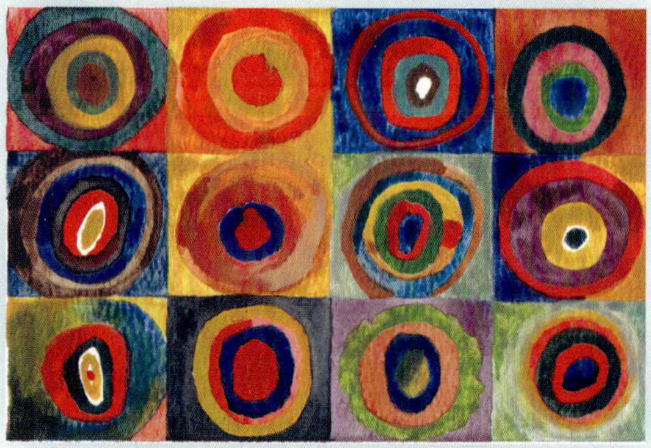

Das berühmte Werk „Color Study. Squares with Concentric Circles" (1913) von Wassily Kandinsky, in meinem eigenen Stil gemalt.

SECHS SCHLÜSSELELEMENTE

Um diesen Abschnitt zu schreiben, musste ich „wieder in die Schule" und diese Schlüsselelemente der abstrakten Kunst nachlesen. Es ist nützlich, über sie Bescheid zu wissen, aber verzettel dich nicht zu sehr damit, dich an diese „Regeln" zu halten. Ich gehe lieber mit dem Flow und mache das, was sich für jedes Stück am besten anfühlt!

DIE SCHLÜSSELELEMENTE

- Linie
- Umriss
- Form
- Farbe
- Farbwert
- Textur

Linie

Für viele Künstler sind Linien die wichtigsten Facetten abstrakter Kunst. Diese botanischen Elemente sind einfache Konturen, die weiße Linie lenkt den Blick nach oben und auf die Komposition. Die Linien verleihen den Blättern Formen (*siehe* Abstrakte botanische Motive: Blüten und Blätter).

Umriss und Form

Es scheint unmöglich, dass sie ausgewogen sind, aber jede Ellipse geht dank subtiler Schattierung als Kiesel durch, was ihre dreidimensionale Form betont. An den Rändern "fließt" jeder Kiesel in den nächsten, lenkt das Auge über die Leinwand, sodass der Gesamteindruck entsteht. (*siehe* Abstrakte Formen: Unterschiedliche Kiesel).

Farbe und Farbwert

Dieses simple Muschelmuster mit Aquatönen erzählt eine starke Farbgeschichte. Aber das Spiel mit Farbwerten (hell und dunkel) schafft auch Kontraste. Das Muster verändert sich von flachen zu tiefen Formen. Der räumliche Lageneffekt zieht den Blick in die Leinwand hinein (*siehe* Abstrakte Formen: Beruhigende Muscheln).

Textur

Lichtreflektierende goldene Tinte und weiße Farbverläufe sehen aus wie eine neblige Mondnacht, während weiße Pünktchen den Nachthimmel geheimnisvoll wirken lassen. Die goldenen Punkte erinnern an die typische Krateroberfläche des Mondes (*siehe* Abstrakte Landschaften: Mondlicht im Wasser).

Linie

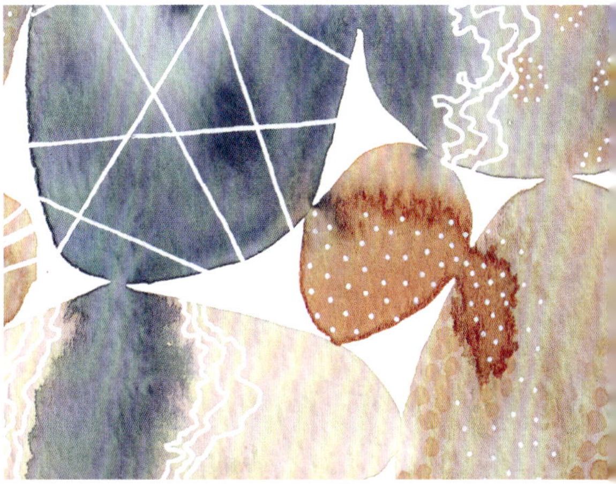

Umriss und Form

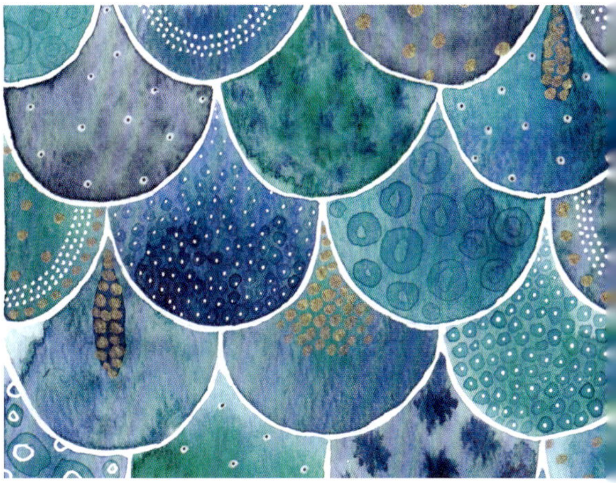

Farbe und Farbwert

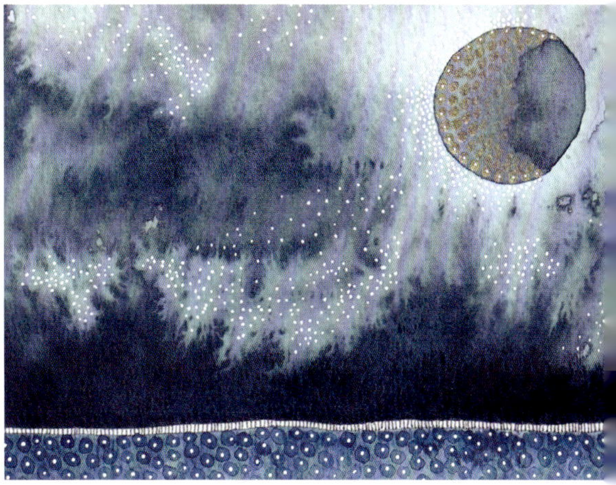

Textur

DIE ELEMENTE MEINER EIGENEN KUNST

Es stimmt, dass die Schlüsselelemente abstrakter Kunst – Farbe, Textur, Umriss, Linie, Farbwert und Form – für die meisten Kunstformen gelten. Aber es ist faszinierend zu sehen, wie solche Grundsätze selbst im abstraktesten Bild vorhanden sind. Dunkle Farben und kleinere Formen erzeugen zum Beispiel auch Tiefe und Perspektive. Kühnes Rot, fröhliches Grün oder ätherisches Lila können Stimmungen und Farben andeuten. Linien – gerade, wellig, reglementiert, kreuz und quer – sorgen für Struktur, Bewegung oder Form. In diesem Buch seht ihr, wie wichtig Textur in meiner Kunst ist, weil sie bewusst (oder zufällig) Umriss und Form erzeugt. Vielleicht funktionieren „glückliche Zufälle" so, dass sie organisch ein oder mehrere dieser Elemente andeuten, die du dann weiterentwickeln kannst!

ABSTRAKTE LANDSCHAFTEN: UNTERWASSERWELT

Konzentrische Kreise geben Form, detaillierte Textur und dunkle Farbwerte lenken den Blick in die Ferne.

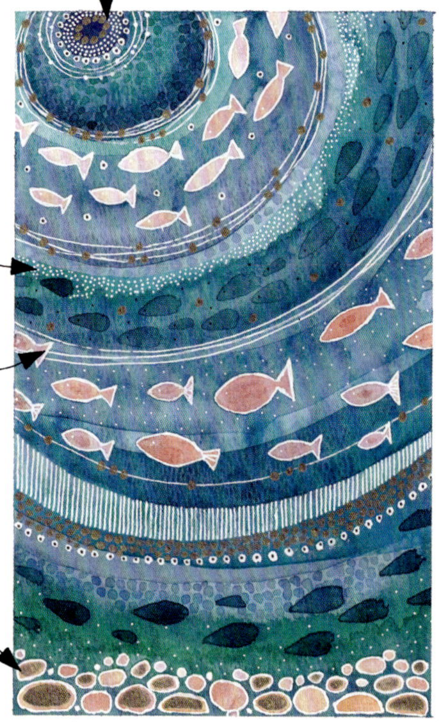

Helle, kühle Farben deuten Wasser und Sonnenlicht an.

Geschwungene Linien transportieren Bewegung.

Durch warm kolorierte Kiesel erhält der Boden Kontur und Form.

ABSTRAKTE UMRISSE: KLOBIGE BLÖCKE

Viele dünne Linien erzeugen simple Texturen und Strukturen.

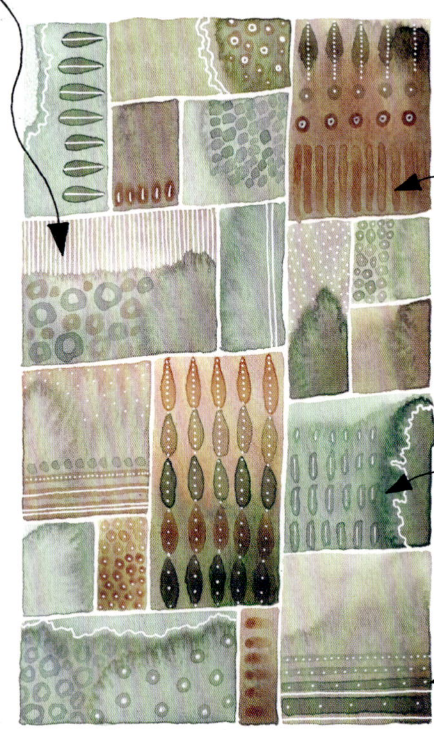

Diese Farbpalette, Umrisse und Texturen generieren eine rustikale Atmosphäre, eine andere Farbpalette würde anders wirken.

Mehrere Werte derselben Farbe verleihen jedem Block und der Gesamtkomposition Tiefe.

Weiße Verzierungen wirken definierend und verhindern, dass die Farbpalette trüb aussieht.

MEINE INSPIRATION

Oft sagen mir die Menschen, was meine Kunst mit ihnen macht, oder was ihrer Meinung nach meine Inspiration war. Es gefällt mir, dass meine Arbeit subjektiv ist; viele ihrer Gedanken oder Ideen zu einem Werk unterscheiden sich sehr von meiner tatsächlichen ursprünglichen Inspiration.

Sich mit einem leeren Blatt Papier hinzusetzen, ist für viele entmutigend. Ich aber liebe diese Spannung – ich weiß nie, was rauskommen wird oder welche Richtung ich einschlagen werde. Ich lasse die Farbe fließen und klinke mich dann ein!

Natur inspiriert mich. Ich bin besessen von Verzierungen (wie ein Blick auf meine Schmucksammlung beweist!), daher füge ich gern Punkte, Dekorationen und – am allerwichtigsten – Gold hinzu (obwohl Silber, Kupfer und Rotguss gelegentlich auch auftauchen). Ein Blatt, eine Vintage-Brosche oder eine Muschel, ebenso wie eine Postkarte oder Magazinseite, können den kreativen Funken überspringen lassen.

Finde dein abstraktes Mindset:

- Eine relaxte Umgebung – das geht auch auf kleinstem Raum.
- Umgib dich mit Inspiration.
- Freue dich über „glückliche Zufälle".
- Folge dem Flow von Farbe und Wasser.
- Nähre deine Obsession (in meinem Fall, Verzierungen!).

Der gute Tipp: Pinterest ist sehr nützlich. Ich möchte keine anderen Künstler kopieren, aber hier findet man tolle Inspirationen für Farben, Umrisse und Muster.

Wenn ich mich zum Malen hinsetze, ist eine ruhige, entspannte Umgebung genauso wichtig wie Pinsel und Papier. Ich habe gern meine Lieblingsgegenstände und Inspirationsquellen in der Nähe. Dann mache ich mir Musik oder ein Hörbuch an, bereite mir eine Tasse Tee und lasse mich von der Farbe treiben.

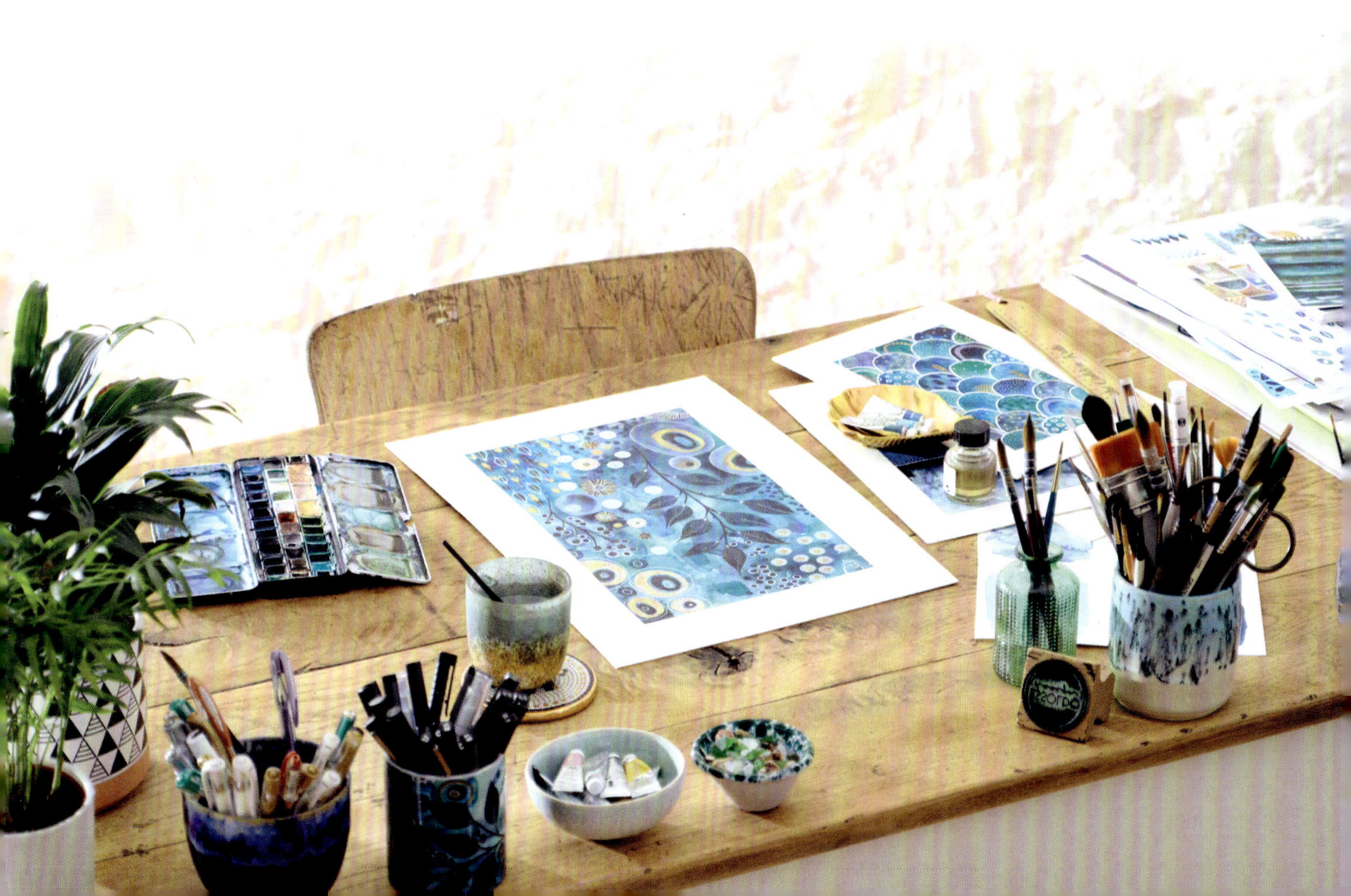

Materialien

Das war am Anfang ein Minenfeld für mich! Die vielen Farben, Papiersorten, Pinsel usw. auf eine Grundausstattung zu reduzieren, ist wirklich schwierig. Lass dich nicht einschüchtern – man braucht wirklich nur ein paar Wasserfarben, einen Malblock, ein oder zwei Pinsel und ein Marmeladenglas voll Wasser! So hab ich angefangen, und das war genau richtig. In den letzten drei Jahren des Ausprobierens habe ich meine Lieblingsmaterialien gefunden, und hier kommen meine Empfehlungen für deine Ausstattung.

FARBE

Die meisten Farben können als Sets gekauft werden, wodurch ihr eine nützliche Grundfarbensammlung erhaltet. Farben können auch individuell gekauft werden. Du kannst einen leeren Kasten verwenden und dein eigenes Set zusammenstellen.

FORMAT

Wasserfarbe gibt es in zwei Formen – Tuben mit Flüssigfarbe und kleine rechteckige „Näpfchen" mit getrockneter Farbe. Mir sind die ökonomischen, tragbaren und leicht anwendbaren Näpfchen lieber. Ein paar meiner Lieblings- und meist verwendeten Farben habe ich auch in Tuben – oft mische ich diese großzügig, bevor ich beginne zu malen.

QUALITÄT

Viele Marken bieten verschiedene Qualitäten an – Schüler oder Profi. Erstere sind günstig, beinhalten aber viel weniger Pigment, ihnen fehlt also die Farbtiefe. Ich rate dir, die besten Farben zu kaufen, die du dir leisten kannst – sie halten ewig, vor allem die Näpfchen! Ich habe mit einem alten Schulfarbkasten von Winsor & Newton begonnen, und bin dann schnell auf die Profi-Reihe umgestiegen, die ich im ganzen Buch benutzt habe.

TIPPS FÜR DEN FARBKAUF

- **Auffüllen und wiederverwenden:** Wenn du die Näpfchen benutzt, ist vielleicht eine Farbe eher leer als die anderen. Kauf diese Farbe in einer Tube nach, fülle sie in das leere Näpfchen und lasse sie trocknen. Wirf ein leeres Näpfchen niemals weg – es kann wiederaufgefüllt und benutzt werden (das habe ich als Autodidaktin erst nach einem Jahr herausgefunden!).
- **Preise vergleichen:** Viele Kunstbedarfshops and Onlinehändler bieten auf Basic-Sets Rabatte an, bei denen man oft bis zu 50 % sparen kann. Farbe ist das eine Material, bei dem es sich meiner Ansicht nach lohnt, etwas mehr auszugeben – die Ergebnisse werden besser und du wirst es nicht bereuen.
- **Experimentieren:** Ich verwende hauptsächlich Winsor & Newton Wasserfarbnäpfchen und -tuben, aber manchmal probiere ich gern andere Farben aus. Kuretake habe ich zum Beispiel auch schon verwendet. Diese übergroßen Näpfchen gibt es in fantastischen Farben. Ihre dickere Farbe kann eher wie eine Gouache verwendet werden, das führt zu interessanten Ergebnissen.

Der gute Tipp: Sieh dich nach lichtbeständiger Farbe um, wie von Winsor & Newton. So behält dein Bild seine Originalfarbe und -ausstrahlung, wenn es an der Wand hängt.

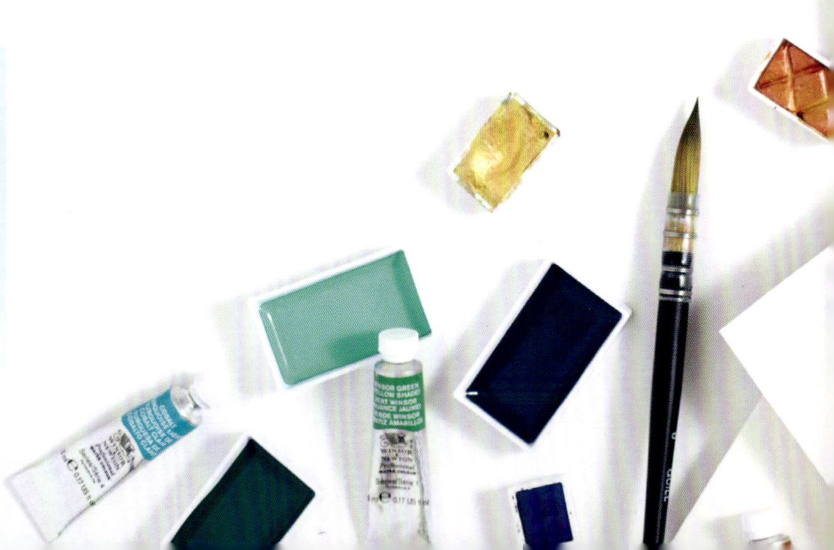

PAPIER

Dein Papier, im wahrsten Sinne des Wortes die Grundlage deiner Arbeit, bestimmt, wie Farben sich mischen, das Wasser sich verteilt und die Farbpigmente sich setzen. Das richtige Papier kann allein durch seine Textur helfen, verschiedene Muster zu erzeugen.

TEXTUR

Aquarellpapier gibt es meist in drei Arten.

- **glatt:** Auch „heißgepresst" genannt, ermöglicht durch die satinierte Oberfläche, kleine und schwierige Details zu realisieren.
- **kaltgepresst:** Das ist mein Lieblingspapier. Seine gefällige Textur enthüllt die natürlichen Eigenschaften des Aquarells und ist auch für Einsteiger geeignet.
- **rau:** Das am stärksten strukturierte Aquarellpapier. Es hat die dickere, körnigere Textur von handgeschöpftem Papier und ist ideal für sehr freie abstrakte Arbeiten.

GEWICHT

Bei allen Papierarten ist das Gewicht ausgezeichnet. Gemessen wird in „g/m²" (Gramm pro Quadratmeter). Ich empfehle, mit 300 g/m²-Papier zu beginnen – es ist robust und gut zum Experimentieren und Üben geeignet.

AUFMACHUNG

Papier gibt es in verschiedenen Aufmachungen – das sind die fünf Hauptarten.

- **Loose Blätter:** Günstig, daher ideal zum Trainieren der autonomen Fingerfertigkeit, zum Ausprobieren verschiedener Techniken und einfach zum Spaßhaben!
- **Sketchbook:** Hält deine Arbeiten zusammen, also super für Einsteiger und das Ausprobieren neuer Techniken oder Ideen. Deine Fortschritte kannst du beim Durchblättern nachverfolgen! Die Spiralbindung hält die Seiten beim Malen flach und stabil.
- **Block:** Die Blätter sind an einer Seite geklebt. Sie können auch abgetrennt werden, wenn du lose Blätter brauchst.
- **Geklebter Block:** Die Blätter sind an allen Seiten geklebt; an einer kleinen Öffnung kannst du die fertigen Blätter abtrennen. Das erste Blatt wird von denen darunter fixiert (ähnlich wie bei der Aquarelltafel, nur budgetfreundlicher). Du musst dein Papier also nicht anfeuchten und vorspannen – das ist viel Arbeit, daher mache ich das nie!
- **Aquarellkarton:** Ein Aquarellpapier ist bereits auf einen stabilen Karton aufgebracht. Du kannst viel Farbe und Wasser verwenden, das Papier verzieht sich nicht (das kann mit dünnerem Papier passieren). Schau nach einem Karton mit kaltgepresstem Papier.

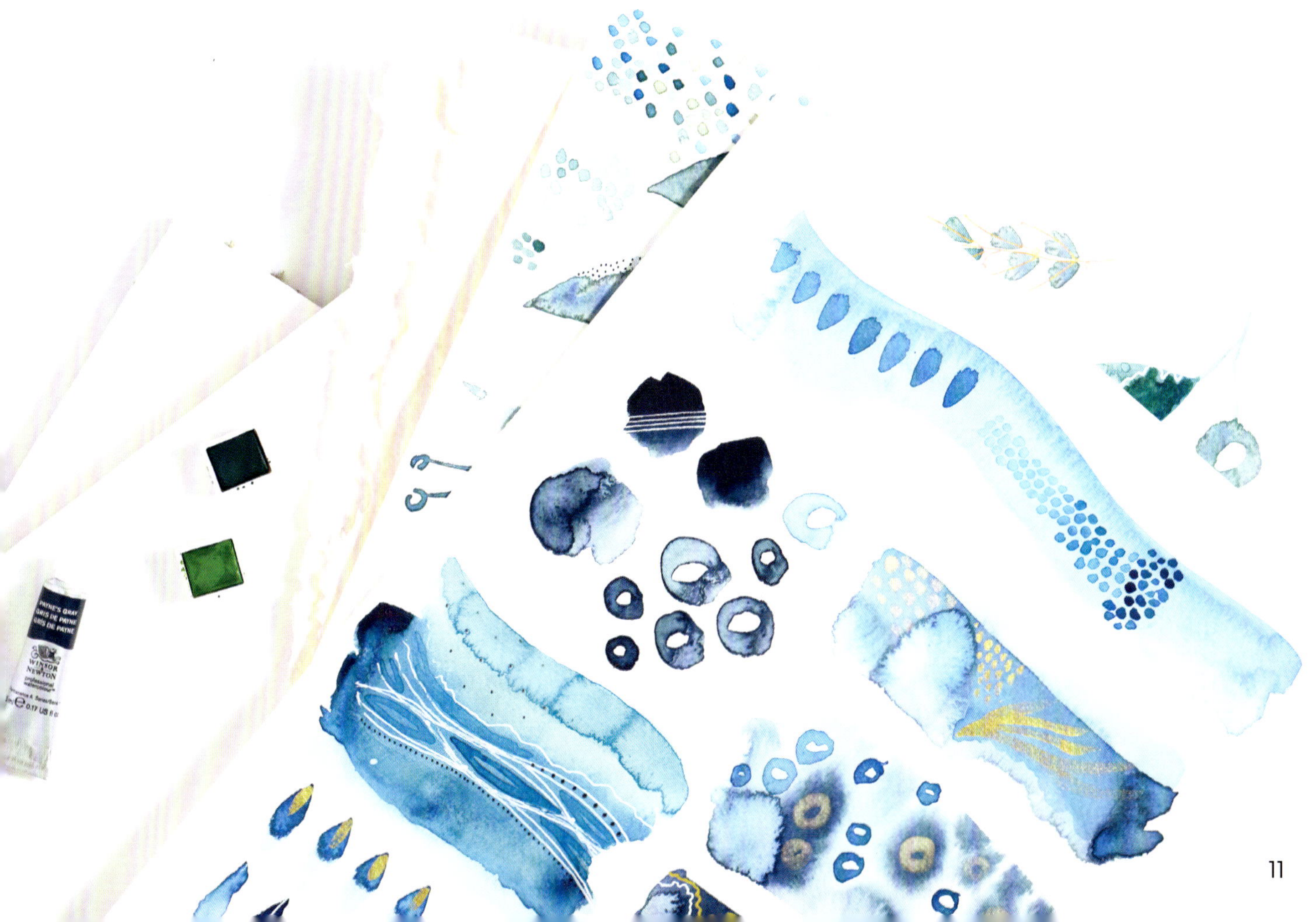

PINSEL

Ich glaube, ich hab die meisten der *vielen* Pinsel da draußen ausprobiert! Am Anfang hab ich mehrere gekauft, aber nur ein paar wiederholt benutzt. Ein paar Pinsel vom Kunstbedarf, mehr braucht ihr nicht zum Loslegen. Diese verwende ich und kann sie empfehlen.

QUILLPINSEL

Ein toller Allrounder. Voller „Bauch“ und dünne Spitze für Muster und feine Details. Er speichert viel Farbe oder Wasser, sodass du vor dem Nachladen länger malen kannst.

Ich verwende ... Jackson’s Icon Quillpinsel. Ich habe mehrere Größen, Größe 0 ist ein Muss, Größe 000 nützlich für Details, Größe 4 für große Flächen.

RUNDPINSEL

Noch ein schöner Allroundpinsel. Die Größen 0, 4 und 8 sind ideal für Einsteiger.

Ich verwende ... Daler Rowney Rundpinsel – über die Jahre haben sich so einige angesammelt.

FILBERTPINSEL

Vielseitiger, robuster Pinsel für interessante Abdrücke. Flache ovale Borsten, mit denen ich Regentropfen male.

Ich verwende ... einen alten Daler Rowney Filbertpinsel – er stammt noch aus meiner Zeit als Kunststudentin! Größe 3 oder 4 ist am nützlichsten.

ABDECKMATERIAL

Wo deine Farbe *nicht* hinfließt, ist ebenso wichtig wie wo sie hinfließt! Mit diesen Produkten kreiere ich winzige Details, deutliche Grenzen und alles dazwischen.

MASKIERBAND

Ein gutes Tape ist absolut essenziell in deinem Starterkit! Man braucht es zum Abkleben einfacher Umrisse, Gestalten weicher Ränder und zum Einhalten einer klaren weißen Grenze (*siehe* Techniken: Abdeckgrenzen). Ich nehme Frog Tape Yellow Delicate Surface Painter’s Tape, 24 mm (1in) und 36 mm (1½in) breit. Es dient statt Maskierflüssigkeit ebenfalls dazu, Umrisse oder Flächen abzukleben, an die keine Farbe kommen soll.

MASKIERFLÜSSIGKEIT

Wenn du komplexere Umrisse abdecken willst, kommt sie zum Einsatz. Wenn du farbfreie weiße Flächen haben, aber dennoch Aquarellfarbe benutzen willst, bringst du erst die Flüssigkeit auf und wenn sie getrocknet ist, kannst du darübermalen. Wenn die Farbe trocken ist, kannst du die gummiartig erstarrte Maskierflüssigkeit entfernen (*siehe* Techniken: Formen und Highlights abdecken).

Quillpinsel, Größe 0

Quillpinsel, Größe 000

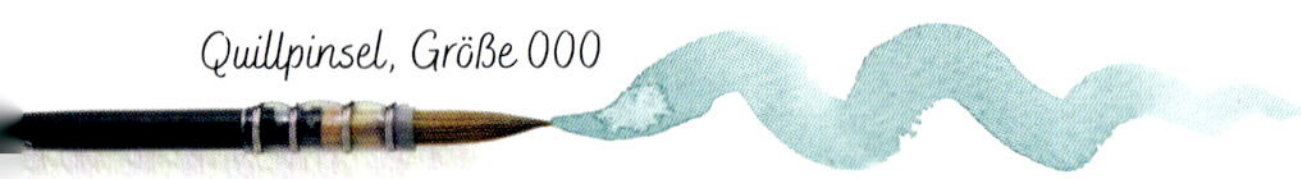

Rundpinsel, Größe 4

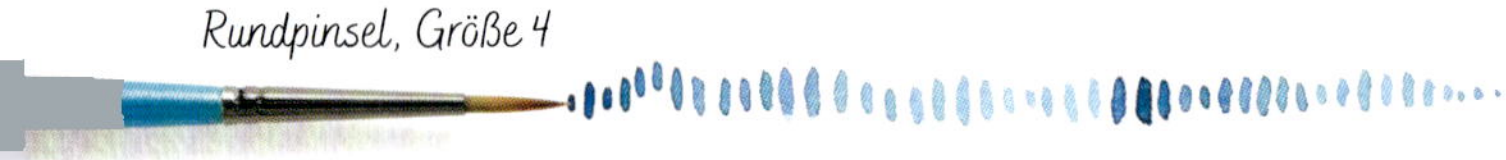

Rundpinsel, Größe 2

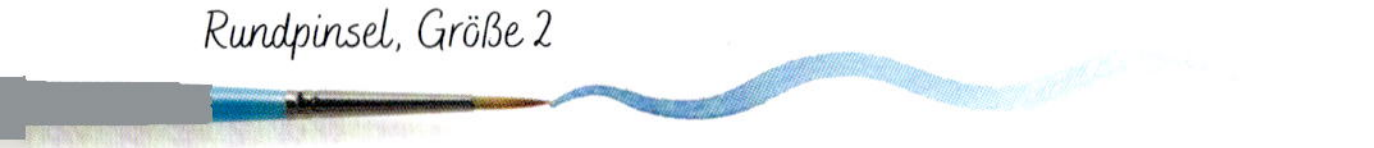

Filbertpinsel, Größe 1

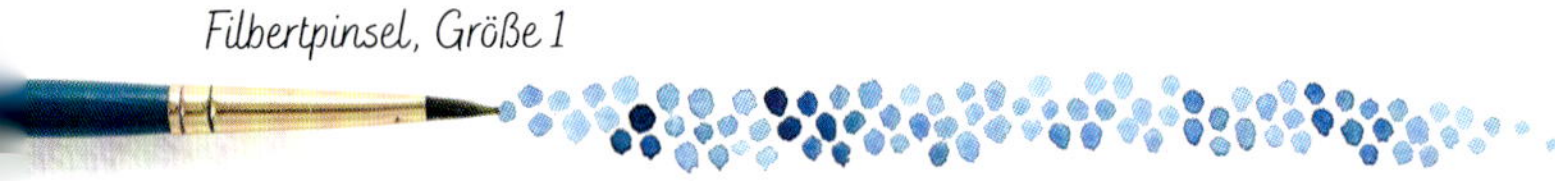

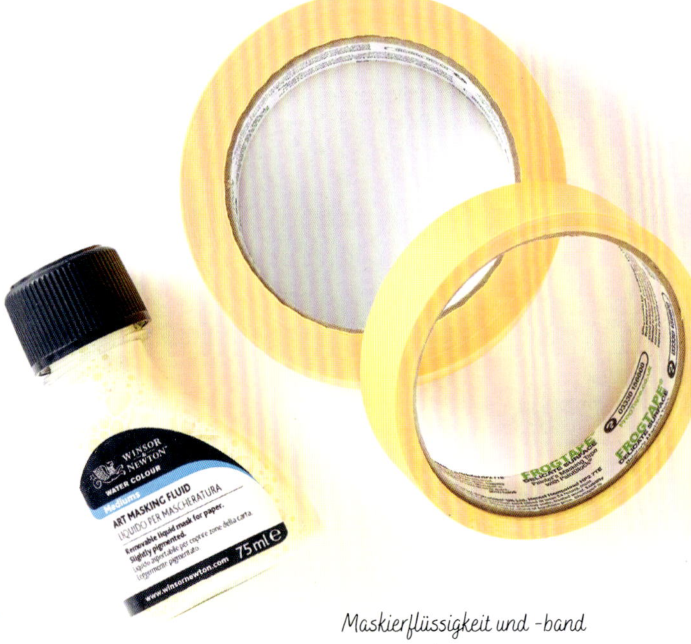

Maskierflüssigkeit und -band sind einfach anzuwenden, aber werten deine Kunst wirklich auf.

TINTE UND STIFTE

Neben Farbe gibt es noch andere Medien, die gut zu Aquarellmalerei passen und dir ermöglichen, deinem Bild feine Details und Verzierungen hinzuzufügen.

METALLICTINTE

Wie ich schon sagte, verziere ich meine Arbeit gern mit metallischen Details und Highlights über der Aquarellbasis. Es gibt fantastische Metallicaquarellfarben auf dem Markt, aber ich finde, Metallictinte erzeugt den schönsten Glanz! Ich nutze gern Winsor & Newton Metallictinte. Das dicke Metalllic-Pigment und die klare Flüssiglösung trennen sich in der Flasche, also vor Gebrauch gut schütteln. Nimm einen Filbertpinsel für Punkte, oder einen kleinen Rundpinsel für andere Details.

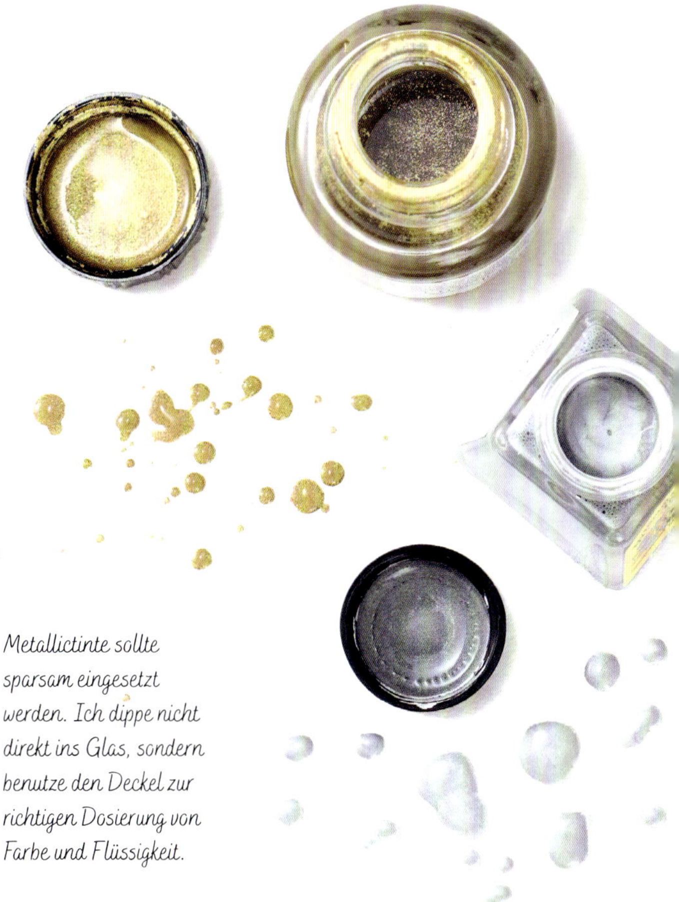

Metallictinte sollte sparsam eingesetzt werden. Ich dippe nicht direkt ins Glas, sondern benutze den Deckel zur richtigen Dosierung von Farbe und Flüssigkeit.

STIFTE

Wie mit Metallictinte kann man mit Stiften Textur, neue Farbe oder Details auf das fertige Bild malen. Das wird manchmal „mixed media" genannt – wenn man zusätzliche Materialien über die Aquarellbasis aufbringt. Ich nehme verschiedene Stifte, um Linien, Punkte, Details und anderes hinzuzufügen. Das sind die besten Stifte, die ich entdeckt habe:

Weiße und Metallic-Gelstifte

Uni-Ball Signo Gelschreiber fließen schön und sorgen für eine schöne Abdeckung, auch über dunkleren Farben. Ich verwende die Größe „breit", aber sie ist nur 1 mm breit! Geeignet für feine Linien und Details.

Weiße Paint Marker

Uni Posca Pigmentmarker machen tolle Punkte, Striche und andere Verzierungen. Ich habe viele Größen, damit ich für jedes Bild, das ich male, den passenden parat habe.

Schwarze Fineliner

Mit ihnen kann man einfach und präzise Details hinzufügen. Ich verwende verschiedene Größen, von 0,1 mm für ultra feine Linien bis zu 0,8 mm für breite Punkte.

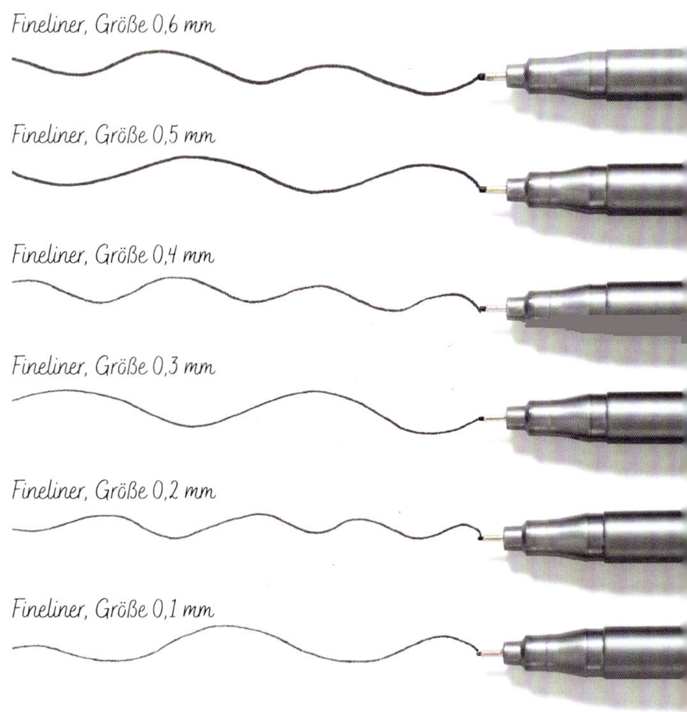

Der gute Tipp: Wenn du mit Tintenstiften auf Farbe malst, achte darauf, dass die Stifte wasserfest sind, damit nichts verschmiert und verläuft!

Farbphilosophie

Beim Schreiben dieses Buches war mir klar, dass ich einen Überblick über Farben geben muss – wie sie verwendet werden und meine persönlichen Präferenzen. Da ich Kunst studiert habe, muss ich mich schon mal mit dem Farbrad und traditioneller Farbenlehre beschäftigt haben – aber das ist schrecklich lange her! 20 Jahre später bin ich sehr relaxt bei der Auswahl meiner Farben und arbeite lieber mit Tönen, zu denen ich mich hingezogen fühle, als mit vorgeschriebenen Farben, die angeblich „zusammenpassen". In diesem Abschnitt leite ich dich durch ein paar meiner bevorzugten Farben und Paletten und wie ich sie verwende.

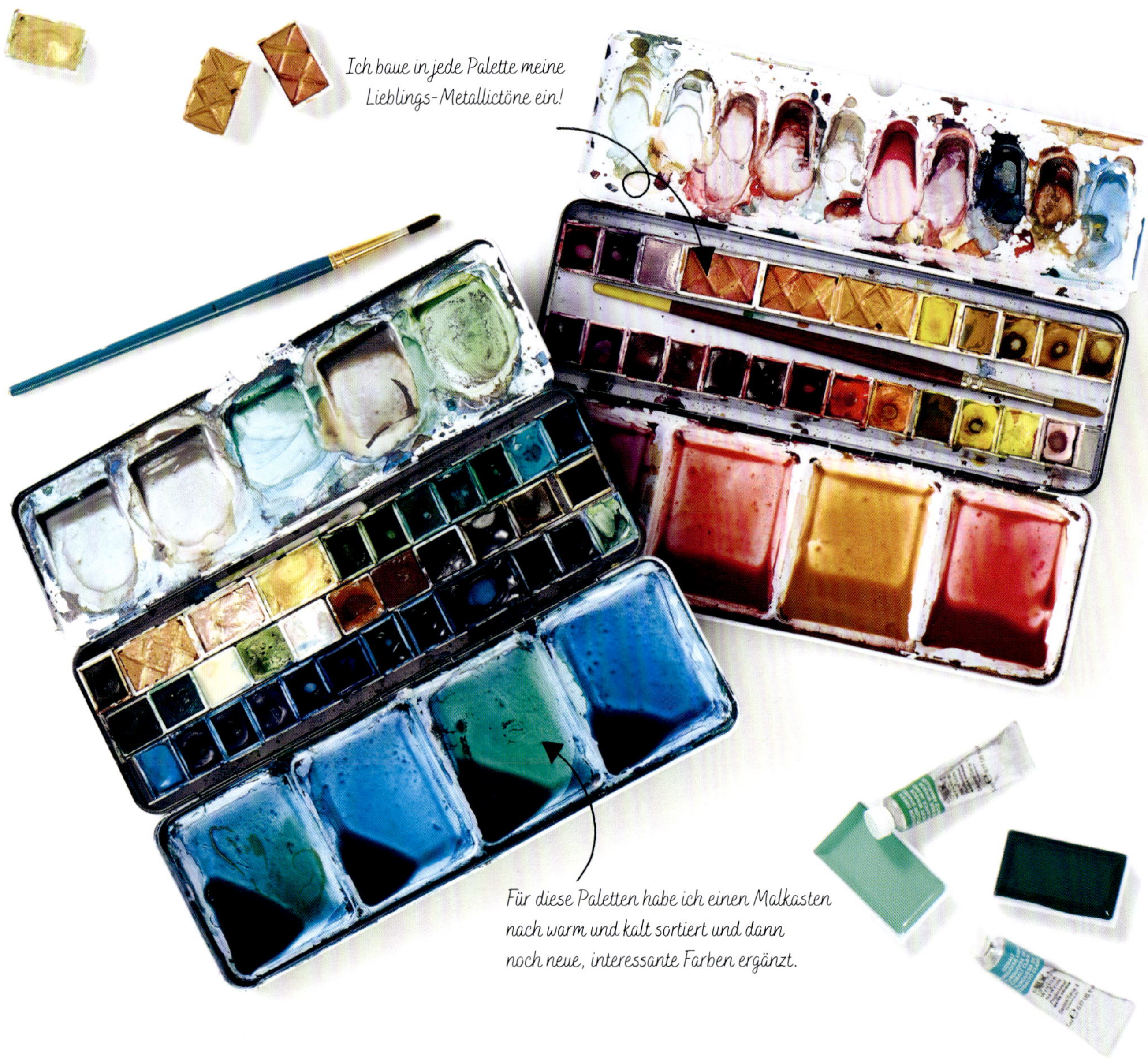

ANALOGE PALETTEN

Als ich mich auf dieses Kapitel vorbereitet und mir meine Arbeiten angesehen habe, stellte ich fest, dass ich nicht nur gern die kühlen *oder* warmen Seiten des Farbrades verwende, sondern häufig auch ein schmaleres „Stück" benachbarter Farben, die nebeneinander auf dem Farbrad sitzen. Diese werden oft als „analoge" Paletten bezeichnet. Sie sind eine sichere Wahl, um einen harmonischen, gefälligen Look zu kreieren, bei dem keine Farbe zu sehr im Vordergrund steht. Ein bisschen Metallicfarbe (vor allem Gold) hilft, Schlaglichter und Kontraste zu setzen.

Der gute Tipp: Eine „Akzentfarbe", die sich von den anderen abhebt, macht dein Werk interessanter. Du findest sie auf dem Farbrad wahrscheinlich am ehesten gegenüber von deinem analogen Segment.

Ich liebe die Frische, die entsteht, wenn ich bei kühlen Blau-, Grün-, Aqua- und Smaragdtönen bleibe.

Verschiedene Werte derselben Farbe sorgen für Abwechslung und räumliche Formen.

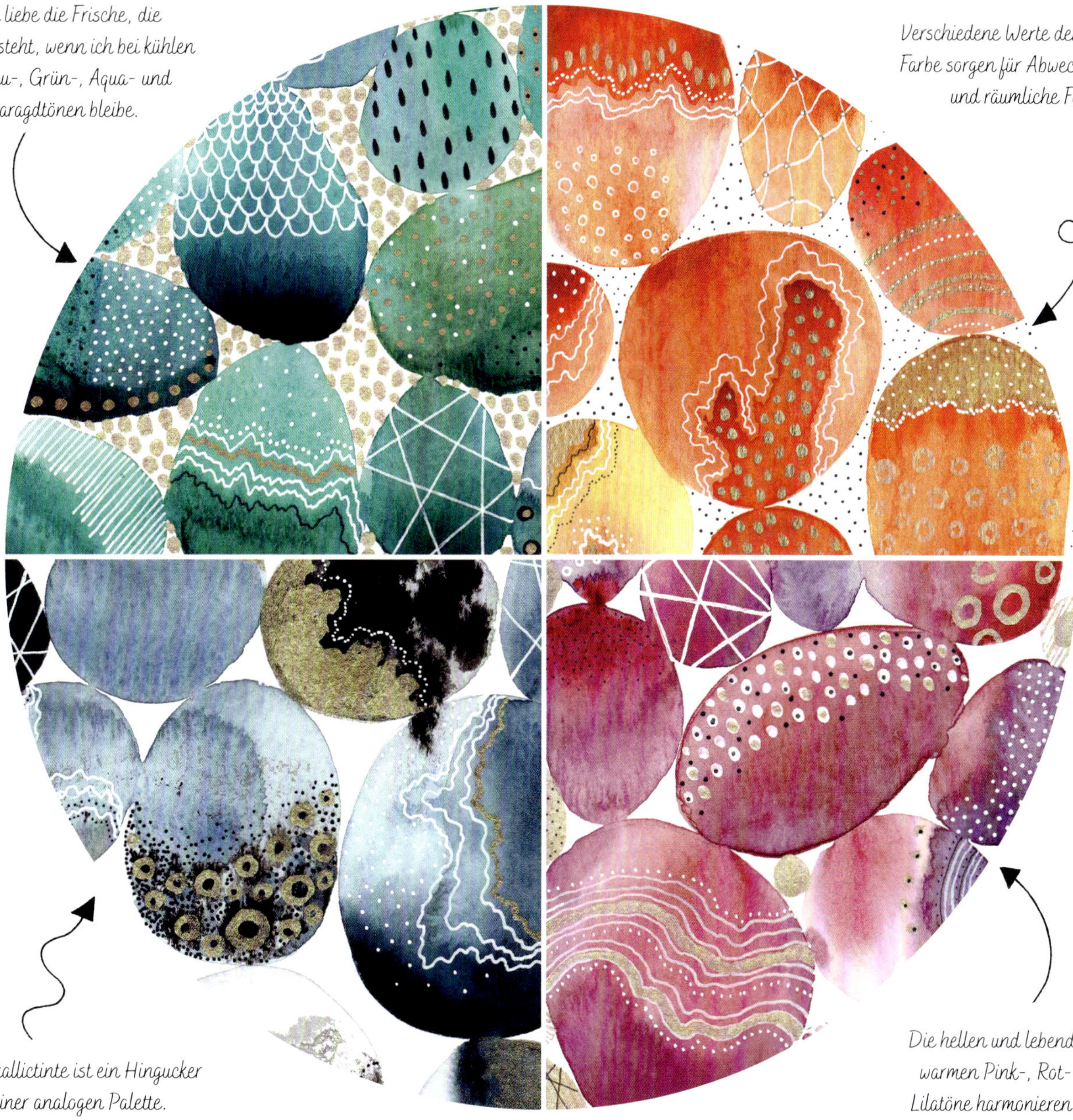

Metallictinte ist ein Hingucker in einer analogen Palette.

Die hellen und lebendigen warmen Pink-, Rot- und Lilatöne harmonieren gut.

PAYNE'S GRAU

Meine meistverwendete Farbe ist Payne's Grau. Ich habe sie in Näpfchen und Tuben und sie ist sowohl schön als auch vielseitig. Satte, gedämpfte Töne erhältst du, indem du versuchst, die Farbtiefe zu intensivieren; das wird viel weicher als das traditionelle Elfenbeinschwarz der meisten Malkästen.

Monochrome Palette

Payne's Grau kann auch in verschiedenen Stärken (vermischt mit mehr oder weniger Wasser) verwendet werden, um eine sanfte, einladende Palette Blaugrau zu erzeugen. Diese Art Palette wird häufig als „monochrom" bezeichnet – ein Design wird mit nur einer Farbe gestaltet.

Der gute Tipp: Wenn dein monochromes Bild etwas „kontrastarm" aussieht, lass es trocknen und trage eine zweite Farbschicht auf (*siehe* Techniken: Nass auf Trocken). So werden Tiefe und Kontrast verstärkt, aber der monochrome Effekt bleibt erhalten.

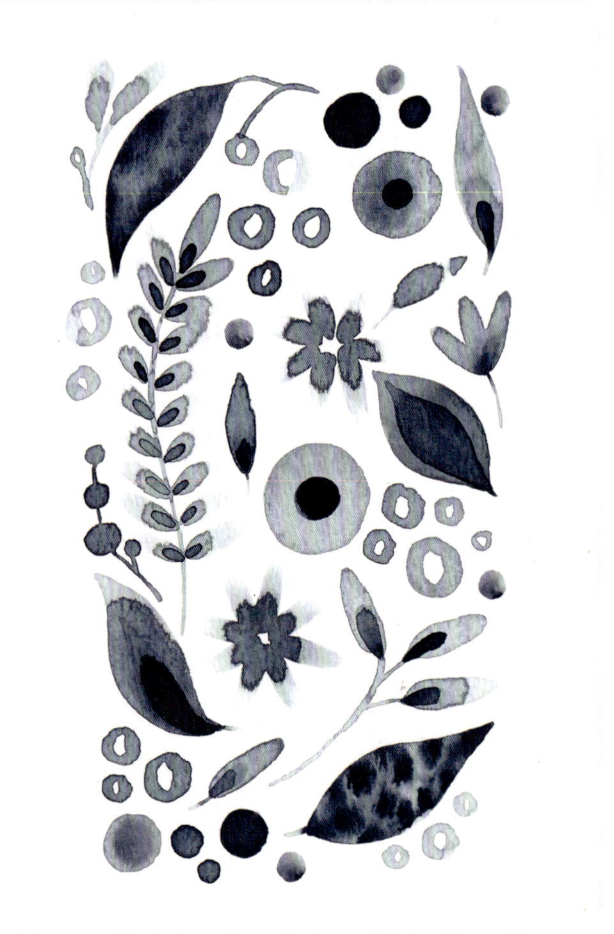

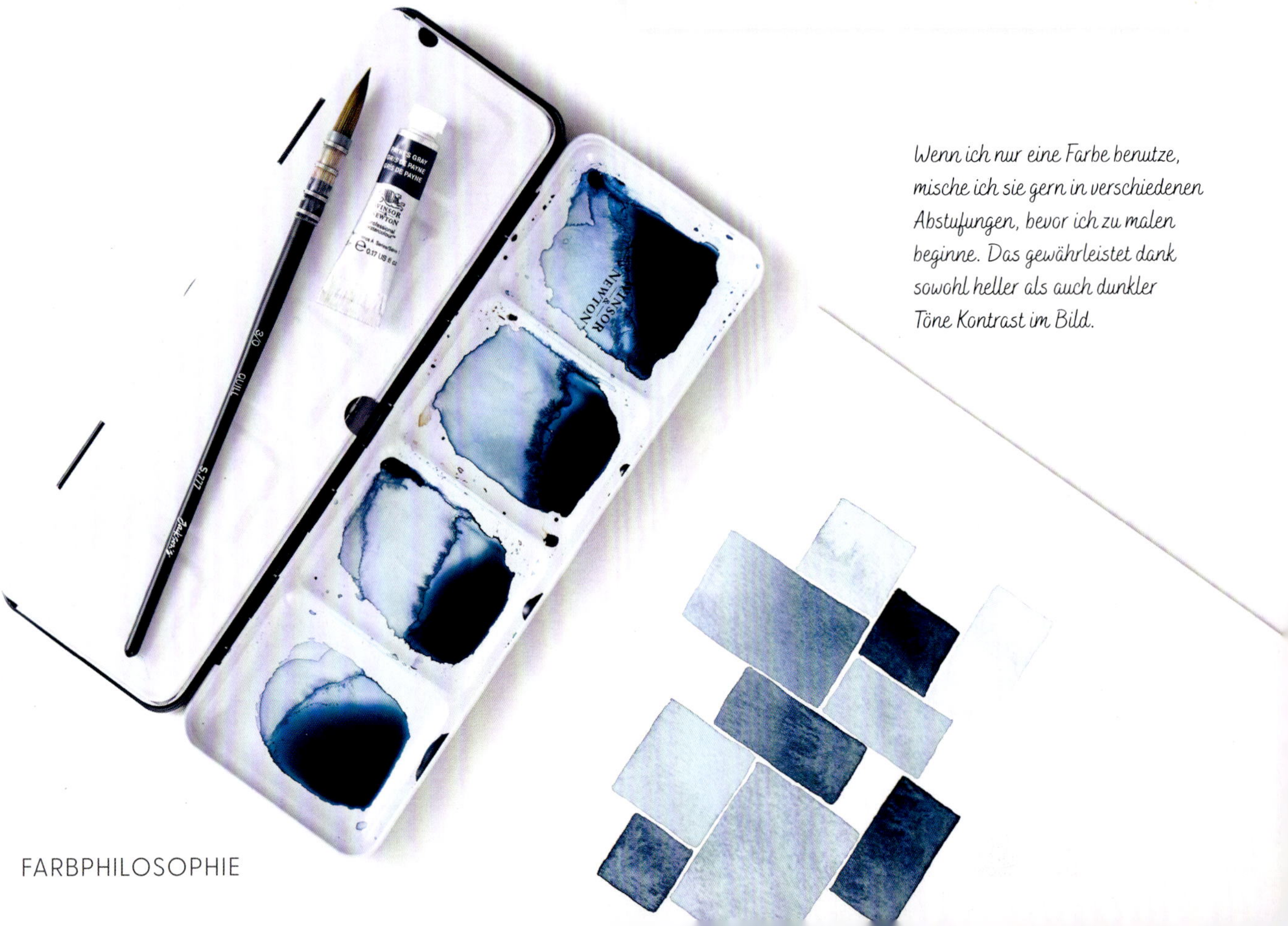

Wenn ich nur eine Farbe benutze, mische ich sie gern in verschiedenen Abstufungen, bevor ich zu malen beginne. Das gewährleistet dank sowohl heller als auch dunkler Töne Kontrast im Bild.

FARBEN MISCHEN

Farben können bestimmte Gefühle oder Stimmungen hervorrufen, und mit Aquarellfarben erschaffst du oft viele neue Farben und Farbtöne, wenn die Farbe sich mischt und ineinander verläuft. Ich liebe es, in der Palette meine eigenen Farben zu mischen, dabei entstehen oft neue interessante Nuancen. Und dein Malkasten wird doppelt so groß, obwohl du nur die vorhandenen Farben benutzt.

Die Projekte

Zu Beginn jedes Projekts sage ich dir, mit welchen Farben ich die gezeigte Palette erzeugt habe. Aber natürlich entscheidest du selbst, welche Farben du tatsächlich nimmst. Ich zeige dir auch Anregungen für alternative Paletten. Versuche, verschiedene Schattierungen zu mischen, um unzählige unterschiedliche und dezente Farbkombis zu erhalten.

Mix it up – misch es einfach

Bei der folgenden Übung geht es ums Experimentieren. Mische deine drei Hauptfarben und hab deine Mischmedien zur Hand. Rühre die Farben in verschiedenen Verhältnissen in einzelnen Abteilen deiner Palette an, damit sie separat bleiben. Mit Payne's Grau werden sie dunkler, mit Wasser heller. Weiß macht die Farben weicher und pastellig. Ich mische auch mal alles mit allem und schaue, was herauskommt – Experimentieren ist angesagt!

Der gute Tipp: Was machst du, wenn du die perfekte Farbe gemischt hast, aber sie nicht aufbrauchst? Wasche sie nicht von der Palette runter – lass die Mischung einfach trocknen! Das trockene Pigment kann aufbewahrt und mit ein bisschen Wasser beim nächsten Mal reaktiviert werden.

3 Kernfarben | **3 Mischmedien**

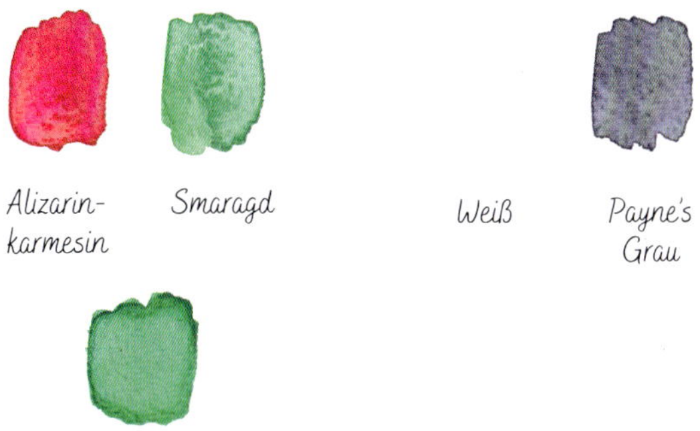

Alizarinkarmesin, *Smaragd*, *Kräftiges Grün* | *Weiß*, *Payne's Grau*, *Wasser*

Mische bis zu 30 neue Nuancen!

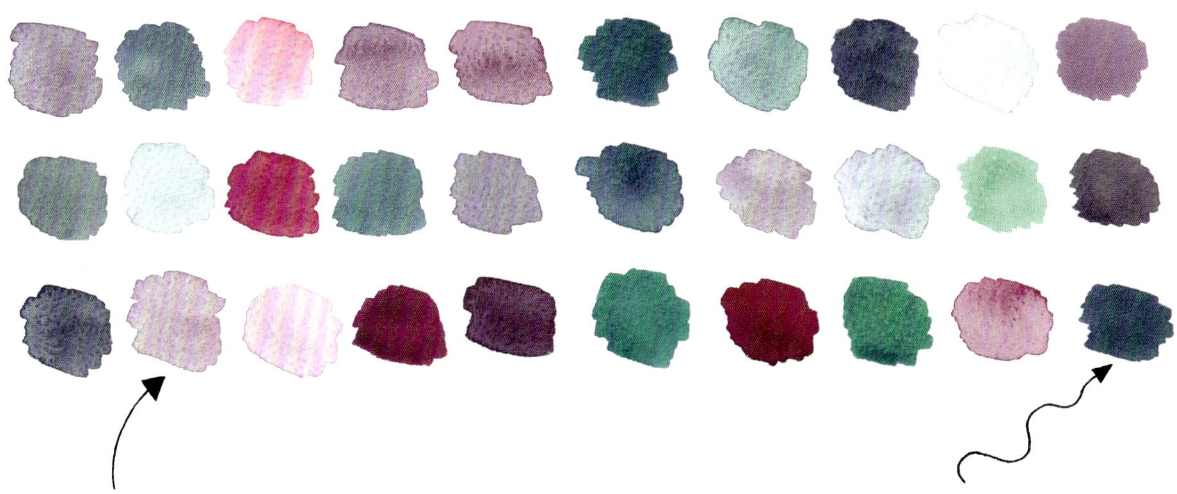

Pink und Payne's Grau können in verschiedenen Mengen gemischt werden, um Pink- und Lilanuancen zu erhalten.

Grün und Payne's Grau gemischt ergeben ein großes Spektrum Grün-, Blaugrün- und Meergrüntöne.

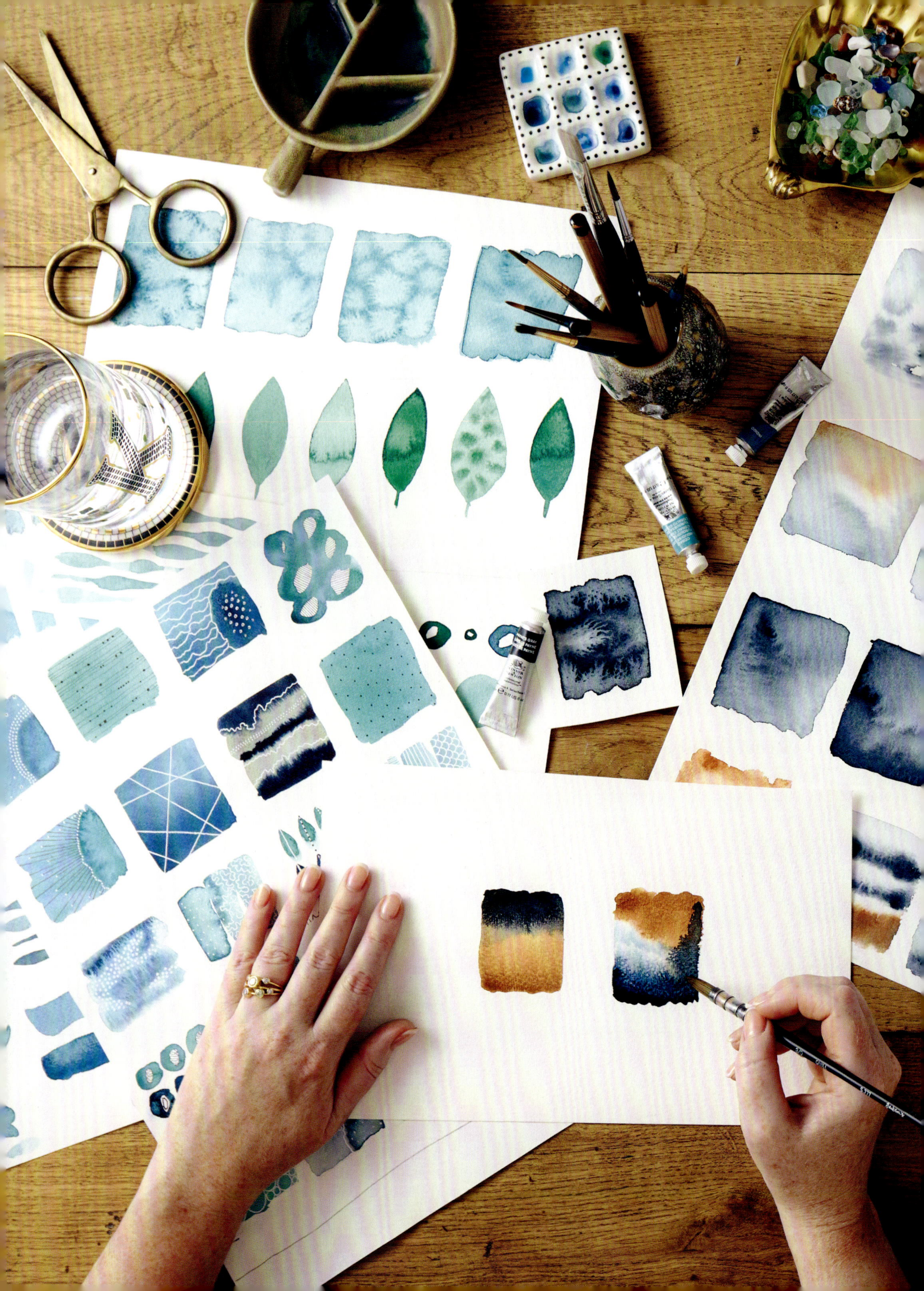

Techniken

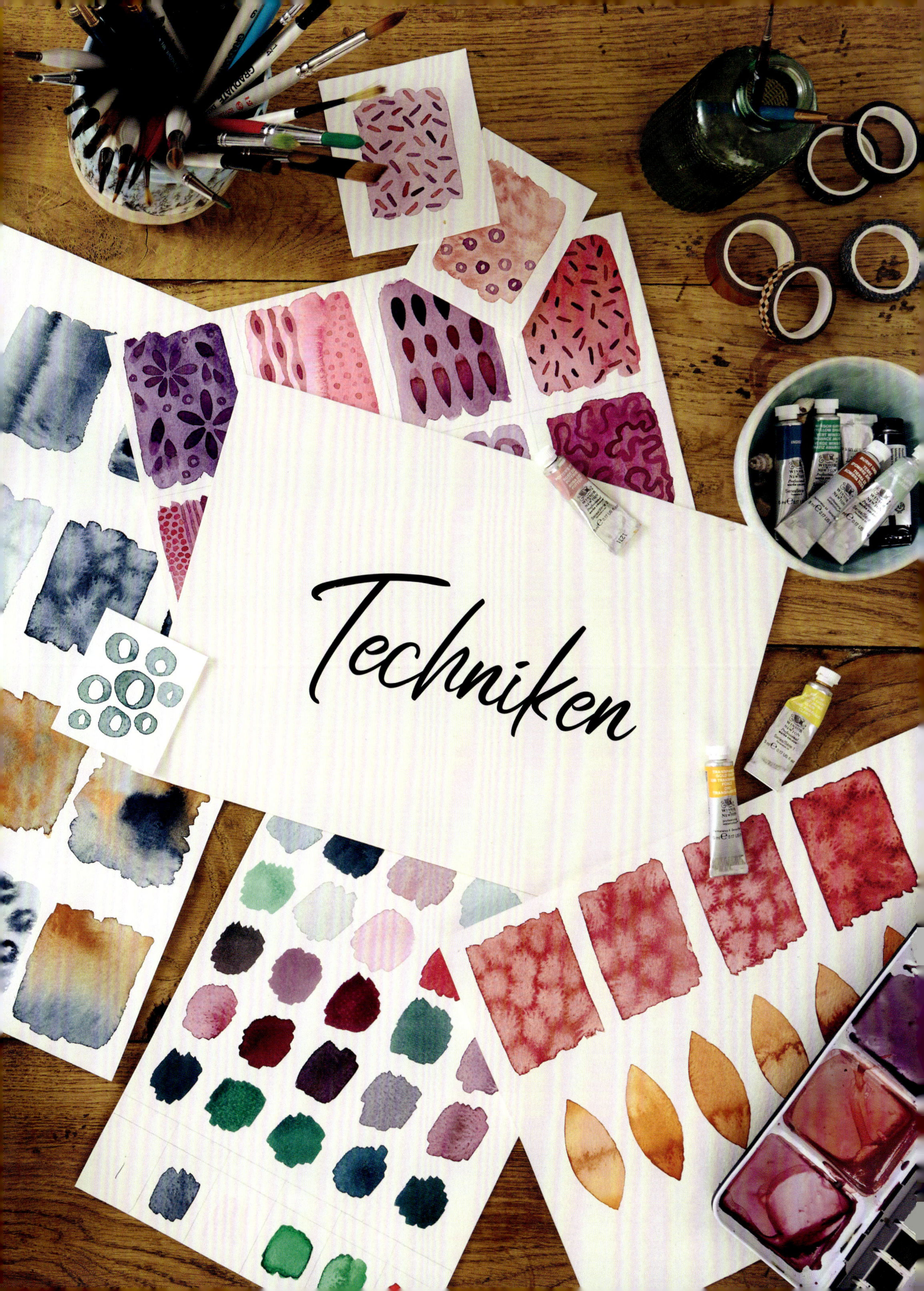

ES GEHT LOS

Zeit, Grundtechniken zu lernen, die du in den Projekten üben und verfeinern kannst. Wir befassen uns mit einfachen Aquarellfarbtechniken wie Nass in Nass, Nass auf Trocken und Farbverläufen, plus einer Auswahl meiner Lieblingstechniken. So erhältst du ein Repertoire an neuen Formgebungen und Texturen für deine Aquarellpraxis.

Der gute Tipp: Übung macht wirklich den Meister! Am Anfang ist es normal, dass man sich mit manchen Techniken schwertut, aber je mehr du ausprobierst, desto entspannter wirst du dich mit deinen Farben und Mustern fühlen.

Papierwahl

Beginne zum Üben mit preiswertem Kopier- oder Schmierpapier. Beim Üben baust du „autonome Fertigkeiten" auf, während du lernst, wichtige Umrisse und Zeichen zu malen, und du wirst ungehemmter experimentieren, wenn du preiswerteres Papier benutzt.

Wenn du dir mehr zutraust, steige auf Aquarell-Testblätter um, sodass du auf texturiertem Papier üben kannst. Das Üben sollte Spaß machen (keine lästige Pflicht sein!) und dir beim Erforschen neuer Malarten und Effekte helfen. Notiere dir, wie du verschiedene Effekte und deine Lieblingsfarben und -muster gestaltet hast.

Vergiss nicht, Spaß zu haben!

Übe an einem Ort, wo du entspannt bist – am Schreibtisch in deinem Homeoffice, am Esstisch oder einfach am Küchentresen (schieb einfach den Toaster zur Seite!). Ich liebe es, dass Aquarellfarben so unaufwendig sind – deine Pinsel und Palette können schnell mit Wasser ausgewaschen werden, ohne spezielle Lösungen. Schnapp dir einfach einen Pinsel und leg los!

„In der Kunst gibt es kein Muss, denn die Kunst ist frei!"

Wassily Kandinsky

Auf losen Blättern zu experimentieren ist eine tolle Übungsmethode, denn es gibt nichts zu verlieren!

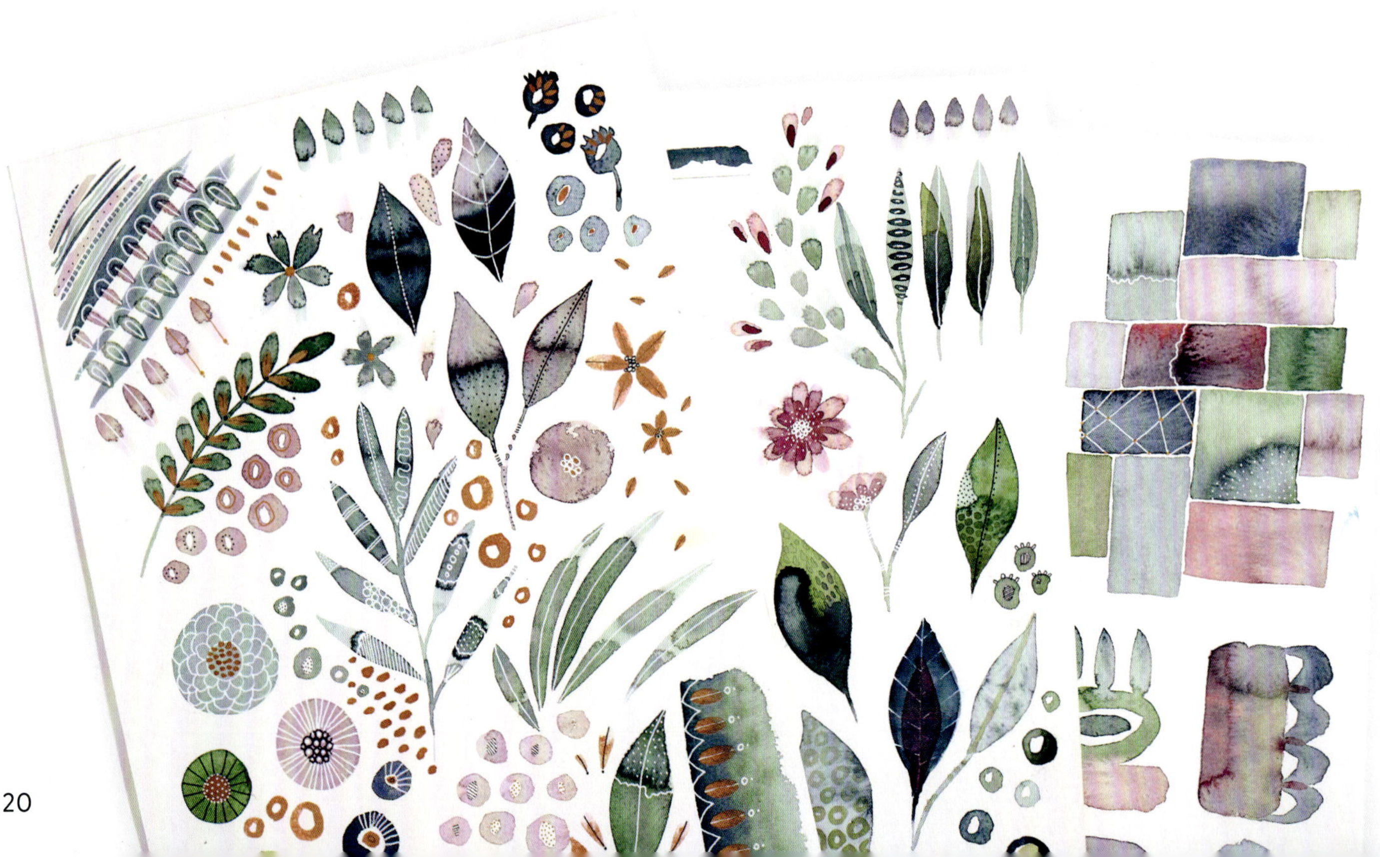

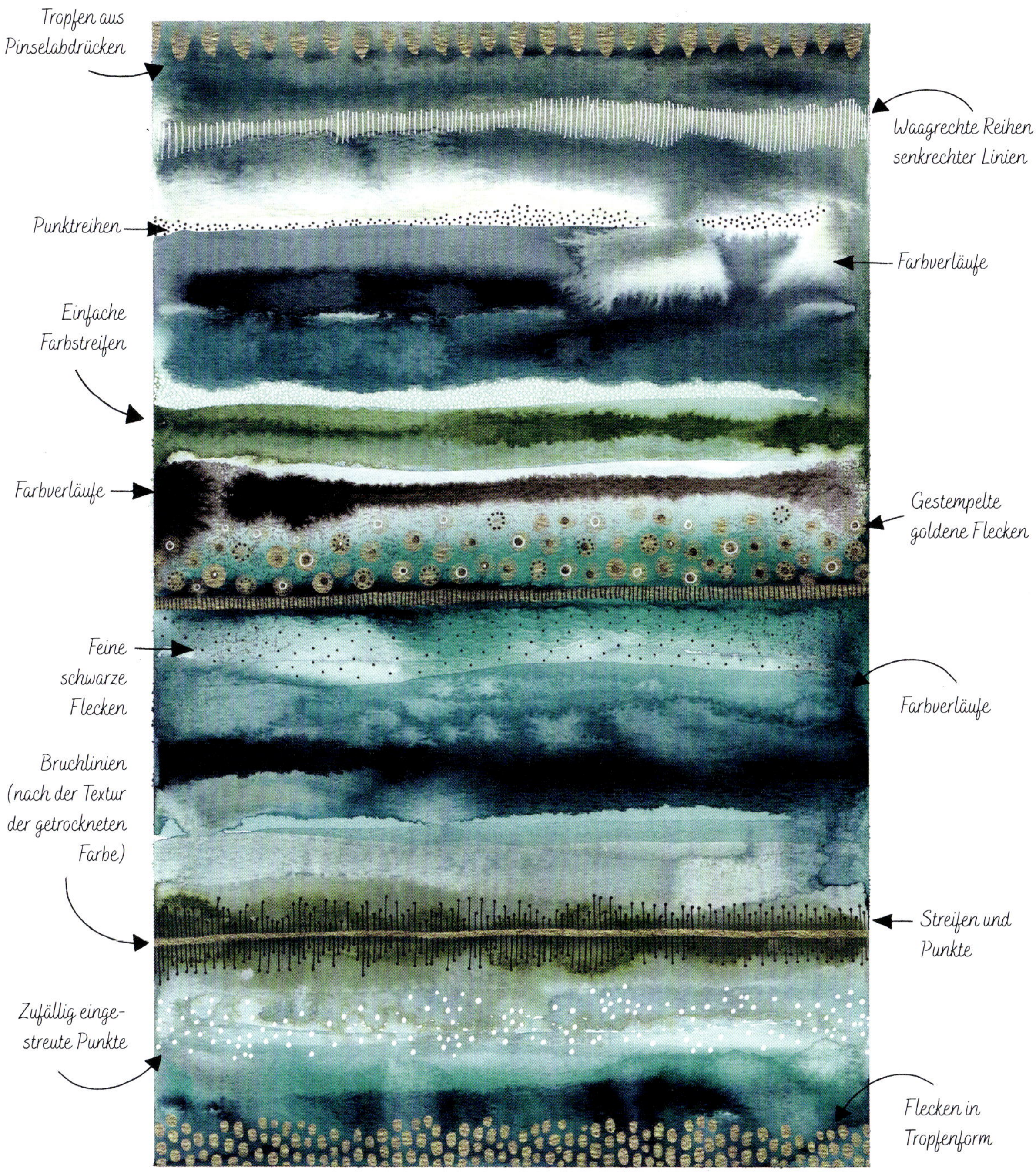

Tropfen aus Pinselabdrücken
Waagrechte Reihen senkrechter Linien
Punktreihen
Farbverläufe
Einfache Farbstreifen
Farbverläufe
Gestempelte goldene Flecken
Feine schwarze Flecken
Farbverläufe
Bruchlinien (nach der Textur der getrockneten Farbe)
Streifen und Punkte
Zufällig eingestreute Punkte
Flecken in Tropfenform

NASS IN NASS

Bei dieser Technik wird eine Schicht Wasser oder nasse Farbe aufgetragen und direkt darauf weitergearbeitet, ohne dass man sie trocknen lässt. Wenn die neue Farbe mit der nassen Schicht darunter reagiert, entstehen interessante Effekte und schöne Farbverläufe sowie willkürliche Formen in der Farbe, wenn die Pigmente sich bewegen.

FARBE AUF WASSER

1. Male mit sauberem Wasser ein Viereck und gib an einer Kante Farbe dazu.

2. Trage eine zweite Farbe auf die gegenüberliegende Kante auf.

3. Wenn die Pigmente sich setzen, lässt das Wasser die beiden Farben ineinander laufen.

1

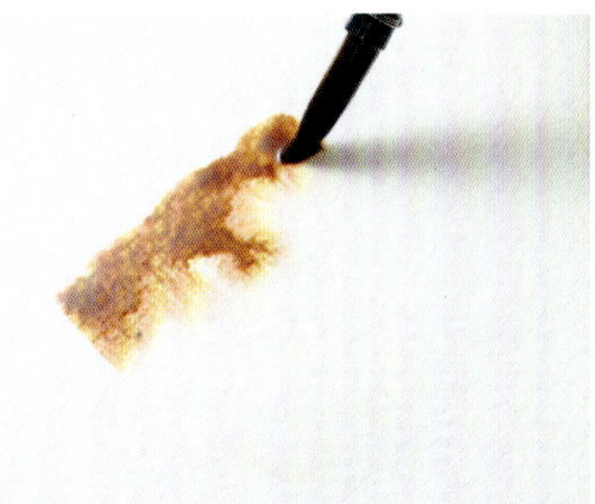

2

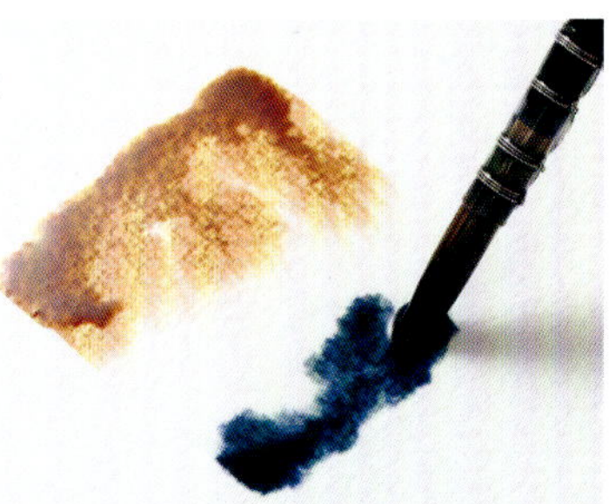

3

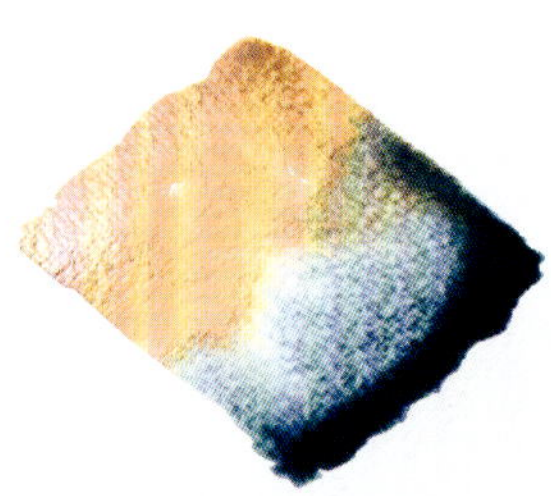

WASSER AUF FARBE

1. Male ein Viereck mit viel Farbe für einen starken Effekt.

2. Wenn die Farbe ein paar Minuten auf dem Blatt ist – aber noch nass ist – tropfe etwas sauberes Wasser vom Ende deines Pinsels darauf, um Farbverläufe zu erzeugen.

3. Die Farbe trocknet mit einem gemaserten Effekt.

1

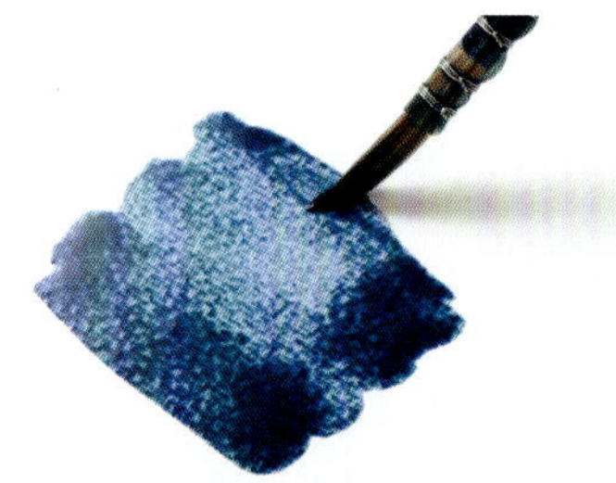

2

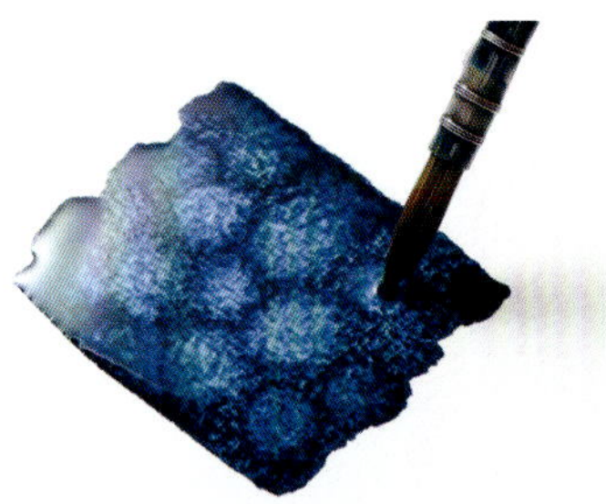

3

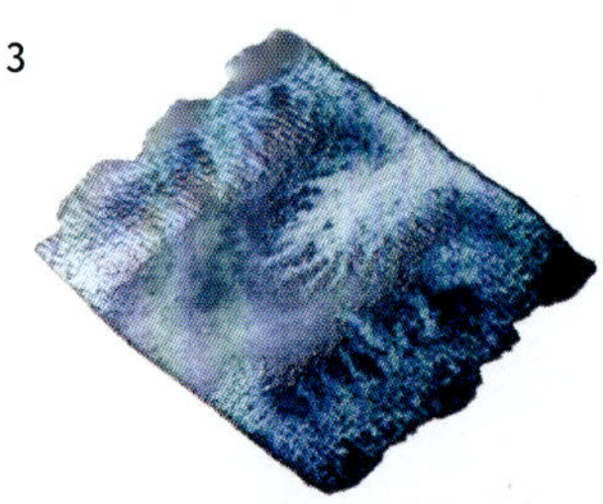

FARBE AUF FARBE

1. Male ein Viereck, das schön nass ist. An einer Seite habe ich hier mehr Farbe aufgetragen, dann wird es ein bisschen interessanter.

2. Gib vom Ende deines Pinsels ein paar Tropfen einer zweiten Farbe dazu.

3. Wenn die neue Farbe sich auf deiner Grundfarbe bewegt, entstehen neue Muster.

1

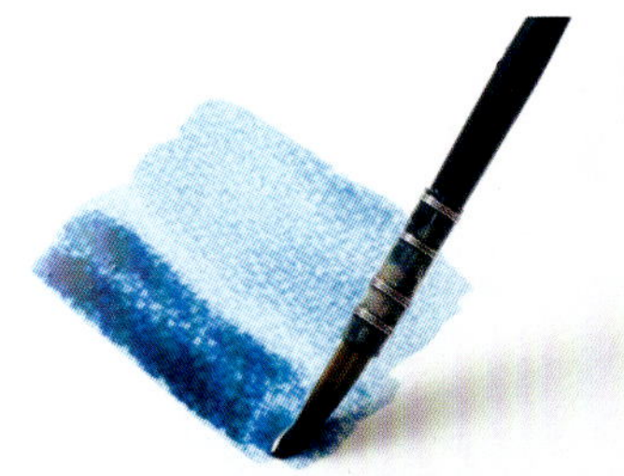

2

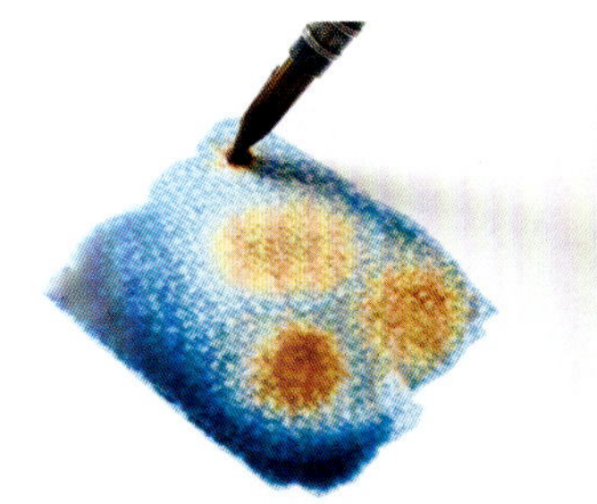

3

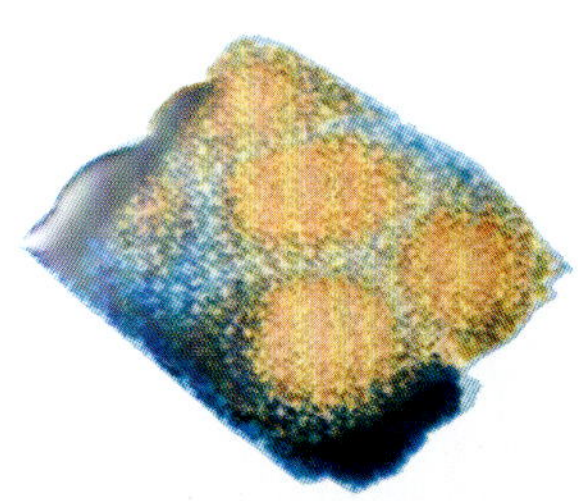

FARBE AUF WASSER

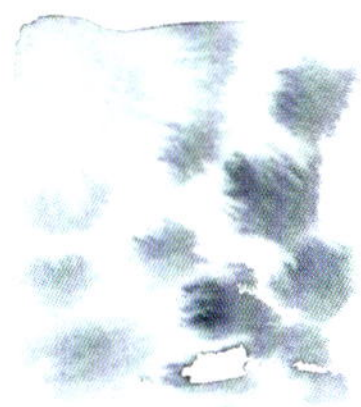

Farbflecken auf sauberem Wasser

Farbflecken auf sauberem Wasser

Wasserschwall mit dunklem Pigment, das von einer Seite zur anderen verläuft

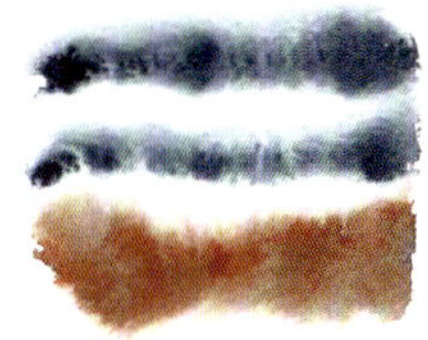

Nasses Viereck mit dünnen Linien dunkler Farbe

Nasses Viereck mit einem heller getönten Farbrand

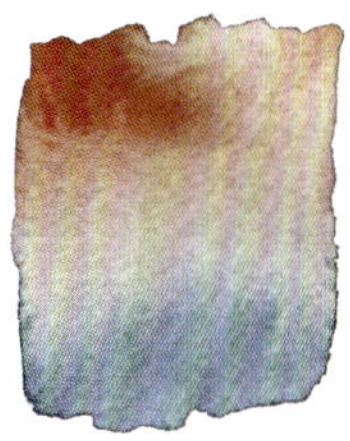

Farbblöcke oben und unten mit Farbverlauf in der Mitte

Wasser mit einem Farbstreifen oben und unten

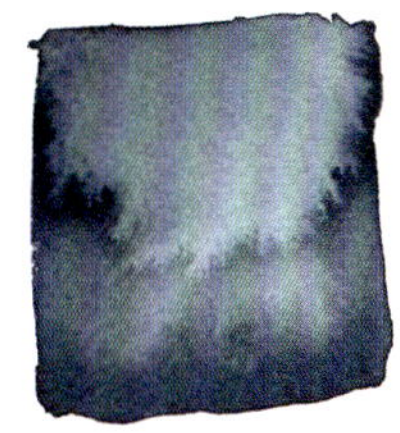

Nasses Viereck mit Pigmentrand um Wasserflecken

WASSER AUF FARBE

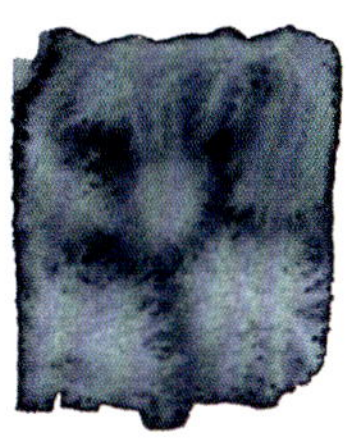

Wassertröpfchen auf dunkler Basisfarbe

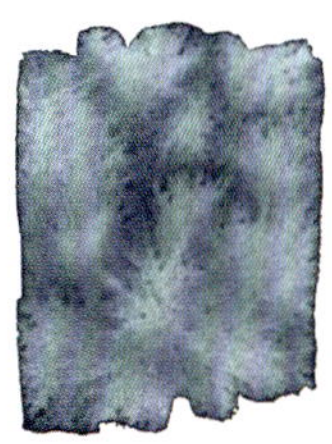

Wassertröpfchen auf Basisfarbe zwischen Hell und Dunkel

Wassertröpfchen auf heller Basisfarbe

Farbiger Hintergrund mit kontrastierenden Farbtröpfchen darauf

FARBE AUF FARBE

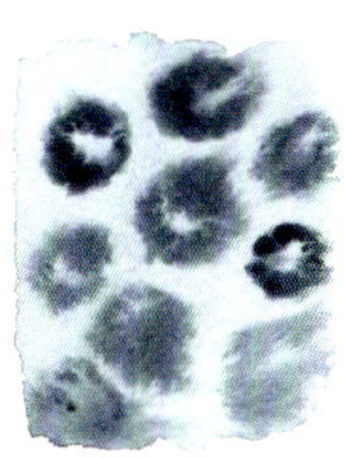

Helle Basisfarbe mit dunklen Kreisen, nass darauf gemalt

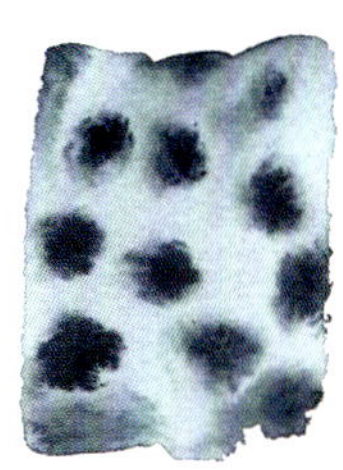

Basisfarbe mit Flecken und Tropfen dunkler Farbe

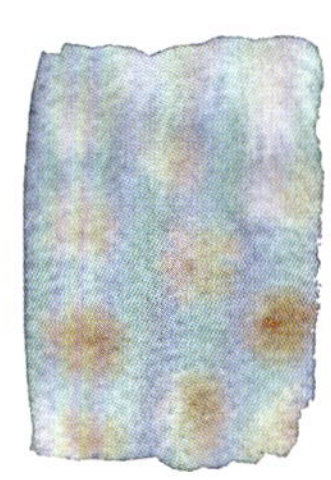

Basisfarbe mit kontrastierenden Farbpunkten

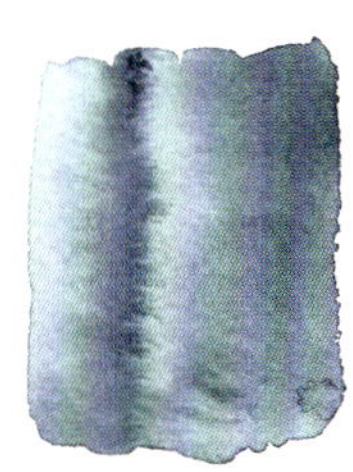

Verwässerte Farbe mit senkrechten Streifen dunklerer Farbe

FARBVERLÄUFE

Dieser oft als Blumenkohl (das gefällt mir!) bezeichnete Effekt entsteht, wenn ein Bereich schneller trocknet als andere. Wenn auf eine dünne Schicht Farbe punktuell Wasser gegeben wird, sammeln sich die Pigmente rundum die Tropfen. Die dünne Schicht trocknet, während die anderen Bereiche noch sehr nass sind, wodurch fantastische natürliche Ausblühungen gebildet werden. Hier siehst du ein paar meiner Experimente.

Der gute Tipp: Farbverläufe lassen sich schwer kontrollieren, du musst also (buchstäblich) mit dem Flow gehen und das Unerwartete erwarten! Lass dich darauf ein – je mehr Wasser, desto spannender sind die Ergebnisse.

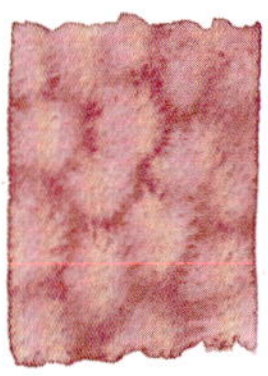

Wasser sofort dazu

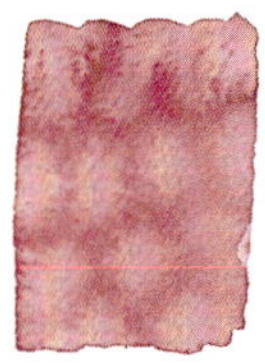

Wasser nach 1 Minute

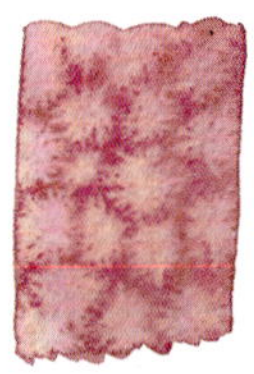

Wasser nach 2 Minuten

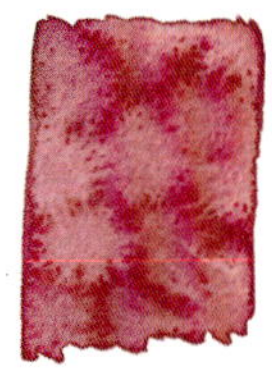

Wasser nach 3 Minuten

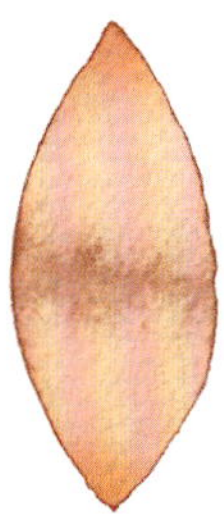

Farbe verläuft zu jedem Ende

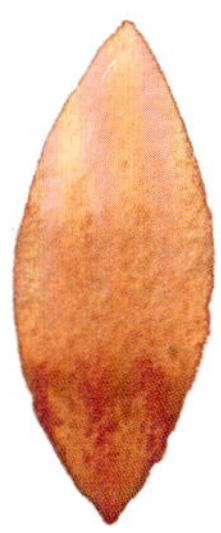

Weiche Basisfarbe an einem Ende

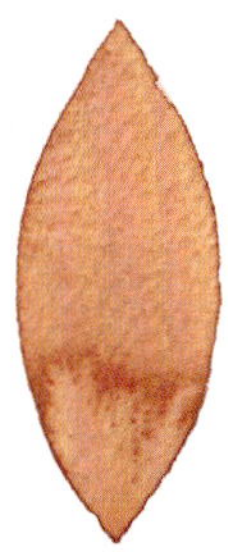

Gleichmäßiger Auftrag

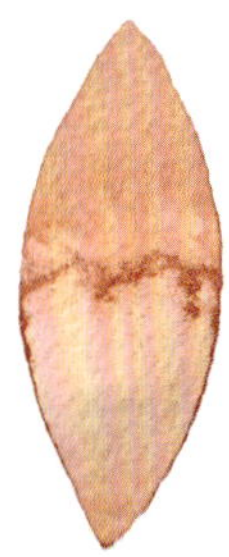

Viel Wasser an einem Ende

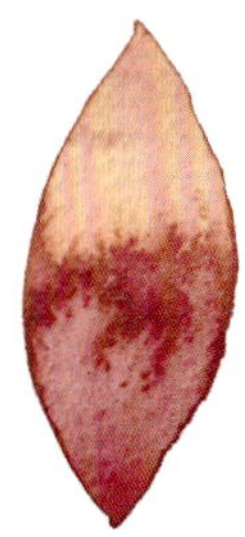

Neu hinzugefügte Farbe

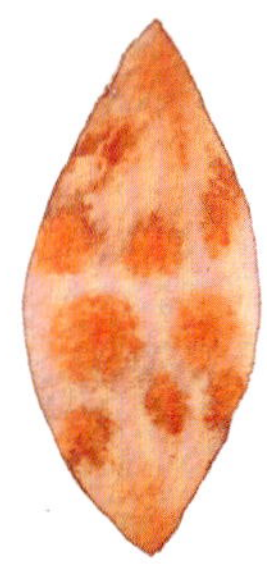

Farbflecken

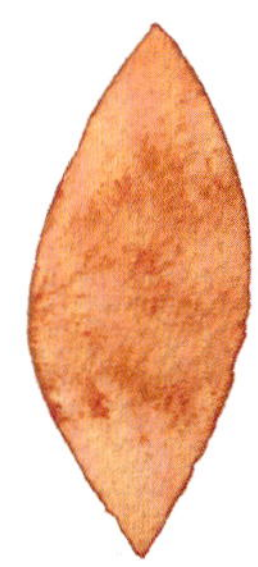

Wasserflecken

FARBVERLÄUFE KREIEREN

1. Mische einen hellen Ton einer beliebigen Farbe und male eine Form (in dem Fall ein Viereck). Trage die Farbe dünn und gleichmäßig auf, um das bestmögliche Ergebnis zu erzielen.

2. Gib mit einem sauberen Pinsel ein paar Tropfen frisches Wasser auf die nasse Farbe.

3. Die Tropfen verlaufen auf der nassen Farbe und erzeugen schöne Farbverläufe!

1

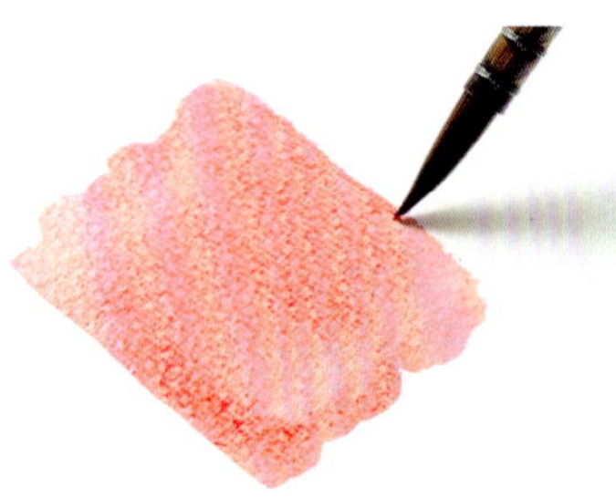

2

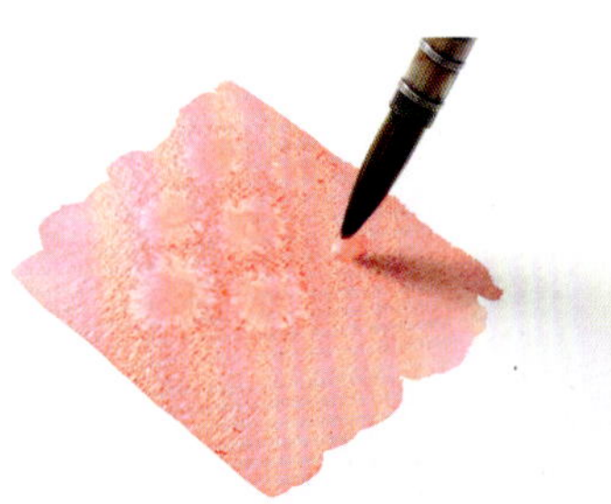

3

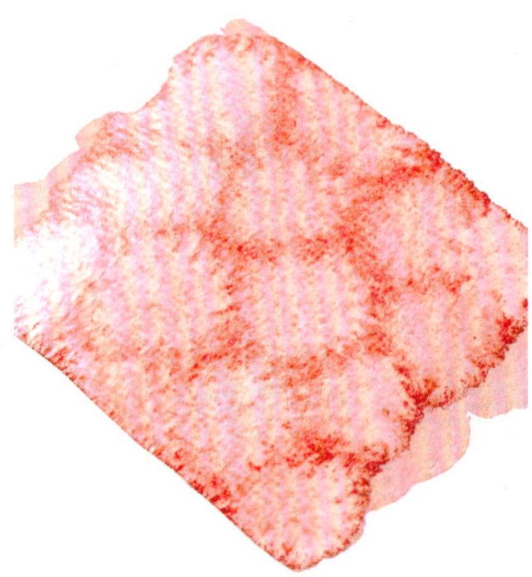

FLECKEN UND KREISE

Weiche organische Kreise und Flecken funktionieren in allen Kompositionen, egal ob Zierränder, Kiesel unter Wasser oder Staubgefäße abstrakter Blumen. Diese Flecken und Kreise verwende ich gern als Basics in meiner Arbeit – probiere sie aus und experimentiert damit, um zu entdecken, welche du gern benutzt!

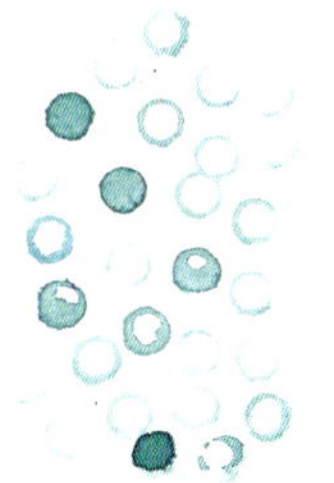

Trinkhalm aus Metall

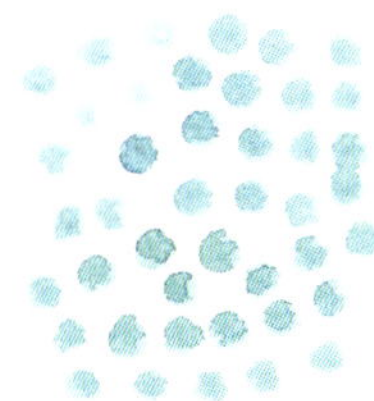

Fingerabdrücke

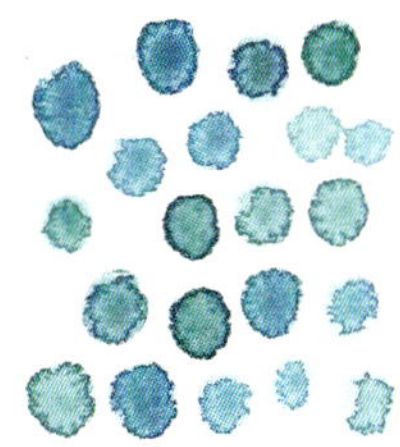

Wattestäbchen

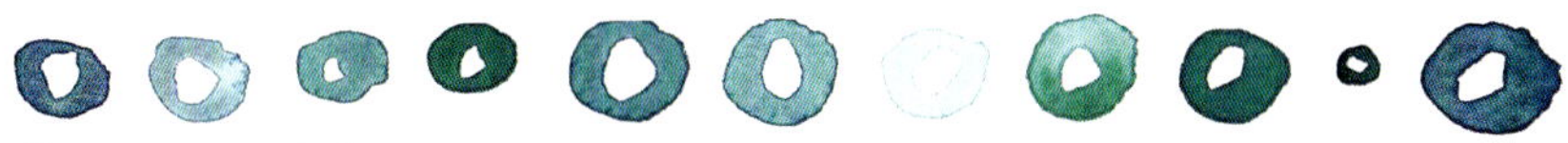

Freie Wasserfarbflecken

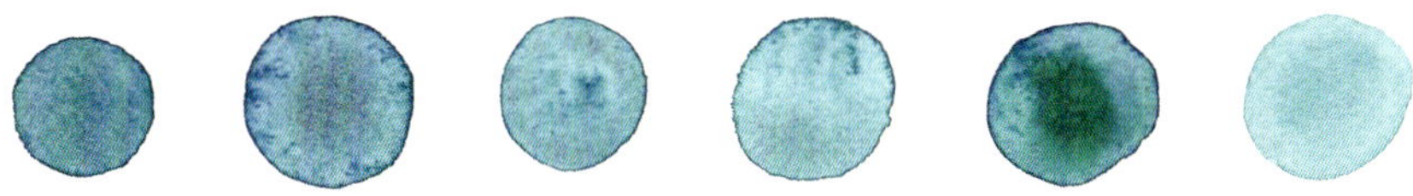

Einfarbig · Zentraler Punkt · Farbrand · Halb und halb · Mehrere Nuancen · Trockenerer Pinsel

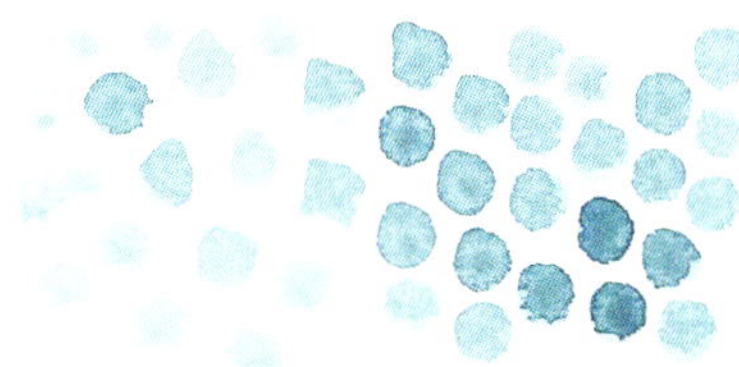

helle Farbe · dunkle Farbe

Schaumstoffstempel

KREISE UND FLECKEN MALEN

1. Mische etwas nasse Farbe in deiner Palette und nimm sie mit dem Pinsel auf. Male kreisförmige Umrandungen – diese sollten gut getränkt sein mit der Farb-Wasser-Mischung.

2. Male dieselben Formen, aber fülle sie diesmal aus, um Flecken zu erzeugen.

1

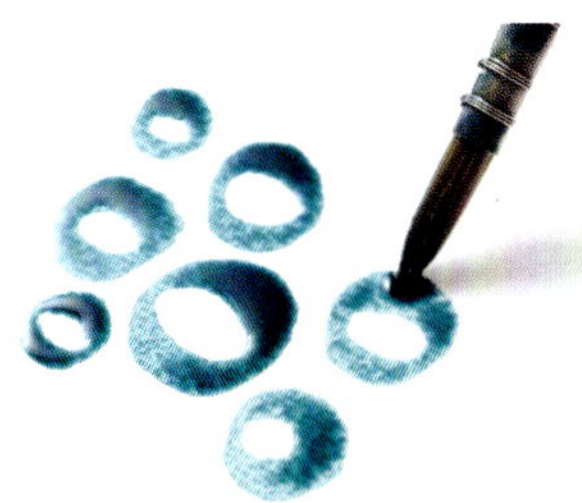

2

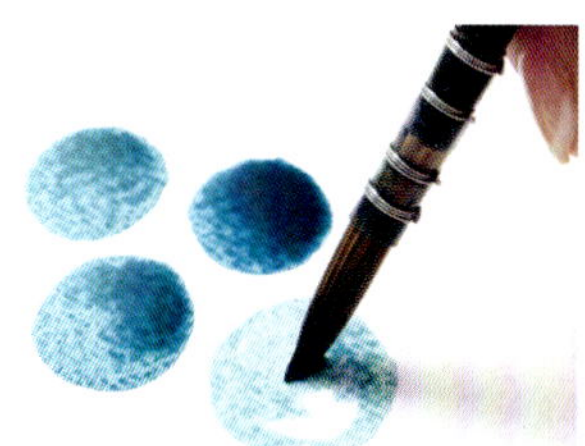

ANDERE WERKZEUGE

Ich habe schon viele Hilfsmittel benutzt, um in meinen Bildern Flecken und Muster zu gestalten, unter anderem einen Schaumstoffstempel, Wattestäbchen, einen Trinkhalm aus Metall und sogar meinen Finger!

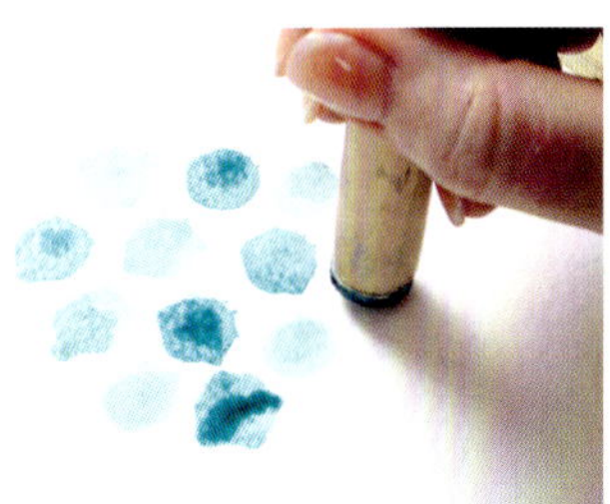

Schaumstoffstempel

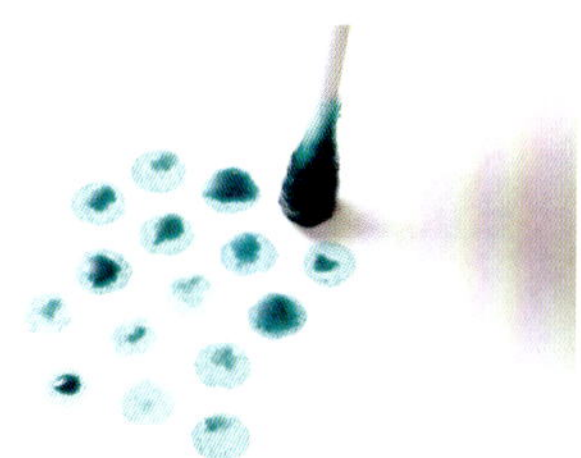

Wattestäbchen

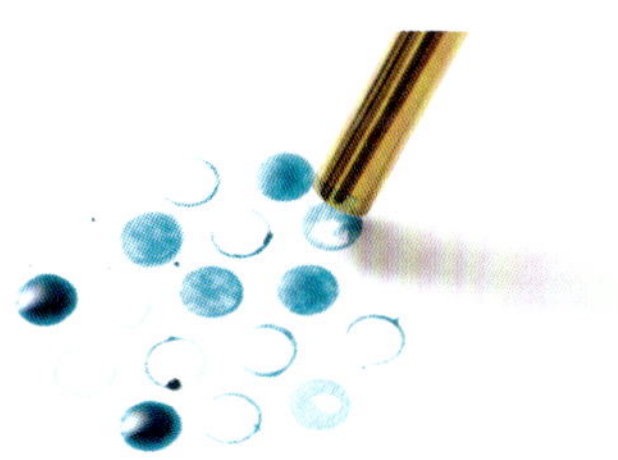

Trinkhalm aus Metall

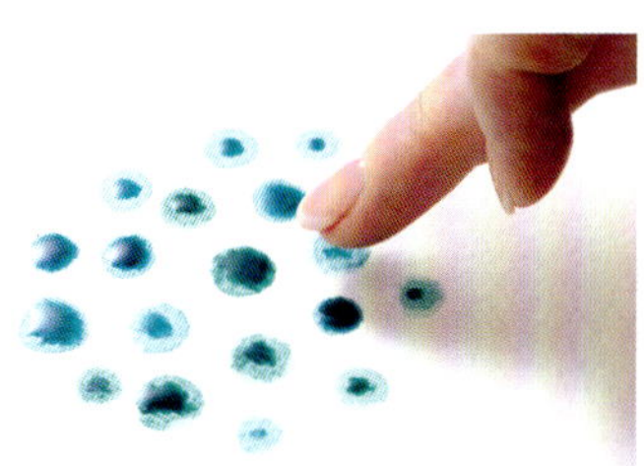

Fingerabdruck

NASS AUF TROCKEN

Das ist so einfach wie es klingt, dabei trägt man nasse Farbe auf eine Schicht trockener Farbe auf. So kann man definierte Formen kreieren und die Farben vermischen sich nicht. Man kann Details und Textur hinzufügen, wenn die getrocknete Farbe ein bisschen stumpf aussieht – hier siehst du, wie einfache Formen interessante visuelle Effekte schaffen.

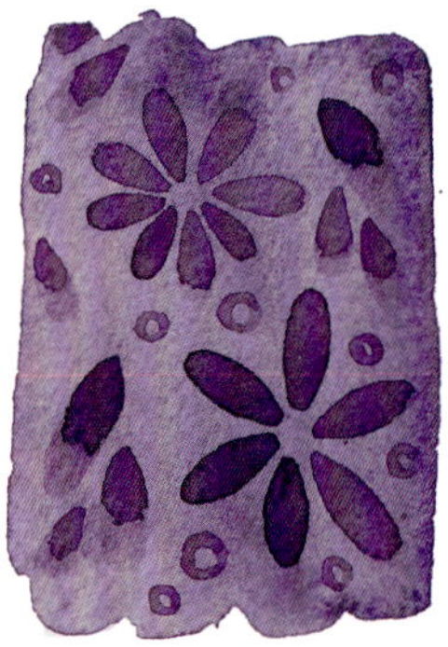

Blumen und Kreise aus Pinselabdrücken

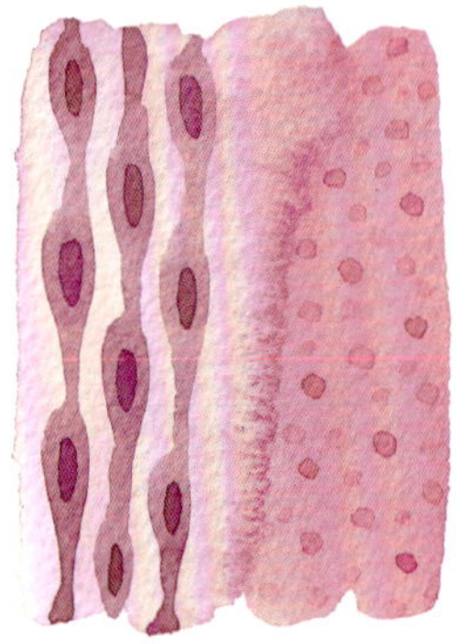

Wellenlinien und tropfenförmige Flecken

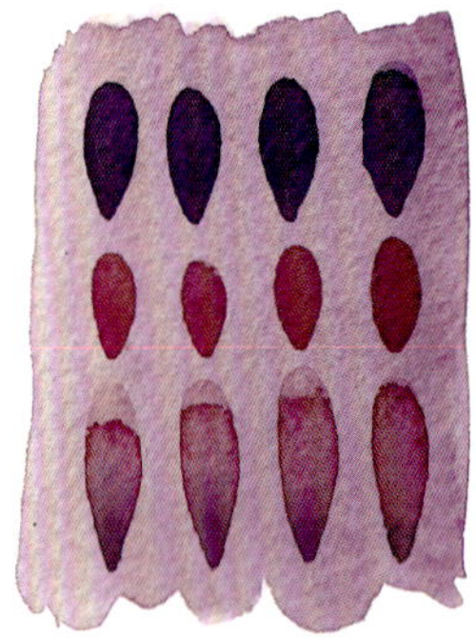

Verschiedenfarbige Pinselabdrücke

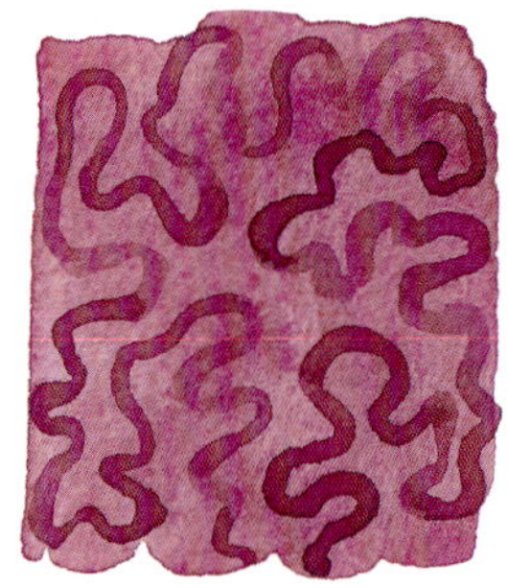

Schnörkellinie frei Hand

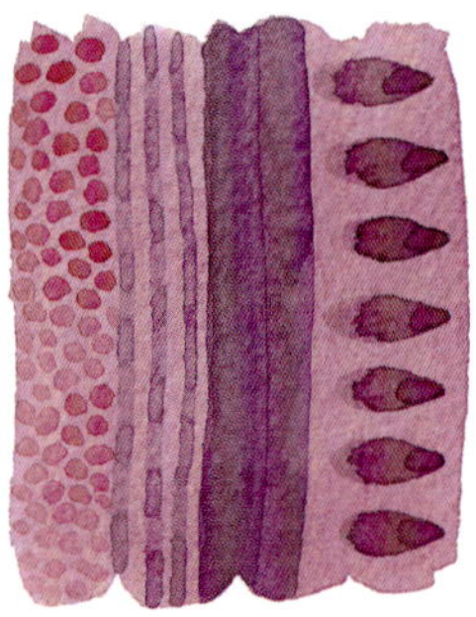

Flecken, Linien und Pinselabdrücke

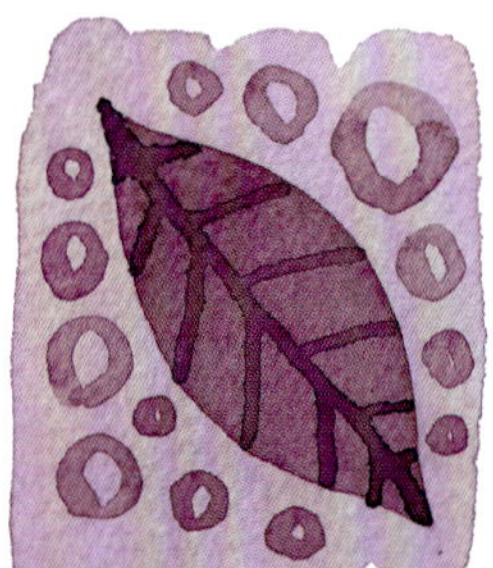

Blatt und Kreise frei Hand

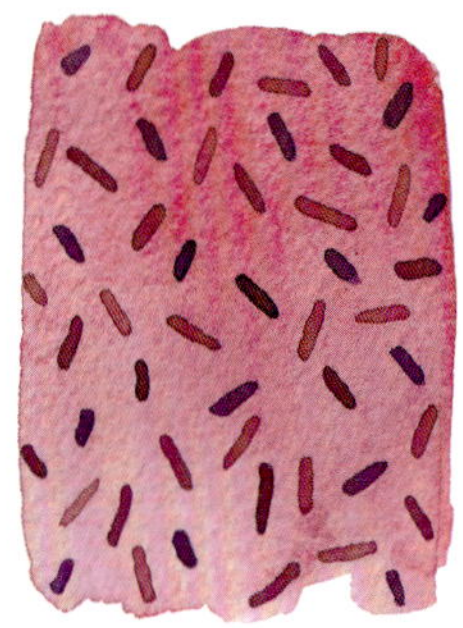

Kleine Striche für einen gesprenkelten Effekt

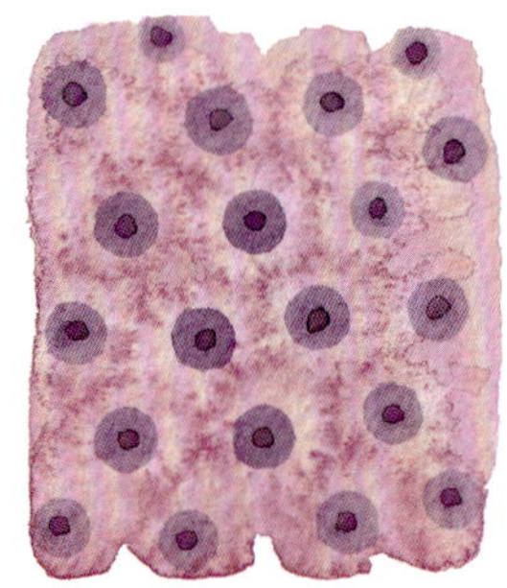

Mehrschichtige Kreise und Flecken

DETAILS NASS-AUF-TROCKEN

Beginne mit einem vollständig getrockneten Viereck und male nasse Details darauf. Der trockene Untergrund ermöglicht definierte Umrisse.

Hier habe ich mit dem Pinsel Sprenkel aufgetragen. Daneben habe ich sanfte Kreise aufgemalt, um Farbverläufe zu akzentuieren. Nachdem sie getrocknet waren, habe ich noch die Mitte jedes Kreises ausgemalt.

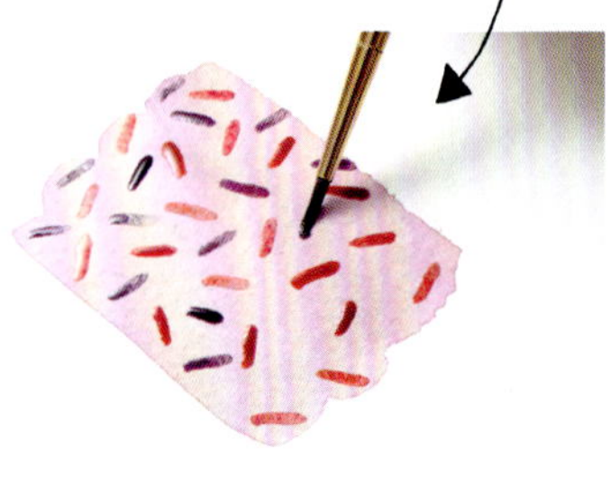

Abdrücke auf einer einfarbigen, trockenen Basis

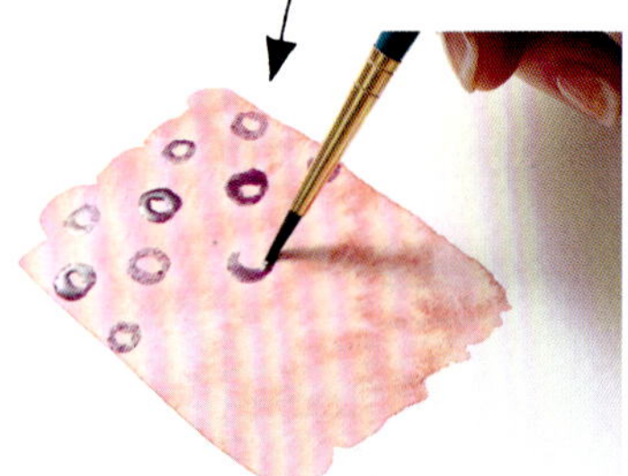

Trockene Farbe akzentuieren

FORMEN UND HIGHLIGHTS ABDECKEN

Maskierflüssigkeit ist ein tolles Tool. Sie stoppt jede darüber aufgetragene Farbe, sodass das Papier darunter weiß bleibt (oder die andere, bereits gemalte Farbe behält).

Die Anwendung ist einfach – gib die Maskierflüssigkeit (*siehe* Materialien: Abdeckmaterial) auf den Bereich, den du schützen willst, und lasse sie vollständig trocknen (sie fühlt sich komisch an, sollte sich aber nicht nass oder klebrig anfühlen oder abgehen, wenn du sie leicht mit dem Finger berührst). Trage dann deine Farbschicht(en) auf und lasse sie vollständig trocknen. Nimm einen weichen Radiergummi (oder einen sauberen Finger!), um die Maskierflüssigkeit abzurubbeln und die darunter verbliebenen Formen zum Vorschein zu bringen.

Der gute Tipp: Maskierflüssigkeit ist ziemlich klebrig und kann deinen Pinsel ruinieren, verwende also einen speziellen Pinsel (oder einen aussortierten). Wasche ihn direkt danach in Seifenwasser, damit die Flüssigkeit nicht in den Borsten trocknet.

Maskierflüssigkeit in Form von Punkten aufgetragen erzeugt zarte Blümchen auf den Blättern.

MASKIERFLÜSSIGKEIT VERWENDEN

1. Gib etwas Maskierflüssigkeit in den Flaschendeckel. Tauche deinen Pinsel ein und trage blütenförmig kleine Punkte auf das Papier auf.

2. Wenn die Flüssigkeit vollständig getrocknet ist (sie wird dabei dunkler), malst du mit Farbe darüber.

3. Wenn die Farbe trocken ist, radierst oder rubbelst du die Flüssigkeit weg, damit die weißen Blümchen darunter erscheinen.

4. Lass die Blumen so oder male sie an – die weiße Farbe wird die Blütenblätter leuchten lassen!

1

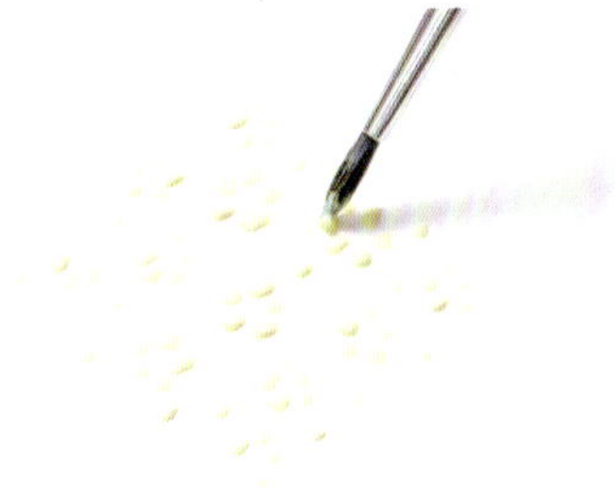

2

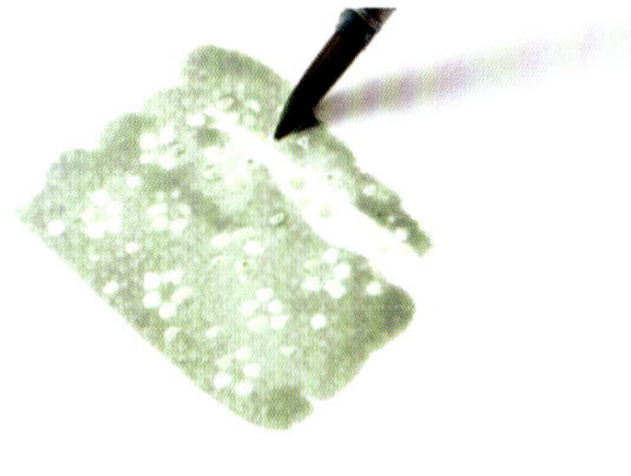

3

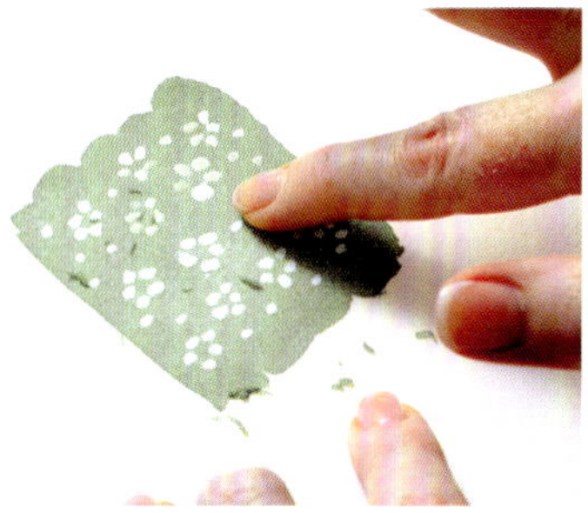

4

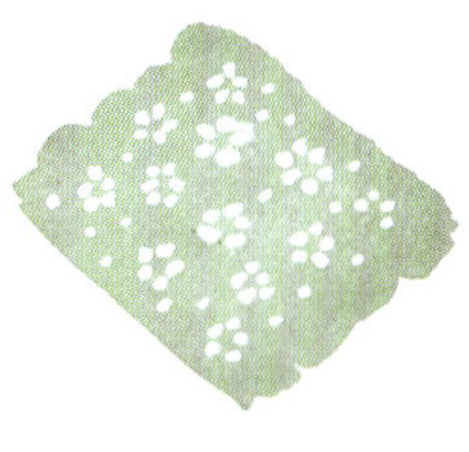

EINFACHE ORGANISCHE FORMEN

Mein Lieblingspinsel ist ein Quill (*siehe* Materialien: Pinsel). Er hat eine schöne Spitze für feine Details, eine breitere Basis für dickere Zeichen und nimmt viel Wasser und Farbe auf. Die meisten Formen, Muster und Texturen in den Projekten werden mit Basic-Ausstattung realisiert – unten seht ihr die Beispiele.

WEICHE FLECKEN

Benutze einen Filbertpinsel (oder kleinen Rundpinsel) mit sehr nasser Farbe, um weiche Flecken zu malen. Je wässriger die Farbe, desto dunkler werden die Flecken, wenn sie getrocknet sind.

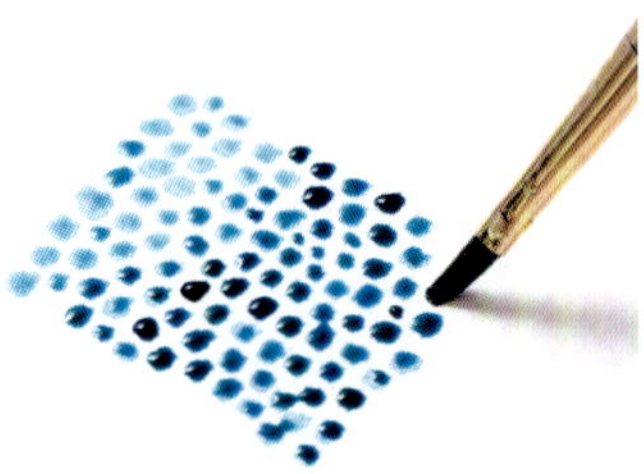

Die Textur wird intensiviert, wenn man helle und dunkle Flecken mischt.

GESTEMPELTE FORMEN

Nimm mit deinem Quillpinsel Wasserfarbe auf. Drücke die Länge der Borsten sanft aufs Papier, sodass du den Pinsel als „Stempel" benutzt, um die Form zu kreieren.

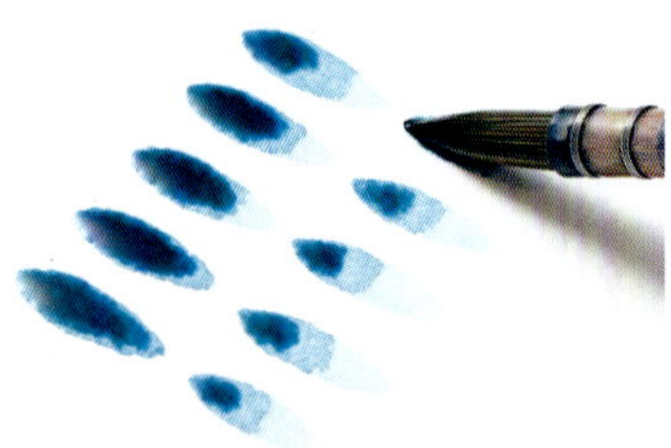

Der Pinsel behält genug Farbe für einige Abdrücke.

Wende dieselbe Stempeltechnik für verschiedene Formen an, wie diese Blume. Arbeite die Blütenblätter rundherum im Kreis.

Dreh das Papier, nicht deinen Pinsel oder Arm.

WELLENLINIEN

1. Nimm viel wässrige Farbe mit deinem Quillpinsel auf. Beginne nur mit der Pinselspitze und drücke dann stärker auf, um mit dem ganzen Pinsel eine dickere Linie zu erzeugen.

2. Während du weiterhin den Pinsel zu dir ziehst, lockere sanft den Druck und beobachte, wie die Linie dünner wird, bis wieder nur die Pinselspitze das Papier berührt.

3. Male die Linie so weiter, um eine Reihe von Wellen zu produzieren. Je mehr du übst, desto intuitiver wird diese fließende (und meditative!) Bewegung.

1

2

3

Mehr Farbe ← Wasserfarbflecken aus ein und demselben Pinsel mit unterschiedlichen Farbmengen → Weniger Farbe

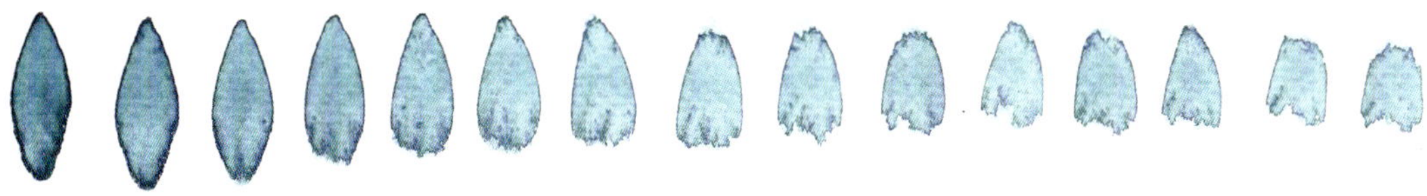

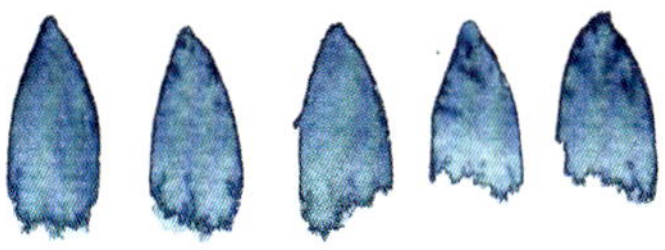

„Gestempelte" Pinselabdrücke

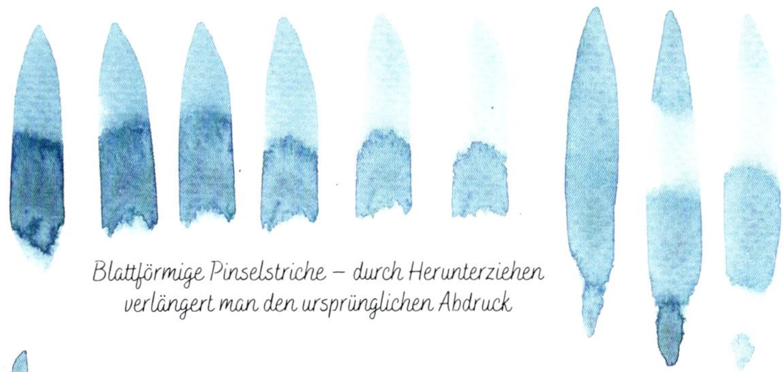

Blattförmige Pinselstriche – durch Herunterziehen verlängert man den ursprünglichen Abdruck

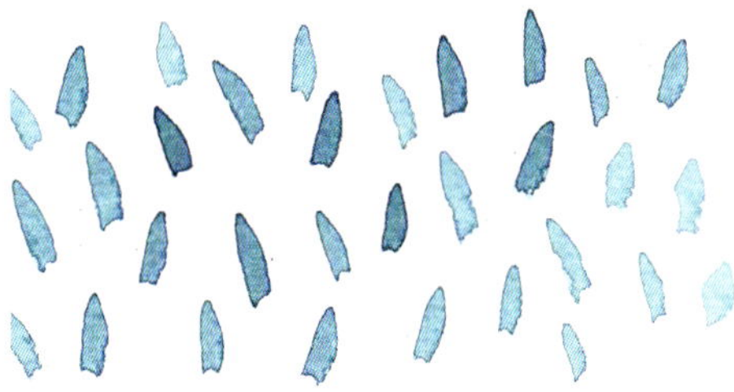

Kleine Abdrücke mit der Pinselspitze

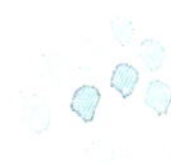

Regentropfen-flecken

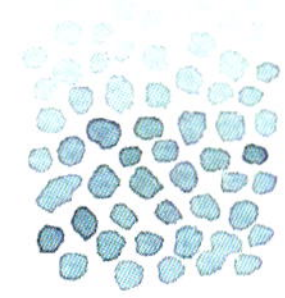

Nach unten dunkler werdende Flecken

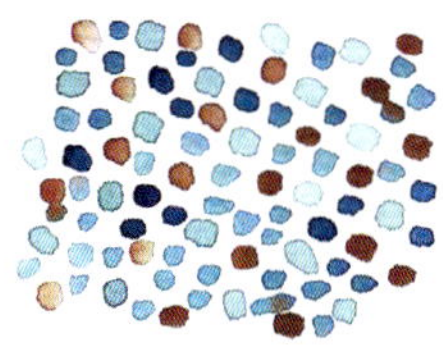

Bunte Flecken

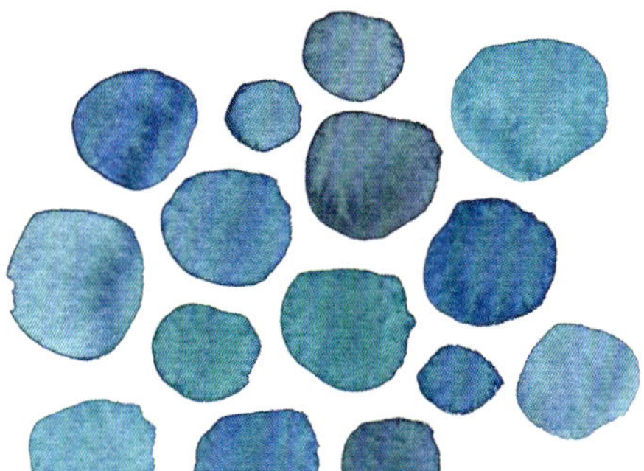

Einfache unregelmäßige Flecken dürfen willkürlich und ungleichmäßig sein, also sei nicht zu streng

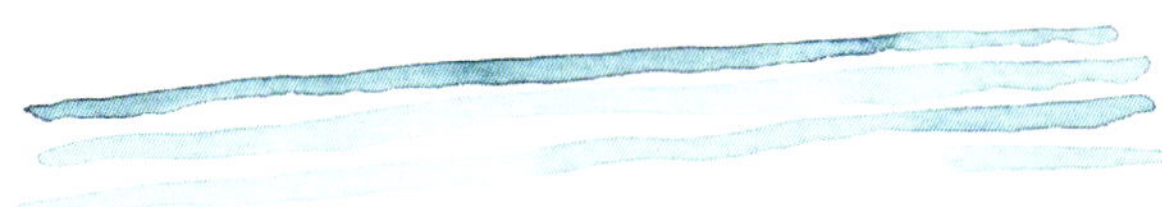

Mehrere Nuancen dünner Linien

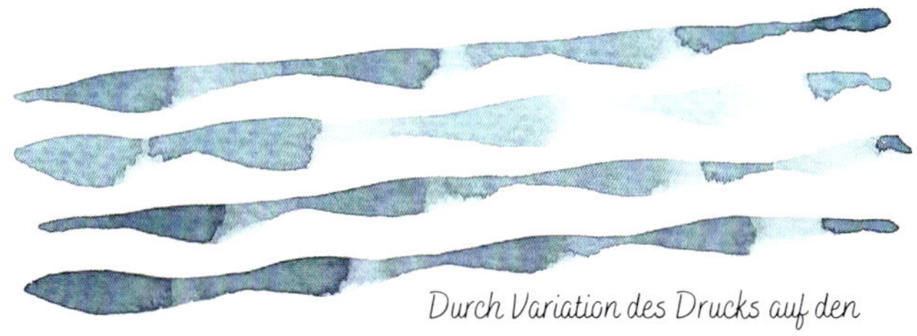

Durch Variation des Drucks auf den Pinsel entstandene Wellenlinien

Das breite Pinselende erzeugt dickere Linien

Diese Blumen wurden durch einfache Abdrücke oder schnell gemalte Formen kreiert

MUSTER

Die Leute kommentieren oft die Verzierungen in meinen Arbeiten. Diese machen aus Aquarellen Mixed-media-Werke – Stifte und Tinte sorgen für Maserungen, Details, Hervorhebungen und Kontraste. Ich gebe zu, ich bin Maximalistin („mehr ist mehr" in meinen Augen!), aber diese Details akzentuieren nicht nur Bereiche deiner Arbeit, die du besonders magst, sondern können auch kritische Stellen „retten". Hier sind ein paar meiner Muster.

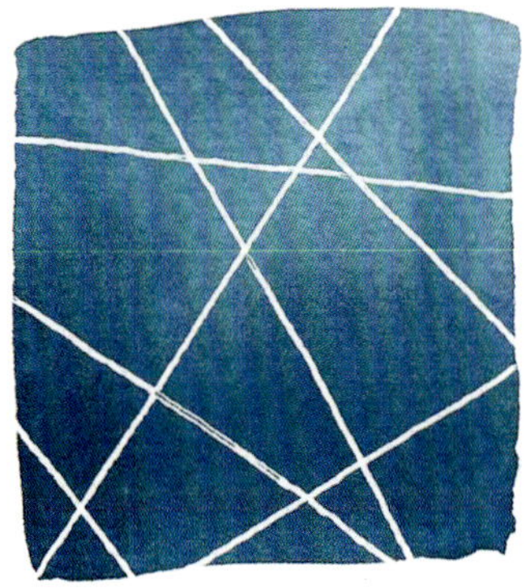

Sich kreuzende Linien:
weißer Gelstift

BASIC-MUSTER

Diese einfachen Muster funktionieren auf den meisten Oberflächen und Untergründen. Mit einem Tool, einer Farbe und einfachen Linien entsteht ein dynamischer Effekt *(siehe* Materialien: Tinte und Stifte, dort gebe ich meine schwarzen und weißen Lieblingsstifte an).

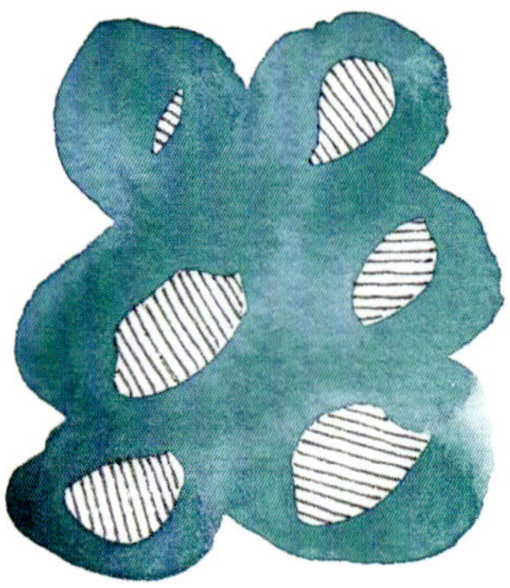

Schwarze Linien:
schwarzer Fineliner

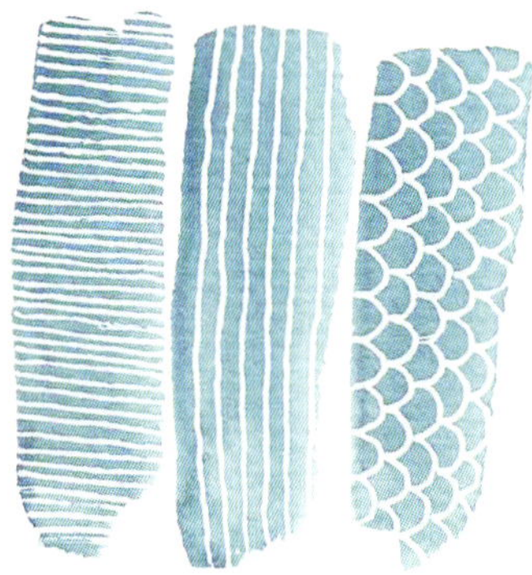

Weiße Linien:
weißer Gelstift

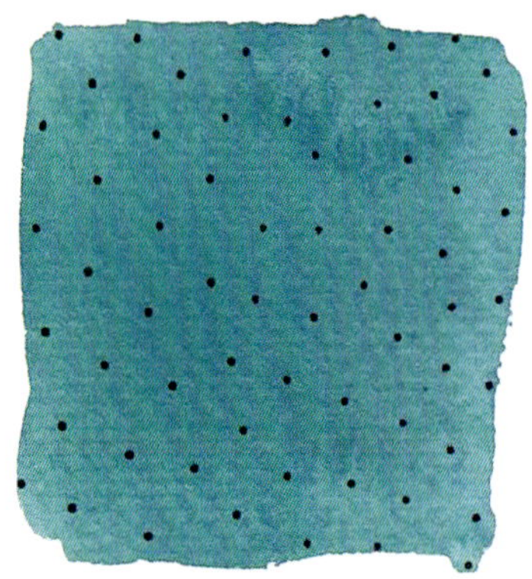

Schwarze Flecken:
schwarzer Fineliner

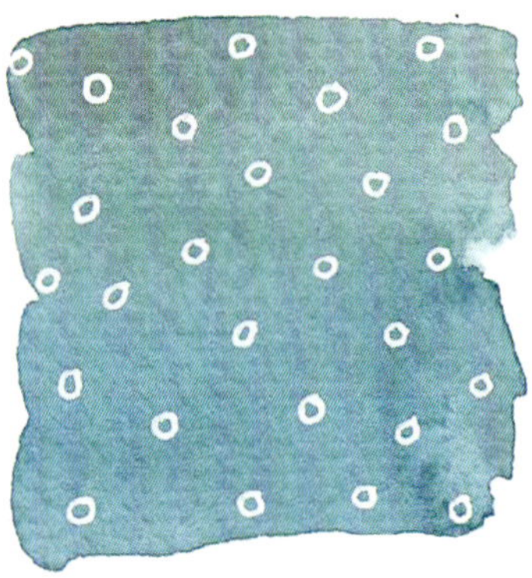

Kleine Kreise:
weißer Gelstift

Der gute Tipp: Diese Stifte gibt es in verschiedenen Größen. Probiere mehrere Spitzenbreiten aus, um dein Bild zu verzieren (*siehe* Materialien: Tinte und Stifte).

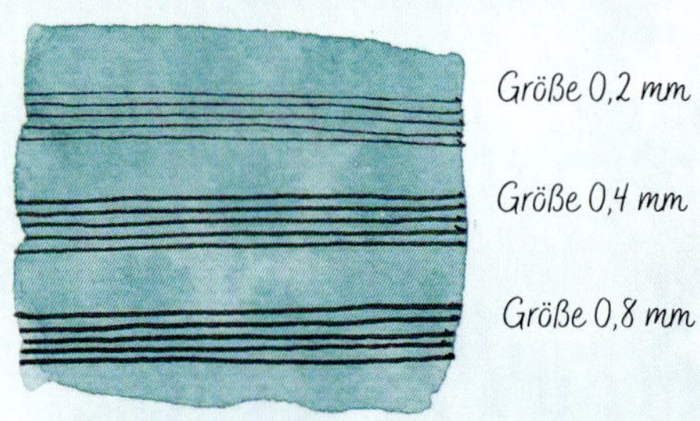

Verschieden breite Streifen:
schwarzer Fineliner

MUSTER DURCH FARBVERLÄUFE UND PINSEL

Egal ob absichtlich oder zufällig, Pinselführung und Farbverläufe bieten unendliche Möglichkeiten für abstrakte Muster (*siehe* Techniken: Nass in Nass, Farbverläufe und Flecken und Kreise). Wiedererkennbare Formen wie Kreise werden erzeugt, oder Freestylemuster mit von der Farbe kreierten Bruchlinien und Rändern.

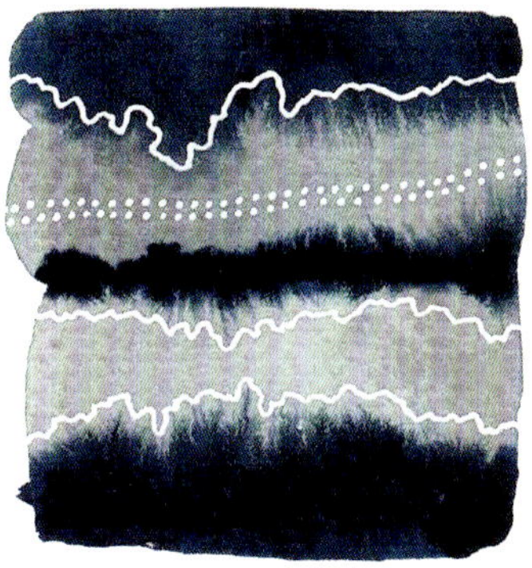

Bruchlinien und Punkte:
weißer Gelstift

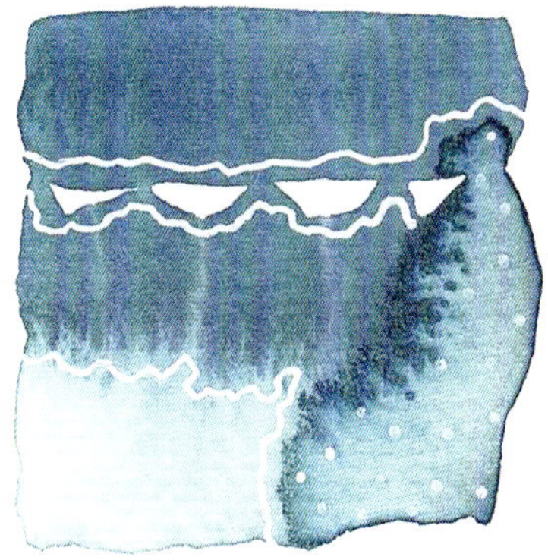

Bruchlinien:
weiße Paint Marker

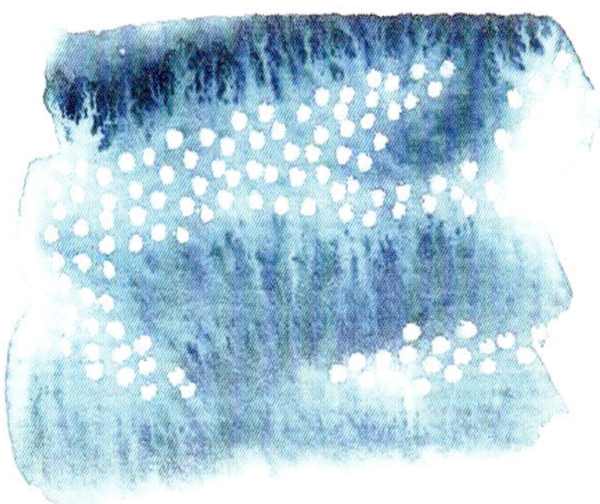

Große Clusterspots:
weißer Paint Marker

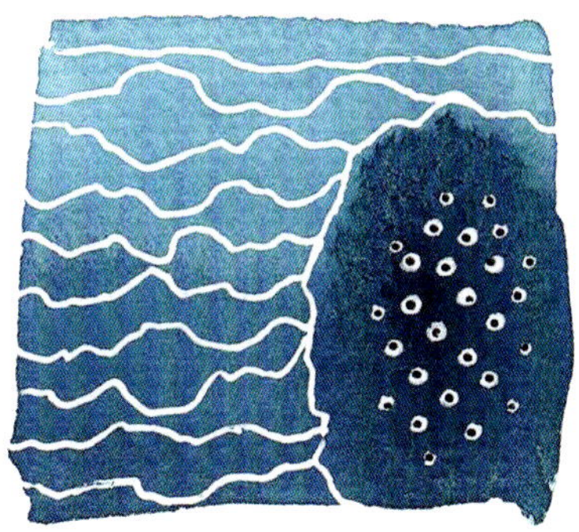

Linien und Flecken:
weißer Paint Marker
schwarzer Fineliner

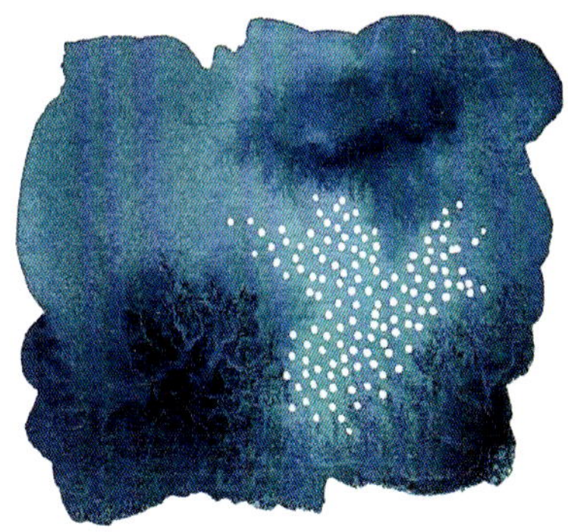

Fleckencluster:
weißer Gelstift

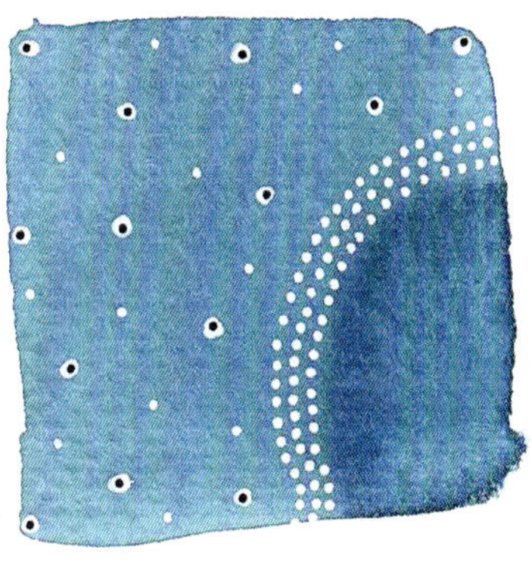

Weiße Punkte, Reihen und Flecken:
weißer Gelstift
schwarzer Fineliner

Der gute Tipp: Diese einfachen Punkte komplementieren die detailliertere Linientechnik. In derselben Farbe gehalten, bleibt die gesamte Fläche harmonisch.

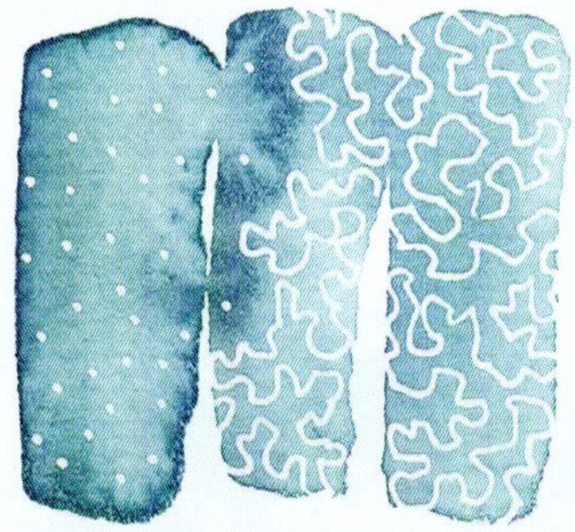

Punkte und Schnörkel:
weißer Gelstift

STELL DEINE EIGENE MUSTER-KOLLEKTION ZUSAMMEN

Ich kreiere gern Farbmuster als Tester, wenn ich verschiedene Verzierungsideen ausprobiere. Das kannst du auch mit Linien und Formen, Stiften und Tinte machen, um herauszufinden, was dir am besten gefällt. Die Beispiele auf dieser Seite gehören zu meinen liebsten Styles.

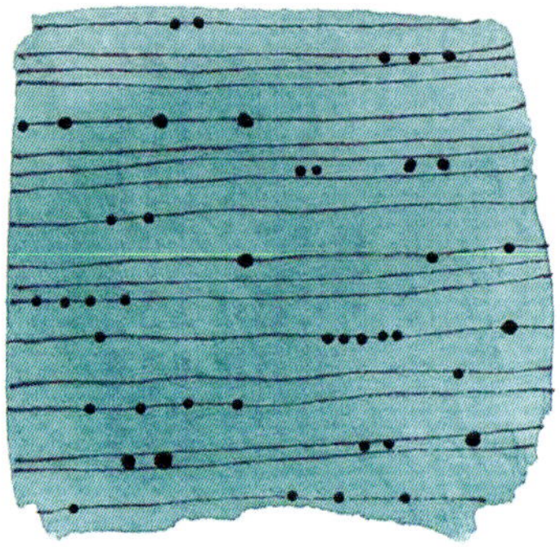

Streifen und Punkte:
schwarzer Fineliner

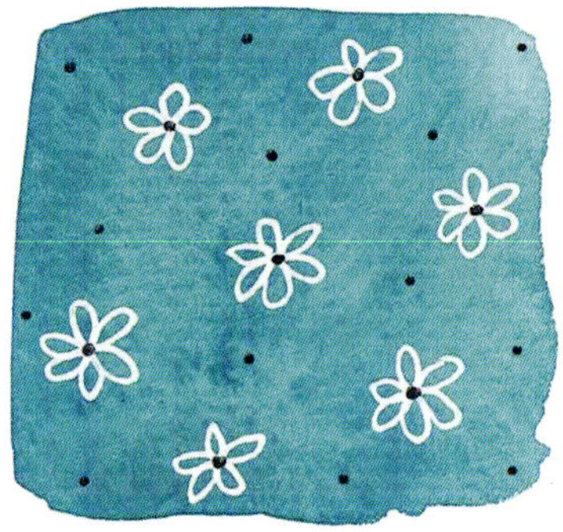

Einfache Blumenmuster:
weißer Gelstift
schwarzer Fineliner

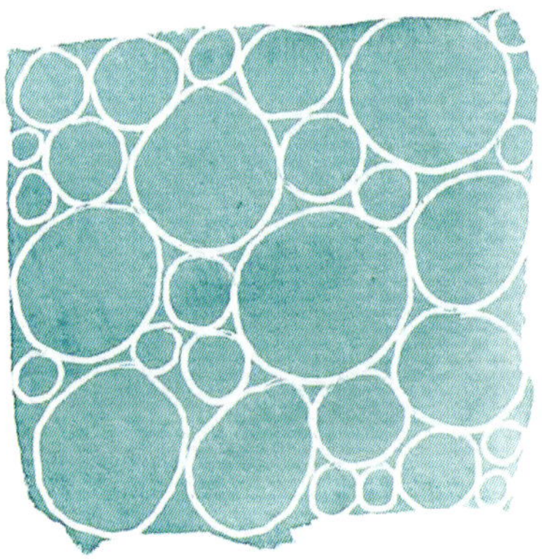

Unterschiedlich große Kreise:
weißer Paint Marker

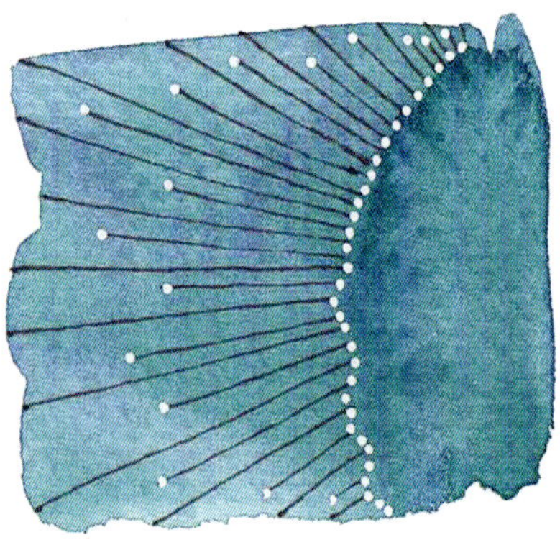

Sonnenstrahlen mit Punkten:
weißer Gelstift
schwarzer Fineliner

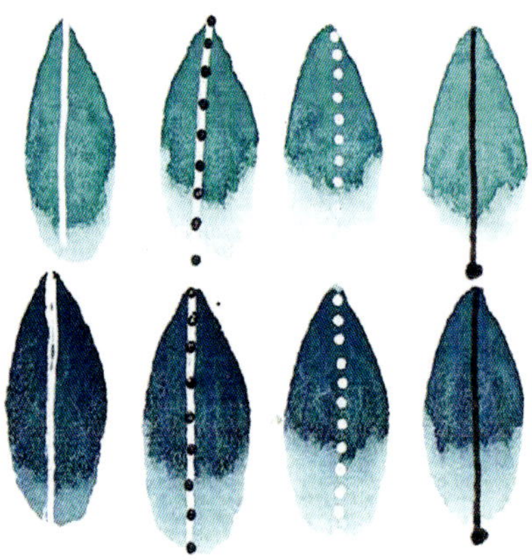

Linien und Punkte:
weißer Gelstift
schwarzer Fineliner

Der gute Tipp: Bereichere die organischen Formen eines Bildes mit Mustern. Selbst die einfachsten Schnörkel verleihen diesen Kreisen Tiefe und Spannung. Die Abwechslung bricht die homogen gemalten Formen.

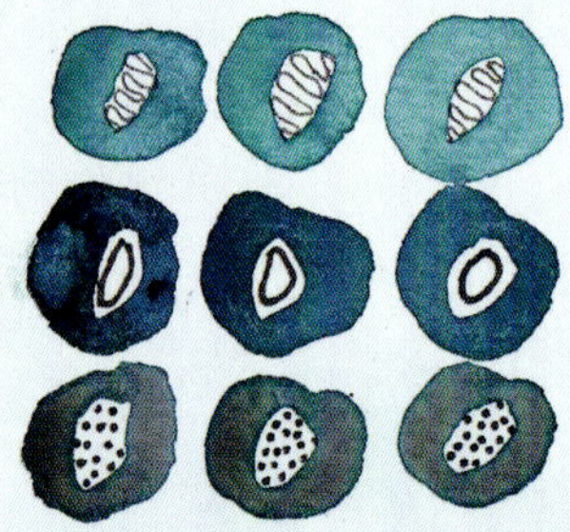

Flecken, Linien und Kreise:
schwarzer Fineliner

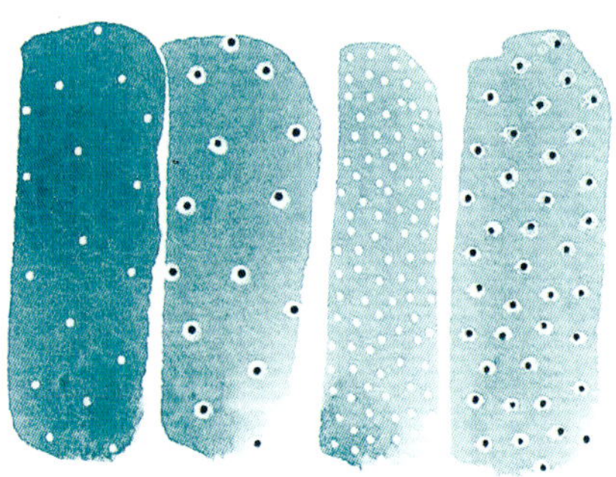

Unterschiedlich große Flecken:
weißer Gelstift
schwarzer Fineliner

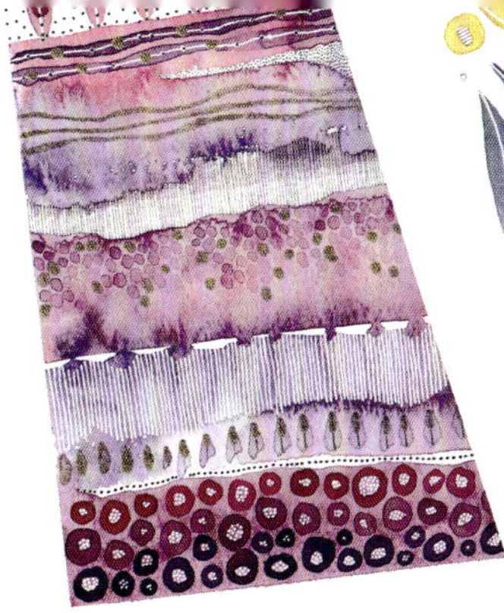

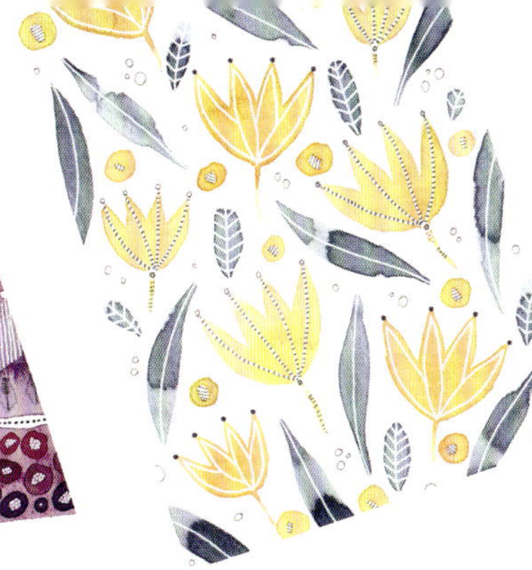

ABDECKGRENZEN

Abdeckband verwende ich hauptsächlich, um eine scharfe Kante um mein Bild zu ziehen. Die Kante lässt deinem Kunstwerk Raum zum Atmen und bildet einen gelungenen Übergang zum weißen Papier. Ich verwende viele starke Farben und Texturen, dann ist der Kontrast noch stärker. Aber selbst die sanftesten Farben und Texturen profitieren von der geraden Linie der Abdeckgrenzen.

TIPPS ZUM ABDECKEN DER KANTEN

- **Entscheide dich für eine Größe:** Wähle die ideale Rahmengröße – also Klebebandbreite – für dein Bild.
- **Teste dein Tape:** Nach vielem Herumprobieren habe ich ein Tape gefunden, das das Papier nicht beschädigt oder zerreißt, wenn man es abzieht (*siehe* Materialien: Abdeckmaterialien). Teste es immer auf einem Stück Papier (oder auf der Rückseite), bevor du es auf deinem Kunstwerk anwendest.
- **Klebe alles gut fest:** Achte darauf, dass jeder Streifen gut klebt, indem du alles, besonders die Ecken, gut andrückst.
- **Überprüfe die Ecken:** Achte besonders auf die Ecken, wo das Band sich überlappt. In diesem Bereich ist es am wahrscheinlichsten, dass Farbe unter das Klebeband läuft.
- **Entferne das Tape:** Ziehe es langsam in einem spitzen Winkel zu dir hin ab, damit das Papier nicht reißt. Wenn du das Abdeckband zu senkrecht abziehst, kann es das Papier beschädigen.
- **Wende Wärme an:** Lässt sich das Klebeband schwer entfernen, föhne ein bisschen darüber, um den Kleber zu erwärmen – das sollte dir das Abziehen erleichtern.

SCHARFE KANTEN ZIEHEN

1. Richte den äußeren Rand des Tapes entlang der langen Seiten des Papierrandes aus, um saubere, geradlinige Kanten zu erhalten. Wiederhole das an den kurzen Seiten, klebe das Tape an jeder Ecke gut übereinander, damit keine Farbe daruntersickert. Drücke mit deinen Fingerspitzen die Innenränder und die Ecken fest.

2. Male dein Bild – tränke das Tape nicht mit Wasser oder Farbe, aber male ruhig auch darauf.

3. Wenn alles getrocknet ist, ziehe es erst an den kurzen Seiten ab, vorsichtig, um das Papier zu schonen.

4. Ziehe es dann an den langen Seiten ab und schon hast du eine schöne scharfe Kante!

1

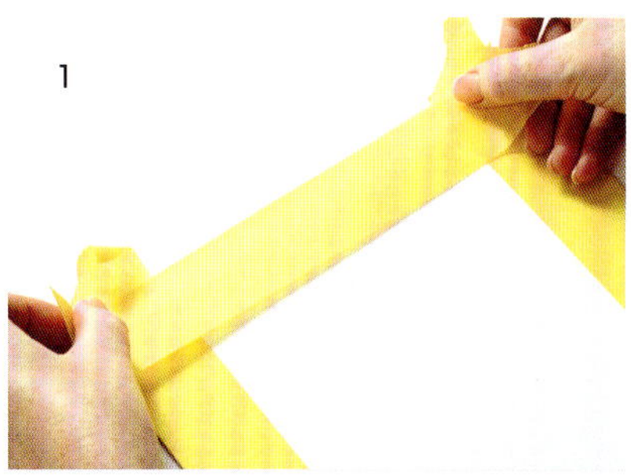

2

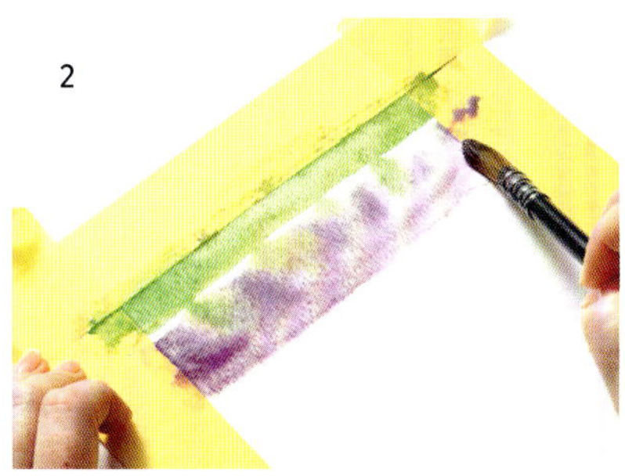

3

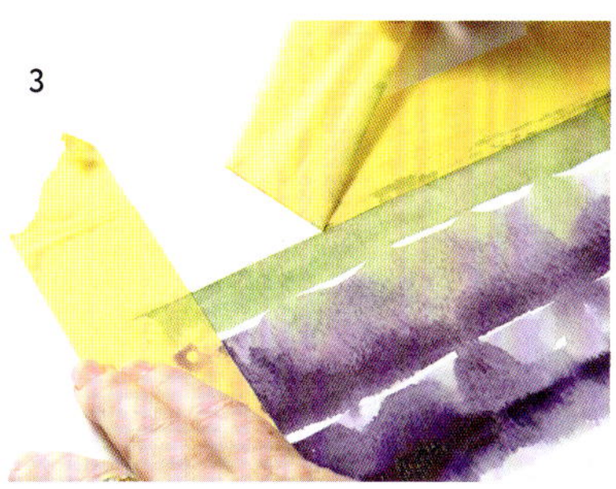

4

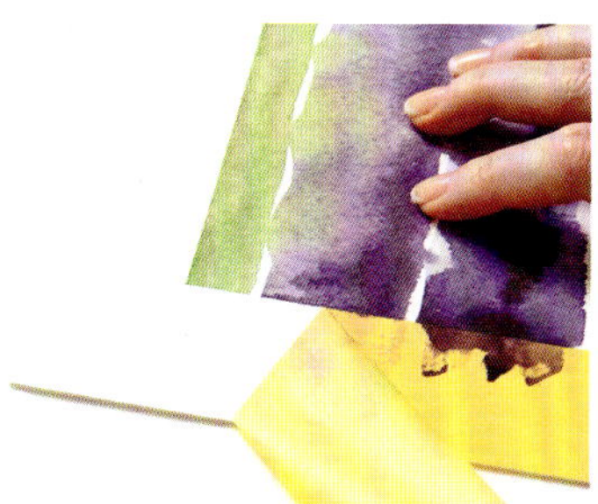

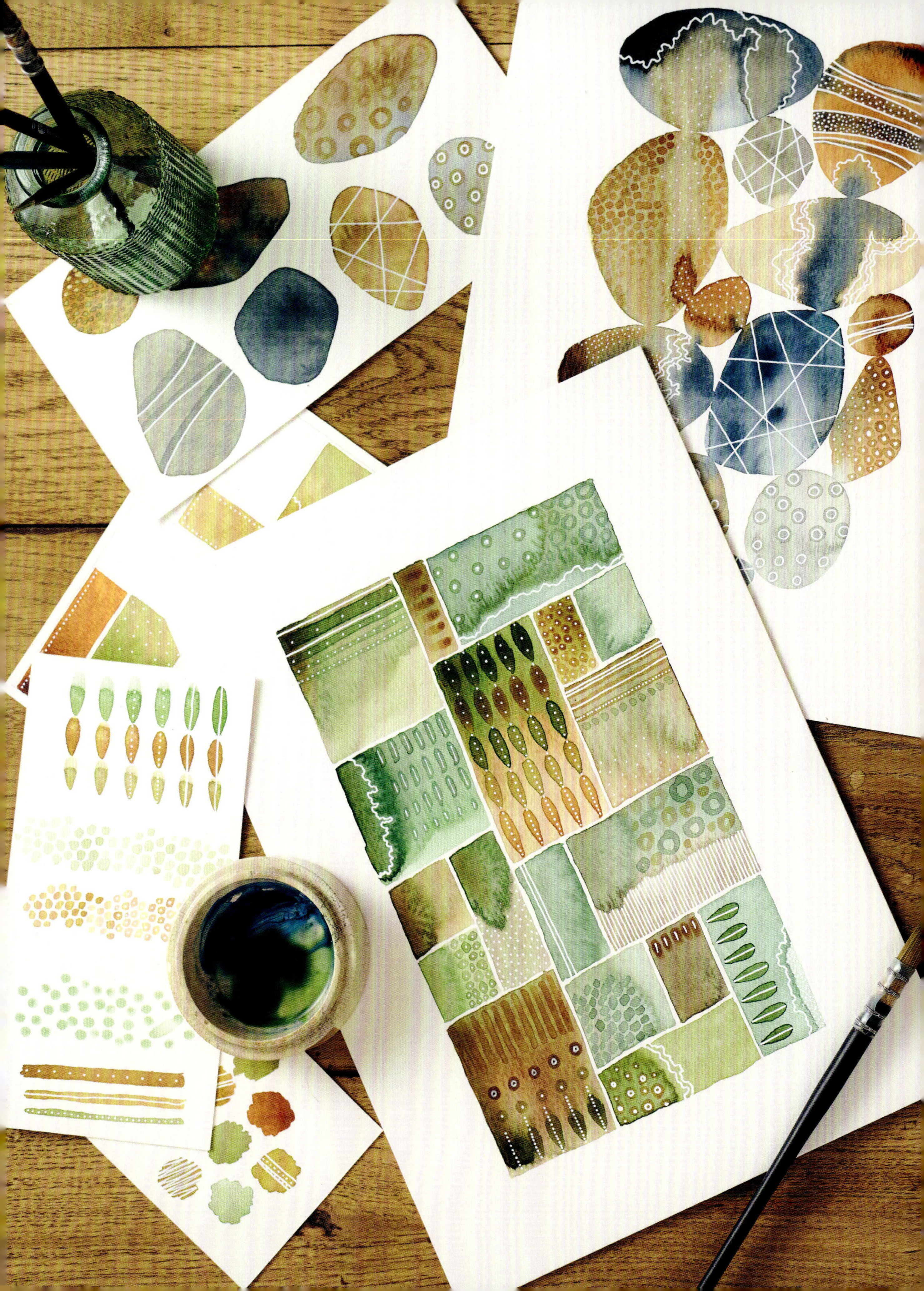

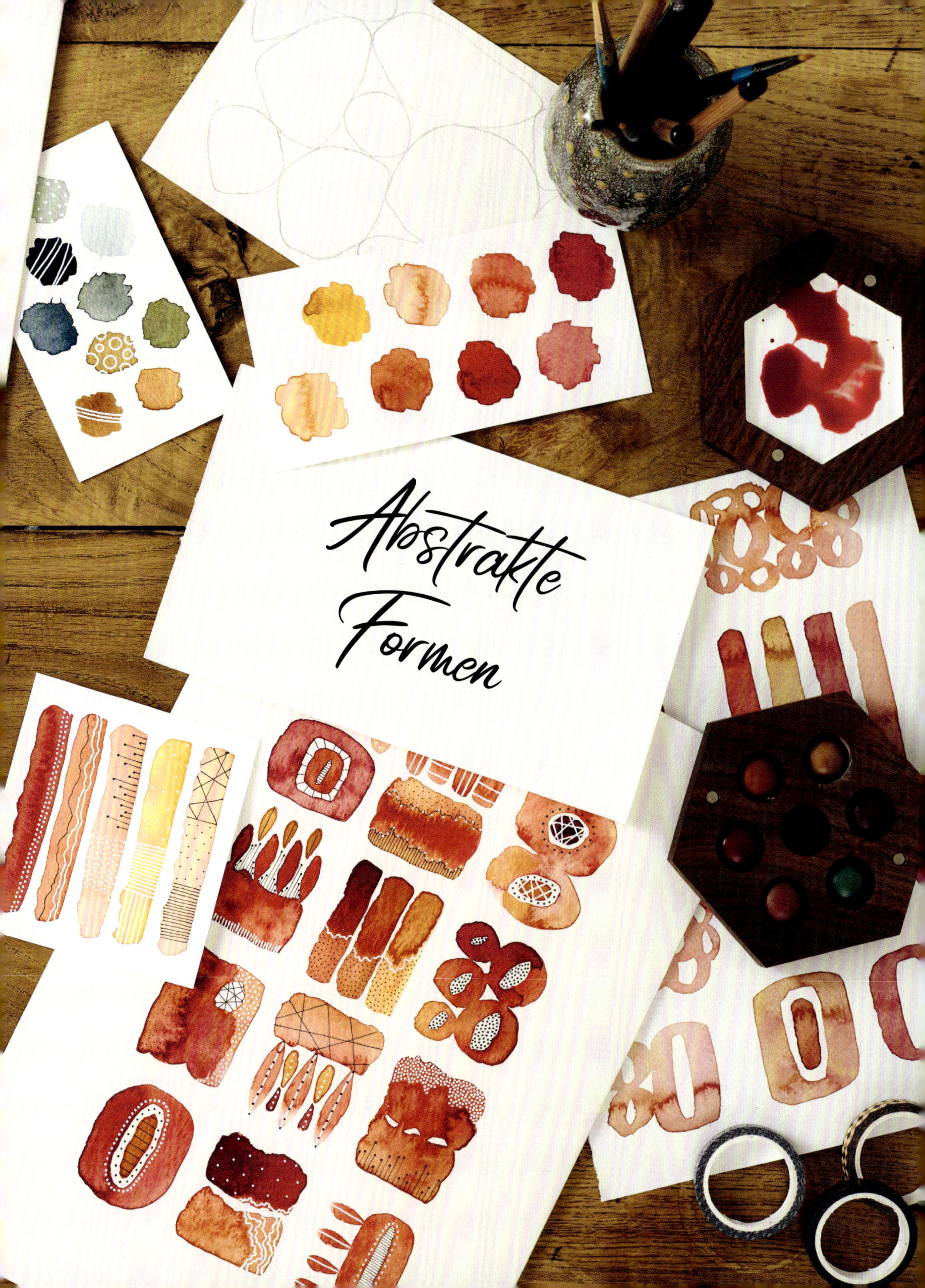
Abstrakte
Formen

Experimenteller Sampler

Damit kannst du wunderbar experimentieren und selbstbewusster im Umgang mit Aquarellfarbe werden. Ich empfehle einfache Formen, aber tob dich ruhig aus – es gibt hier kein Richtig oder Falsch! Kreise, Streifen, Schnörkel und Blockfarben harmonieren hervorragend, wenn du eine zurückhaltende Farbpalette verwendest, die alles zusammenhält.

MATERIAL

- Winsor & Newton professionelle Aquarellfarben
- Daler-Rowney Aquafine Aquarellblock
- Jackson's Quillpinsel – Gr. 0 und 10/0
- Filbert- und Rundpinsel
- Uni-ball Signo Stift – weiß, 1 mm (Breit)
- Posca Pigmentstift – weiß, 0,7 mm (Ultra Fine)
- Staedtler Pigment Liner – schwarz (verschiedene Größen/Dicken)
- Winsor & Newton Drawing Ink – golden
- Lineal und Bleistift

FARBAUSWAHL

Wie bei all meinen Projekten habe ich eine Palette vorgeschlagen, aber wähle Farben aus, die dir gefallen, dich ansprechen, deine Lieblingsfarben sind oder einfach gut zum Projekt passen! Hier habe ich eine Palette aus Gelb-, Orange- und Rottönen gewählt, die dem Werk einen warmen Glanz verleihen.

WINSOR & NEWTON FARBRREFERENZEN

- Umbra gebrannt
- Kadmiumfrei Rot
- Kadmiumfrei Gelb
- Winsororange

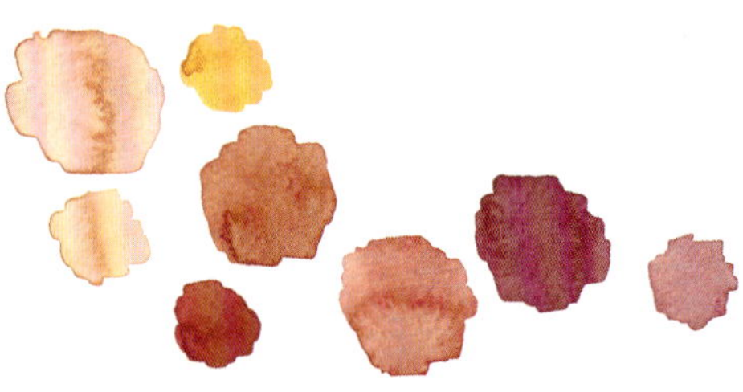

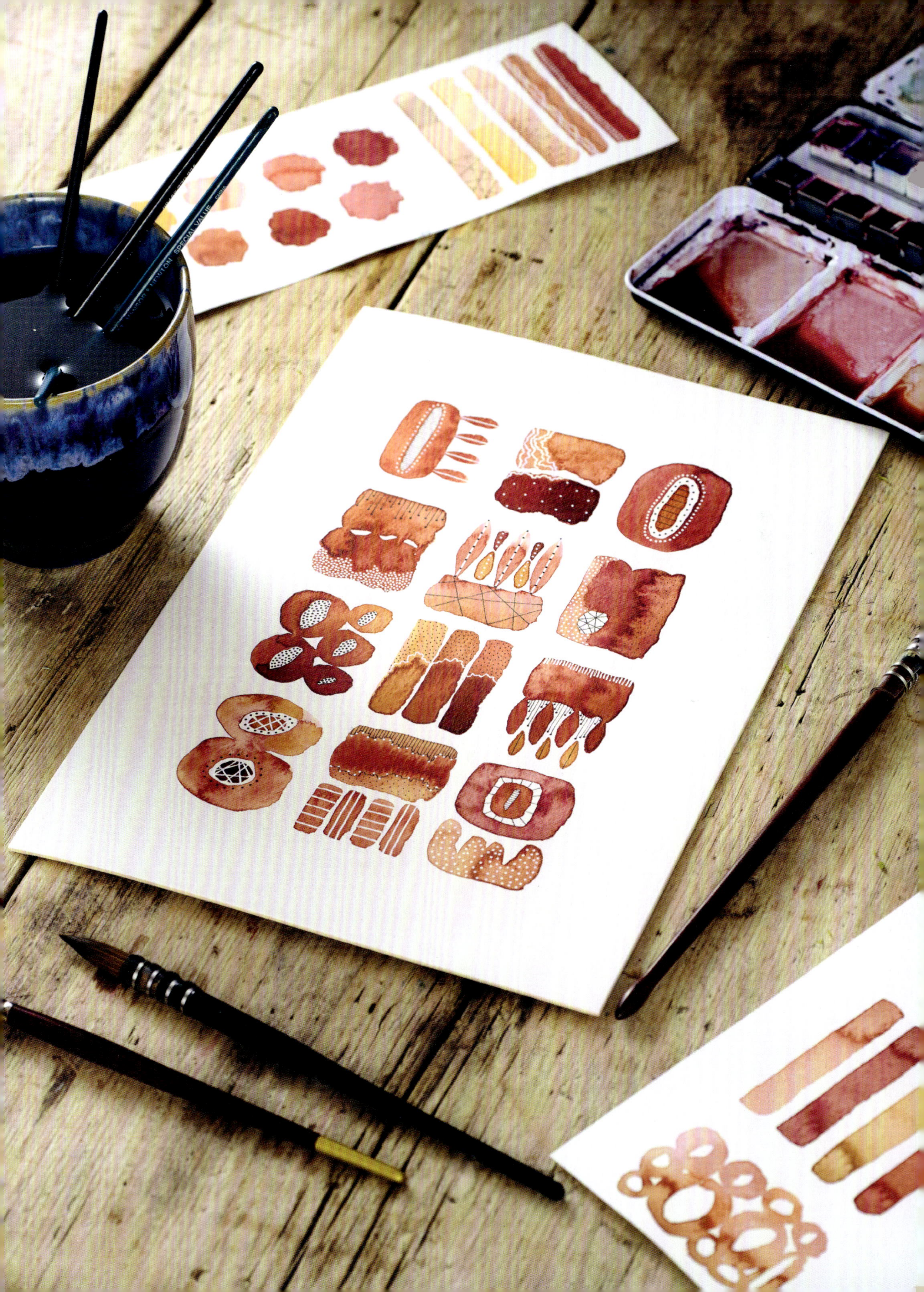

Schritt 1: **NASSE FARBE**

Klebe zuerst dein Blatt ab (*siehe* Techniken: Abdeckgrenzen).

Nimm Stift und Lineal, um dein Blatt in ein Rechteckraster einzuteilen (oder Vierecke, wie du magst). Es muss nicht perfekt sein – sondern dir nur zur groben Orientierung dienen.

Mische Farbe in deiner Palette – schön nass (verdünne sie mit viel Wasser). Ich mische vier oder fünf Farben – die Grundfarben mit ein paar Variationen, wo ich zwei Farben zusammenmische, um eine neue Abstufung zu erhalten.

Male in jedes Kästchen ein Muster aus Formen und Farben – ich benutze gern verschiedene Farben in jedem (aber wenn du magst kannst du auch nur eine Farbe pro Kästchen nehmen). Lass alles gut trocknen, bevor du mit dem nächsten Schritt weitermachst.

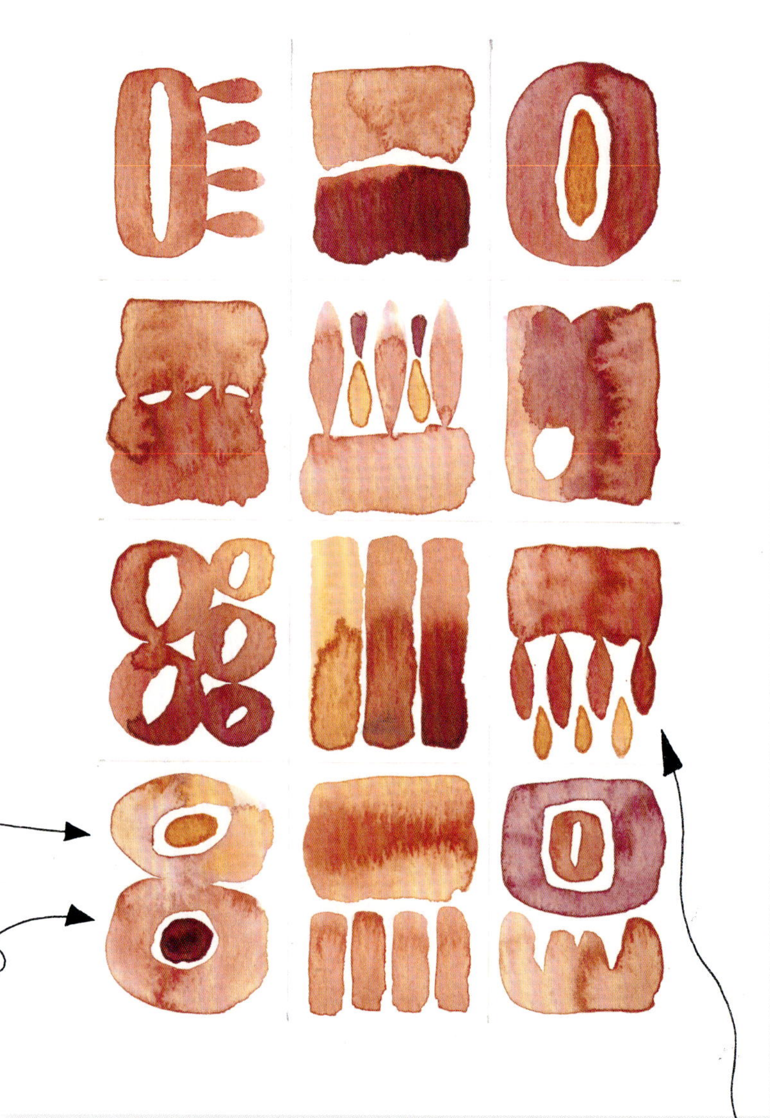

Versuch, mit einer Farbe eine Form zu malen und gib dann eine andere Abstufung in die nasse Farbe, um eine Mischung zu erzeugen.

Nimm viel Wasser mit dem Pinsel auf, um lockere Farbringe zu malen.

Drücke den vollen Pinsel für eine Tropfenform flach aufs Papier. Je fester du presst, desto größer wird der Abdruck.

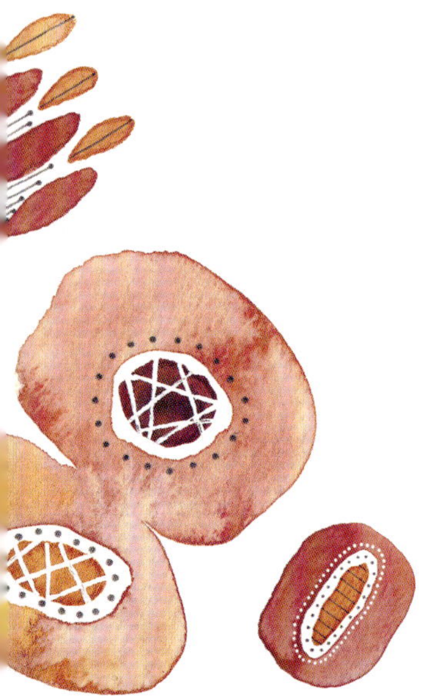

Der gute Tipp: Wechsle die Formen und Muster ab, damit es ausgeglichen wird. Male zum Beispiel in jeder Reihe gerade und geschwungene Linien statt nur geschwungene oder nur gerade.

Schritt 2: **VERZIERUNGEN**

Kommen wir zu meinem Lieblingsschritt – die Verzierungen! Ich habe einige weiße und schwarze Stifte sowie goldene Tinte benutzt, um spannende Details zu erzeugen. Radiere die Bleistiftlinien weg, wenn alles trocken ist, dann ist dein Modell fertig.

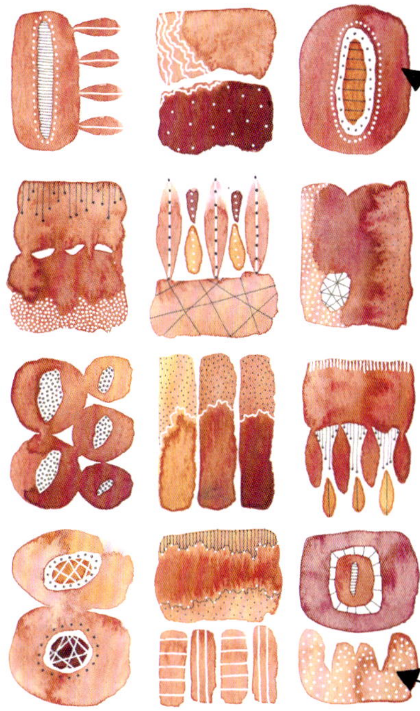

Variiere die Größen der Stiftspitzen für kleinere und größere Punkte in Reihen oder ein Allover-Muster.

Überlege dir, welche Farben und Stiftgrößen du verwenden möchtest, wenn du Reihen oder Linien malst.

Weiße Punkte sehen auf dunklem Hintergrund toll aus; schwarz funktioniert am besten auf blassen Farben.

Mehr Inspiration

Probiere verschiedene Farbpaletten und Techniken aus und kreiere verschiedene Modelle, wenn du dich sicherer fühlst.

Hier habe ich ein Modell mit klobigen Formen und kleinen Verzierungen erstellt. Die coolen Blau- und minzigen Grüntöne erzeugen eine ganz andere Stimmung als die warmen Rot- und Orangetöne.

Ursprünglich als Übung gedacht, sehen diese Sampler in einem Passepartout, das die aufwendigen Details zur Geltung bringt, sehr hübsch aus.

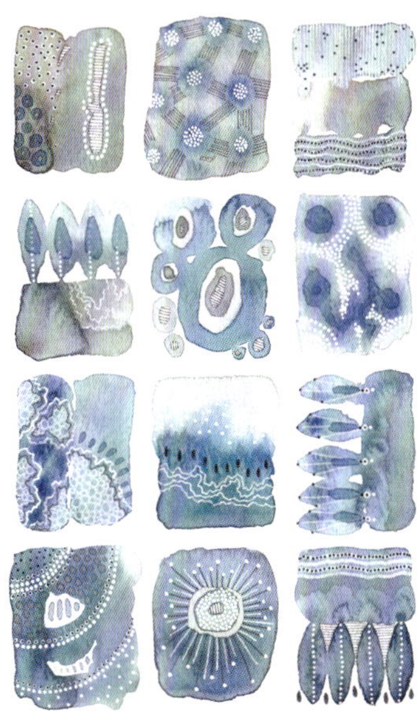

Lockere Streifen

Streifen gehören zu den Mustern, die ich am liebsten male. Die Farbe sucht sich ihren Weg und ich bekomme oft die besten Resultate aus „glücklichen Zufällen", wo die Farben ineinander verlaufen und spannende Formen und neue Abstufungen entstehen. Erst klebst du die Grenzen ab, und dann kann nichts mehr schiefgehen – trage einfach die Farben auf und lass sie zaubern!

MATERIAL

- Winsor & Newton professionelle Aquarellfarben
- Daler-Rowney Aquafine Aquarellblock
- Jackson's Quillpinsel – Gr. 0 und 10/0
- Filbert- und Rundpinsel
- Uni-ball Signo Stift – golden, 1 mm (Breit)
- Posca Pigmentmarker – weiß, 0,7 mm (Ultra Fine)
- Staedtler Pigment Liner – schwarz (verschiedene Größen/Dicken)
- Winsor & Newton Drawing Ink – golden

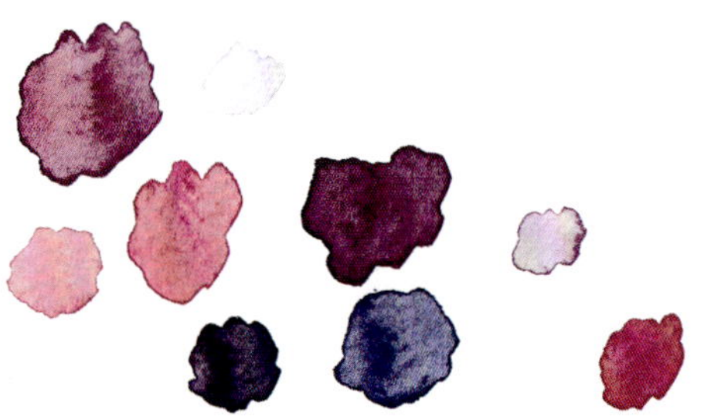

FARBAUSWAHL

Diese Aquarellstreifen kannst du in beliebigen Farben kreieren. Experimentiere und treib es bunt – und lass dich überraschen, was dabei herauskommt! Ich habe eine begrenzte Palette Pink- und Lilatöne verwendet. Egal welche du nimmst, wähle mindestens vier oder fünf. Ich habe Dunkellila, Mauve und Magenta gewählt und zwei dieser Farben gemischt, um einen Komplementärton zu erzielen.

WINSOR & NEWTON FARBREFERENZEN

- Permanent Magenta
- Permanent Rosa
- Winsorviolet (Dioxazine)

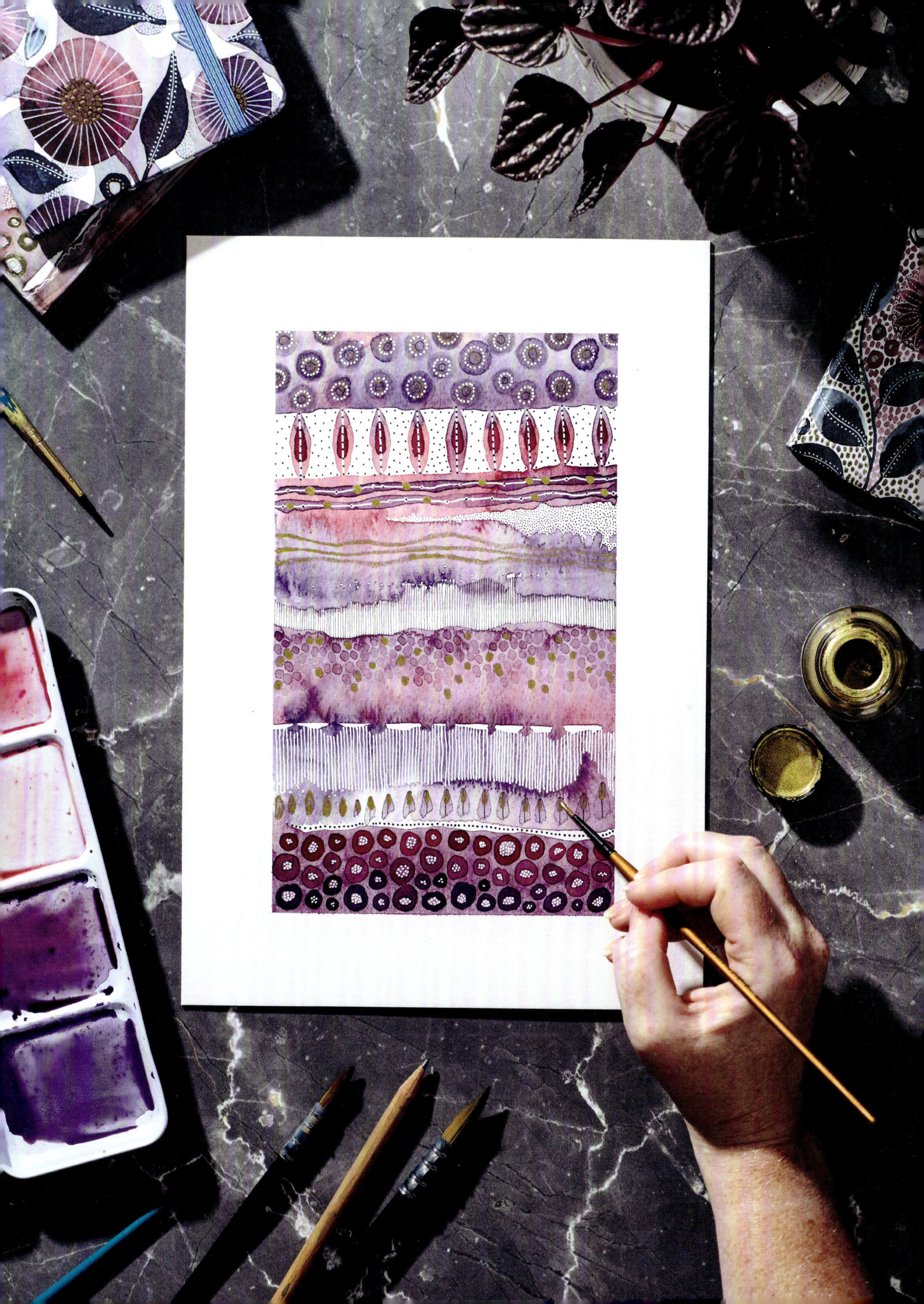

Schritt 1: **NASSE FARBE**

Klebe zuerst dein Blatt ab (*siehe* Techniken: Abdeckgrenzen).

Trage dann quer über das Blatt eine Schicht Farbe auf, um deinen ersten Streifen zu kreieren. Fahre damit fort, bis das Blatt voll ist. Wenn dir die Farben und Muster gefallen, lass die erste Schicht vollständig trocknen.

Der gute Tipp: Mach deine Streifen ungleichmäßig und natürlich – so wird es interessant.

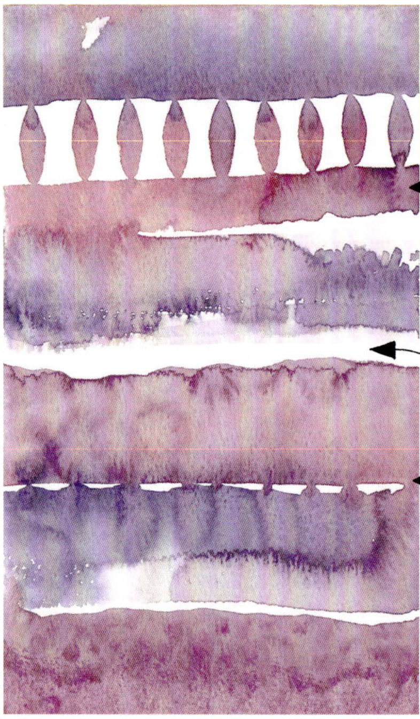

Male zuerst Streifen auf trockenes Papier. Ein trockenerer Pinsel erzeugt einen anderen Effekt.

Weiße Flächen entstehen, wenn du Lücken zwischen manchen Streifen lässt.

Verbinde andere Streifen, sodass die Farben ineinander verlaufen können.

Schritt 2: **NASS AUF TROCKEN**

Trage deine zweite Farbschicht auf die erste getrocknete auf (*siehe* Techniken: Nass auf Trocken). Hier kannst du mit einer weiteren Farbe Kontraste gestalten. Lass auch diese zweite Schicht trocknen, wenn dir das Design gefällt.

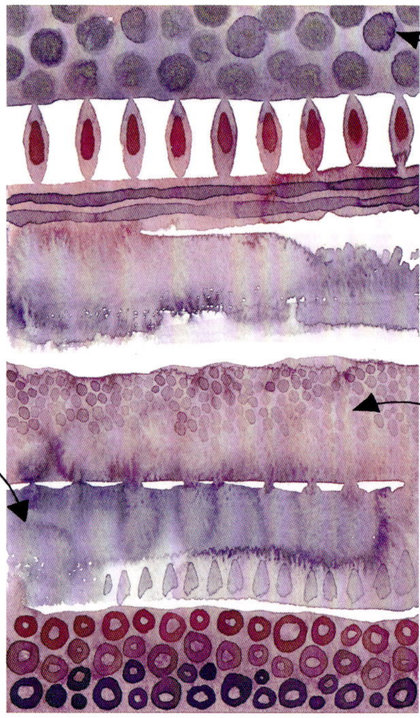

Male deine Details verschieden groß. Durch große Kreise neben winzigen Tröpfchen entsteht Räumlichkeit.

Dippe deinen Quill in die Farbe und presse beide Seiten des Pinsels sanft aufs Blatt, um tropfenförmige Abdrücke zu erhalten.

Für Maserungen und Muster mal ich gern ganz leicht tropfenförmige Punkte auf (kleine Kleckse sehr wässriger Farbe).

Verwende verschiedene Farben oder Farbstufen, so entstehen Abwechslung und Tiefe.

Schritt 3: **VERZIERUNGEN**

Verwende eine Reihe von Verzierungen und Details und variiere auch hier die Größen. So erzielst du interessante Strukturen.

Der gute Tipp: Beim Verzieren achte ich darauf, wie die Farbe trocknet. Folge „wackeligen" Linien mit deinem Stift und mache Punktreihen oder einfache Linien, um interessante Strukturen zu akzentuieren.

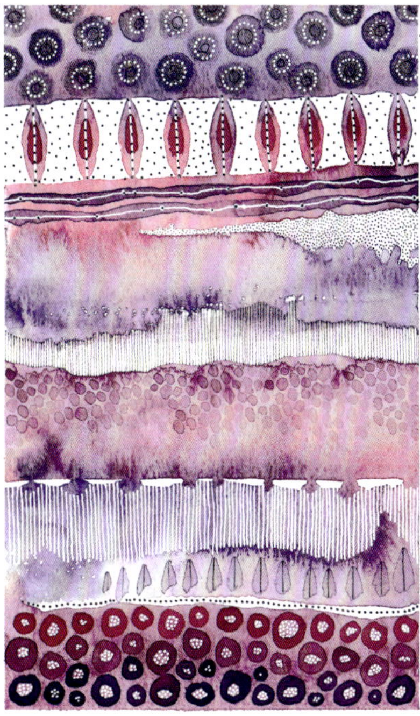

Ich habe Punkte mit schwarzer und weißer Tinte gemalt. Mal hier ein paar weniger und da ein paar mehr, das ergibt verschiedene Looks.

Kontrast erzeuge ich dadurch, dass ich sowohl senkrechte als auch waagrechte Linien verwende.

Versuche, mit Farbe dickere Linien zu kreieren, und verwende Fineliner, um dünnere Linien zu erhalten.

Schritt 4: **GOLDENE HIGHLIGHTS**

Und zu guter Letzt – Gold! Das hebe ich mir immer bis zum Schluss auf, sodass ich das Gesamtwerk begutachten kann. Ich sehe mir die Ausgewogenheit und den Aufbau an und füge Gold nur da hinzu, wo es nötig ist. Probiere Metallictöne wie Gold, Silber und Bronze aus, aber halte gelegentlich inne und tritt einen Schritt zurück, damit du es nicht übertreibst. Eine kluge Person hat mal gesagt: „Du kannst immer noch was hinzufügen, aber du kannst es nicht mehr wegnehmen!" – und sie hatte so recht!

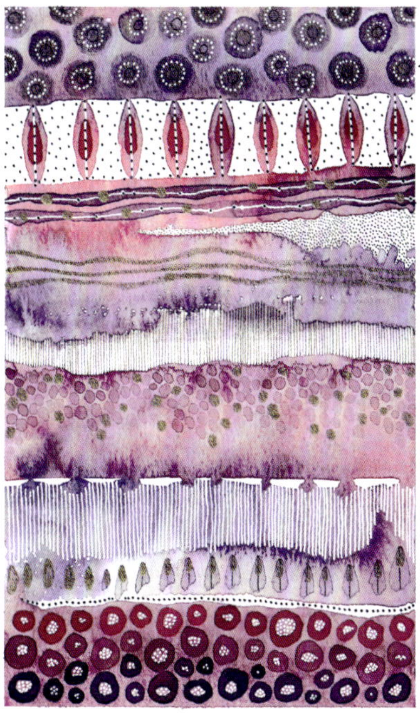

Hier habe ich mit goldener Tinte viele kleine Punkte gesetzt, das fand ich schöner als deckende Farbe.

Gold ist eine simple, aber effektive Methode, um wichtige Bereiche des Designs hervorzuheben.

In einigen Bereichen habe ich keine goldenen Highlights gesetzt. Bei Metallictönen folge ich dem „Weniger ist mehr"-Ansatz.

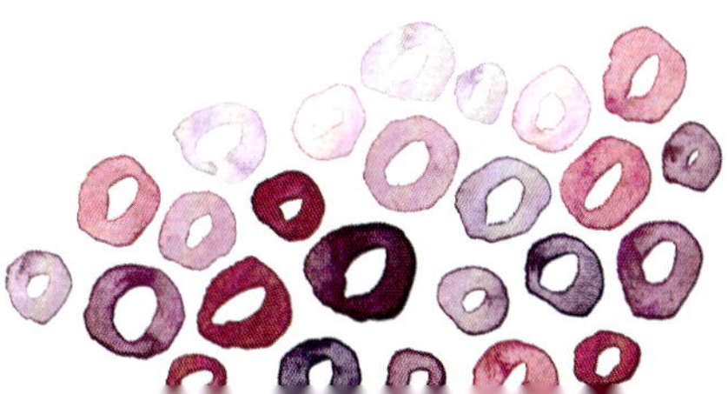

Konzentrische Kreise

Diese einfachen konzentrischen Kreise sind leicht zu malen und schön zu verzieren. Ich empfinde immer eine große Ruhe, wenn ich so arbeite – es ist so entspannend, die sich wiederholenden Kreise zu gestalten, fast schon meditativ. Das Endprodukt sieht toll aus und ist sehr effektvoll, und man muss sich über die Komposition des Bildes keine Gedanken machen.

MATERIAL

- Winsor & Newton professionelle Aquarellfarben
- Daler-Rowney Aquafine Aquarellblock
- Jackson's Quilpinsel – Gr. 0 und 10/0
- Filbert- und Rundpinsel
- Uni-ball Signo Stift – weiß, 1 mm (Breit)
- Posca Pigmentmarker – weiß, 0,7 mm (Ultra Fine)
- Staedtler Pigment Liner– schwarz (verschiedene Größen/Dicken)

FARBAUSWAHL

Ich habe mich für kühle Blau- und Aquatöne entschieden – das fühlt sich kalt und eisig an, fast wie das Innere einer Schneeflocke. Du kannst das in verschiedenen Farben oder sogar Regenbogenfarben ausprobieren und jeden Kreis andersfarbig malen.

WINSOR & NEWTON FARBREFERENZEN

- Wassergrün
- Coelinblau
- Kobalthelltürkis

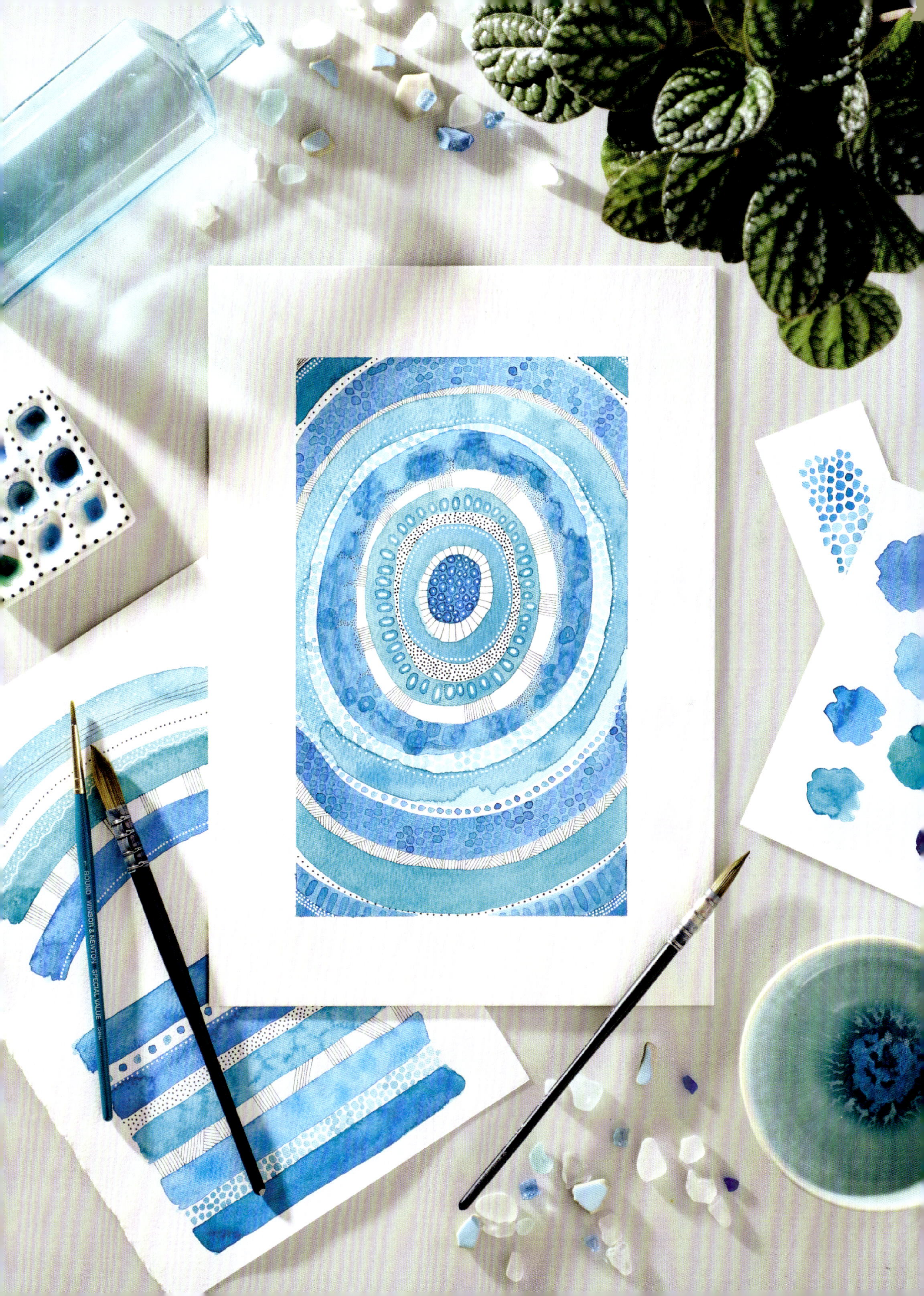
ROUND WINSOR & NEWTON SPECIAL VALUE

Schritt 1: **NASSE FARBE**

Klebe zuerst dein Blatt ab (*siehe* Techniken: Abdeckgrenzen).

Mische drei Farben in deiner Palette, verdünne sie mit viel Wasser und erzeuge aus diesen transparenten Tönen verschiedene Farbstufen. Dunklere Bereiche kannst du gestalten, indem du den Pinsel direkt in das Näpfchen mit der kräftigen, unverdünnten Farbe tunkst. Lass das Bild vor dem nächsten Schritt vollständig trocknen.

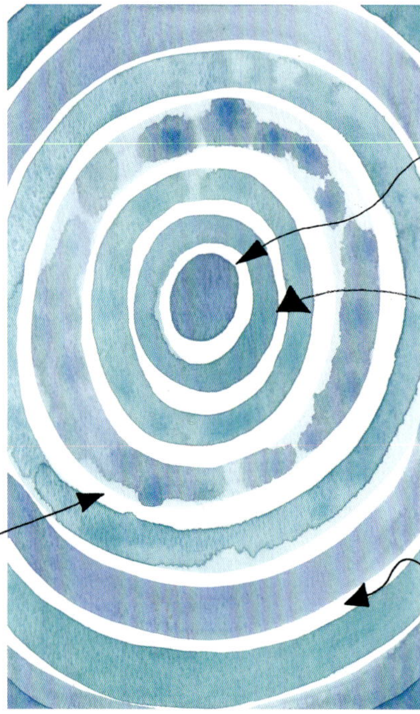

Schritt 2: **NASS AUF TROCKEN**

Ist die erste Schicht trocken, kannst du eine zweite Schicht nasser Farbe aufbringen. Diese kann deinem ursprünglichen Design mehr Farbe und Kontrast verleihen, oder Details und Textur (*siehe* Techniken: Nass auf Trocken). Lass es trocknen.

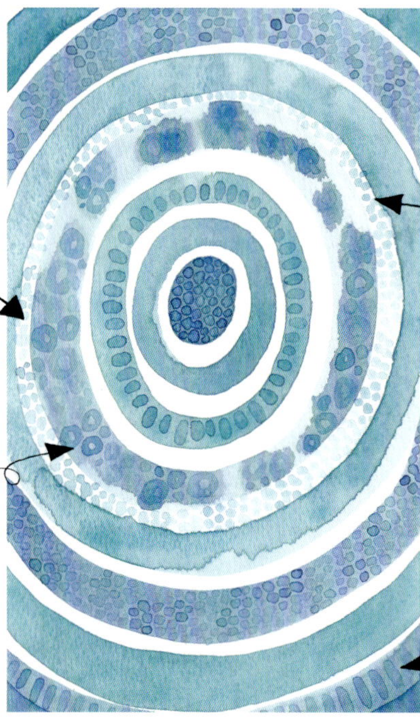

Schritt 3: **VERZIERUNGEN**

Wie du siehst, habe ich viele Verzierungen und Muster eingesetzt (*siehe* Techniken: Muster). Bei diesen Kreisen empfehle ich, manche heller und manche dunkler zu lassen; einige sehr verziert und einige ohne alles. So entstehen Gegensätze und jeder Kreis hebt sich gut vom benachbarten ab. Wenn sich alle Kreise ähneln und stark verziert sind, geht Struktur verloren und das Bild verschwimmt zu einer einzigen Farbfläche.

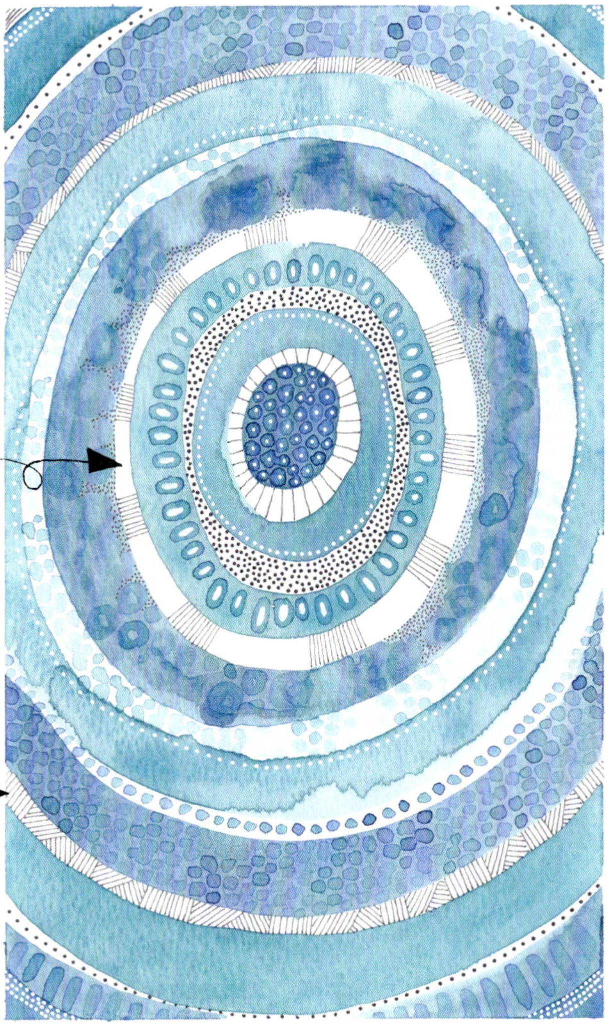

Halte dich bei einigen Kreisen mit Verzierungen zurück, um ein Gefühl der Ruhe zu erzeugen.

Nutze weiße Flächen für detaillierte Linienmuster.

Der gute Tipp: Manchmal verzichte ich sogar auf Metallicverzierungen! Für mich erinnert dieses Bild an ein wogendes Meer und wirkt beruhigend, daher habe ich die Metallictöne weggelassen. Aber das ist Geschmackssache – wer weiß, was für schillernde Effekte hier entstehen könnten!

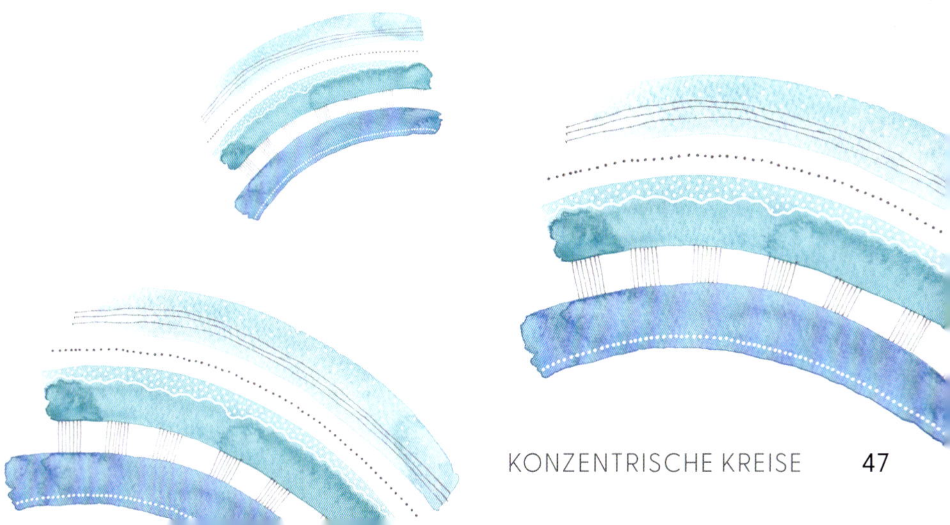

Dicke Blöcke

Vierecke zeichnen macht Spaß – du kannst mit Farben, Mustern und Texturen experimentieren. Man kann sie auch schön verzieren und meist sehen sie danach richtig gut aus! Hier lernst du auch, die Farbe zu steuern und eine ruhige Hand zu behalten. Ich arbeite frei Hand, aber du kannst dir am Anfang ein Gitter zur Orientierung aufzeichnen.

MATERIAL

- Winsor & Newton professionelle Aquarellfarben
- Daler-Rowney Aquafine Aquarellblock
- Jackson's Quillpinsel – Gr. 0 und 10/0
- Filbert- und Rundpinsel
- Uni-ball Signo Stift – weiß, 1 mm (Breit)
- Posca Pigmentmarker – weiß, 0,7 mm (Ultra Fine)
- Staedtler Pigment Liner– schwarz (verschiedene Größen/Dicken)
- Lineal und Bleistift

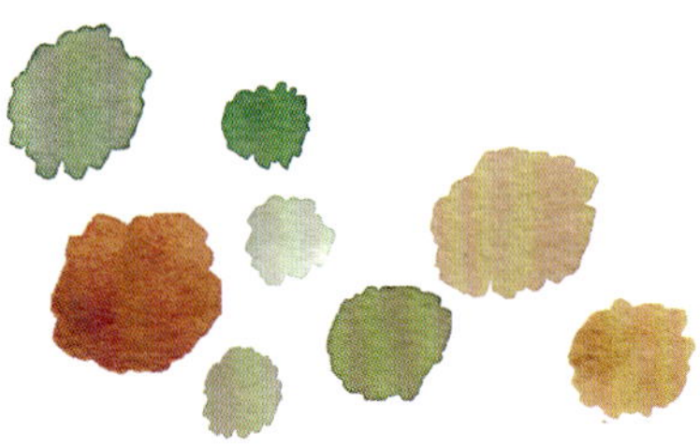

FARBAUSWAHL

In der abstrakten Kunst ist deine Farbauswahl von deinen Vorlieben und deiner Inspiration bestimmt. Als ich das gemalt habe, war das Wetter mild und die Landschaft um mich herum blühte auf. Ich bewunderte die kräftig braunen Baumstämme und knospenden Blätter. Ich habe aber auch schon Vierecke in allen Farben des Regenbogens gestaltet – tob dich aus und genieße die Techniken.

WINSOR & NEWTON FARBREFERENZEN

- Siena gebrannt
- Umbra gebrannt
- Hooker's Grün
- Permanent Saftgrün
- Gelbocker

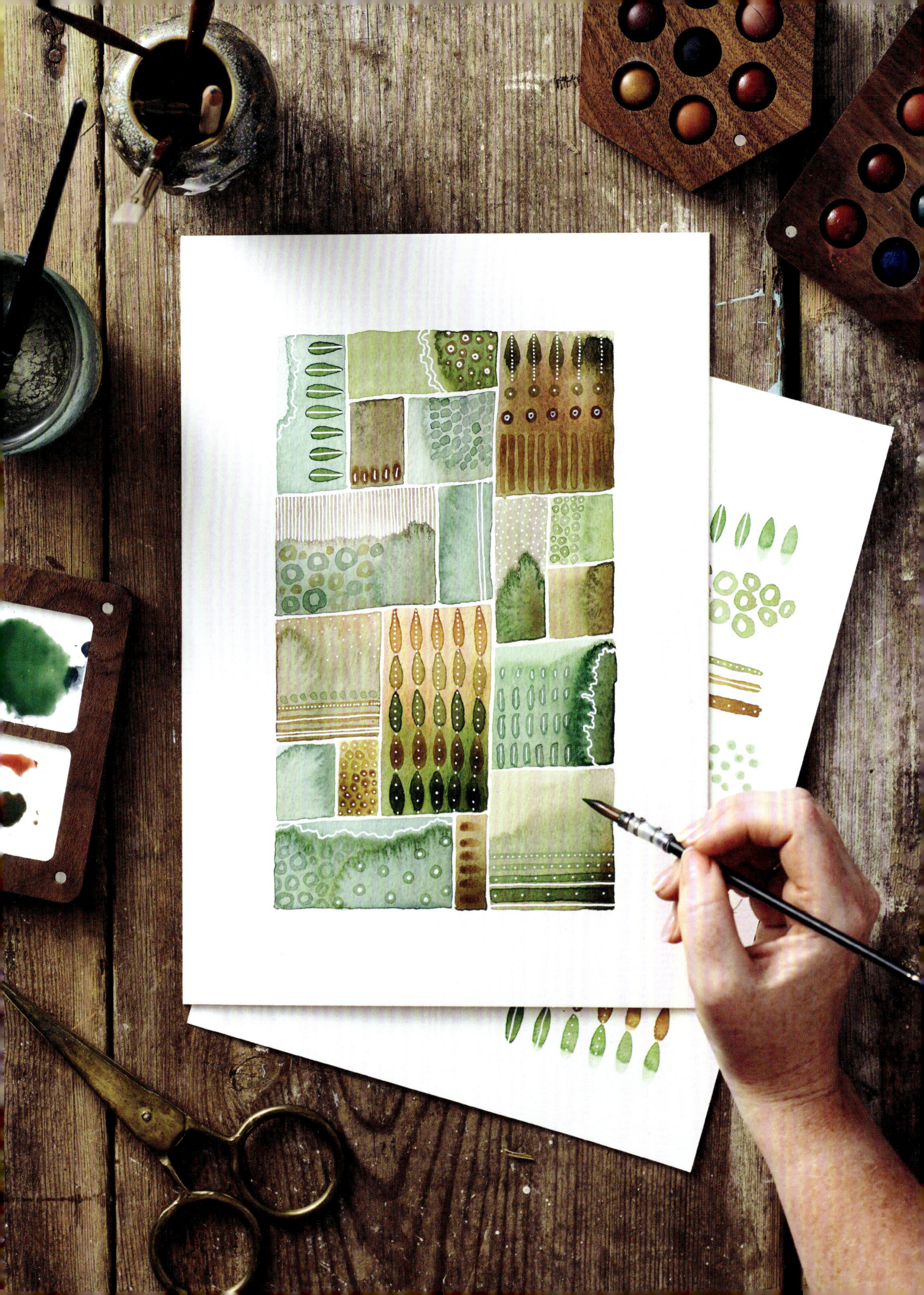

Schritt 1: NASSE FARBE

Klebe zuerst dein Blatt ab (*siehe* Techniken: Abdeckgrenzen).

Male mit Bleistift und Lineal ein Gitter verschiedengroßer Vierecke auf dein Blatt, beliebig und natürlich. Es geht nicht um Genauigkeit – Linien können später gelöscht oder unter Verzierungen versteckt werden.

Mische deine Farben in einer Palette. Beginne oben, um beim Malen nicht die nasse Farbe zu verwischen. Ich male die Umrisse der Vierecke mit dem Pinsel und fülle sie dann aus. Mit einer dünnen Farbschicht oben auf dem Blatt habe ich abgestufte Vierecke gemalt und dann unten noch mehr Farbe aufgetragen. Das ergibt, wenn es getrocknet ist, schöne Farbverläufe. Male das Gitter fertig und lass es trocknen.

Mische die Blockfarben auf der Seite für einen natürlichen Effekt.

Lass einen dünnen weißen Rand um jeden Block frei.

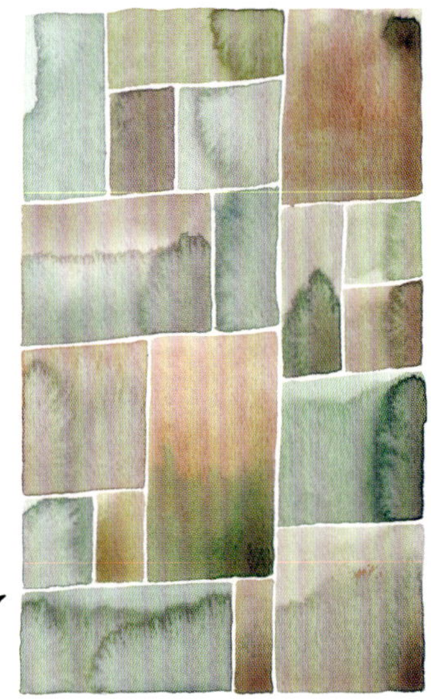

Schritt 2: NASS AUF TROCKEN

Wenn es vollständig trocken ist, kannst du mit der Nass-auf-Trocken-Schicht beginnen (*siehe* Techniken: Nass auf Trocken). Mir gefällt ein Mix aus gemusterten und schlichten Vierecken, damit mein Bild nicht zu überladen wirkt.

Male lockere Aquarellkreise in verschiedenen Größen.

Nimm mit dem Quillpinsel Farbe auf und presse ihn für Tropfenformen aufs Blatt.

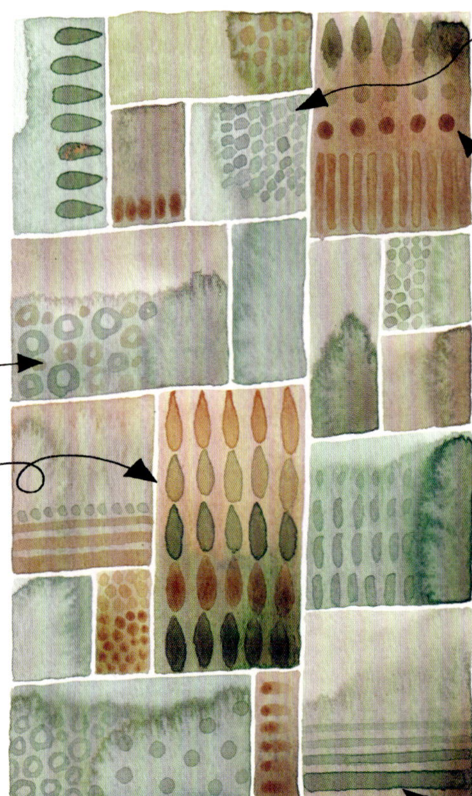

Mit einem kleinen Rundpinsel kannst du Flecken kreieren, die mit der Grundfarbe harmonieren oder kontrastieren.

Mit einem in Farbe getunkten Wattestäbchen kannst du Punkte stempeln.

Der Quillpinsel erzeugt verschieden breite Linien. Male mit der Spitze dünne Linien und drück für dickere Linien fester auf.

Schritt 3: **VERZIERUNGEN**

Jetzt kannst du Gas geben und noch mehr schmücken! Ich habe einige Vierecke mit verschiedenen Techniken verziert (*siehe* Techniken: Muster).

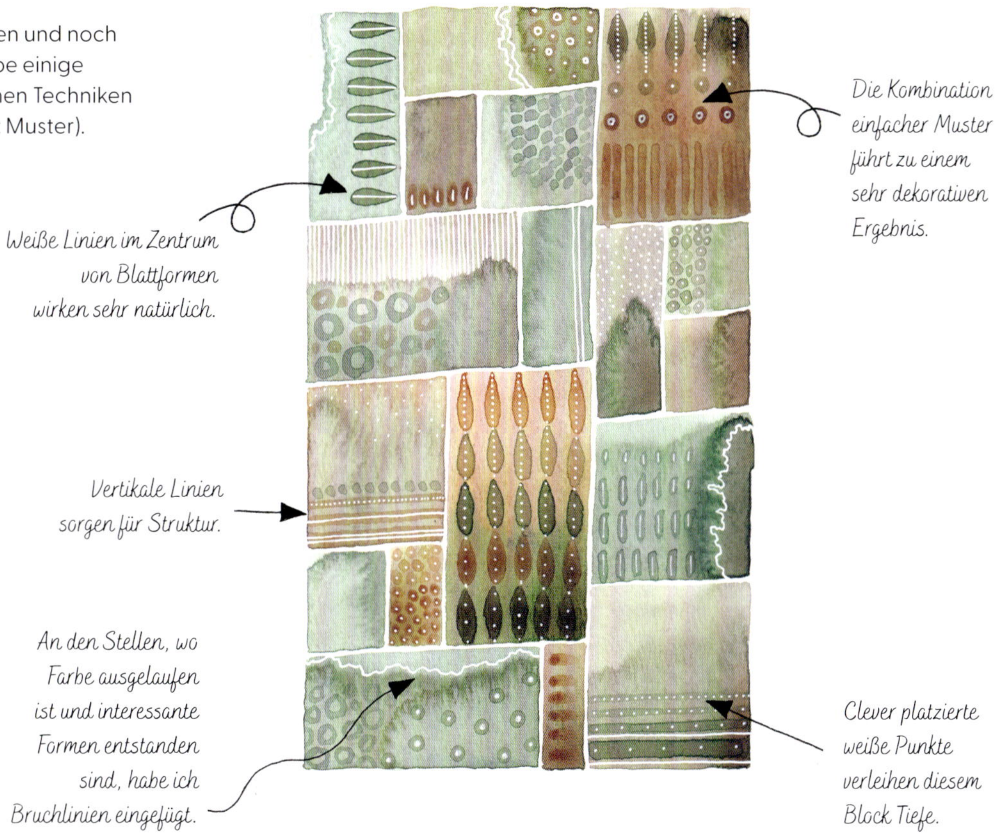

Mehr Inspiration

Bei diesem Design macht das Experimentieren mit Farbpaletten und Techniken richtig Spaß. Du gestaltest verschiedene Vierecke, während du dein Repertoire an Aquarelltechniken erweiterst.

Hier habe ich die Papierränder abgeklebt, damit der Rand weiß bleibt, aber das Blatt nicht überall bis zum Klebeband mit Farbe gefüllt, sondern ein paar Blöcke kürzer gemalt. Das ergibt einen schönen gebrochenen Rand und bringt Abwechslung in deine Blockbilder. Vielleicht gefällt dir der gerade, saubere Rand besser als diese dynamischere Methode, aber es ist doch schön, wenn man sich aus beiden Styles einen aussuchen kann!

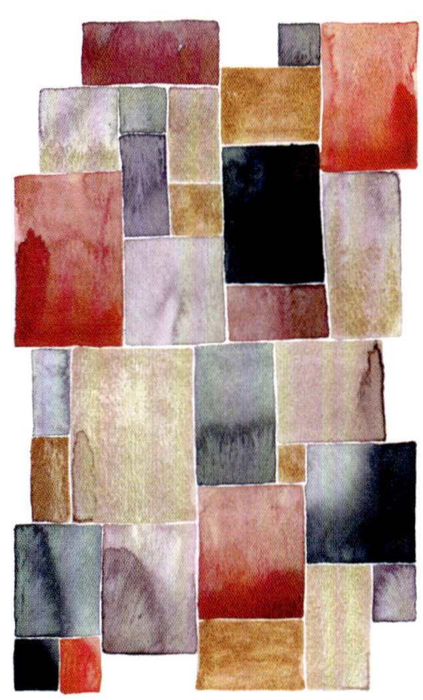

Unterschiedliche Kiesel

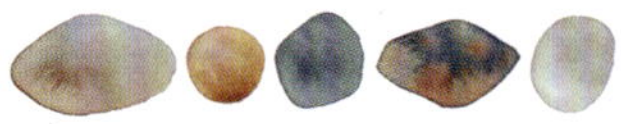

Als ich mit Malen begonnen habe, waren Kiesel mit das Erste, das ich gemalt habe. Das hat mir solchen Spaß gemacht! Richtig und falsch gibt es nicht, du musst also nicht ganz genau arbeiten. Lass sie rund, eckig, flach und unterschiedlich groß sein. Denk an Steine am Strand oder im Flussbett – Mutter Natur macht sich nichts aus Symmetrie!

MATERIAL

- Winsor & Newton professionelle Wasserfarben
- Daler-Rowney Aquafine Aquarellblock
- Jackson's Quillpinsel – Gr. 0 und 10/0
- Filbert- und Rundpinsel
- Uni-ball Signo Stift – weiß, 1 mm (Breit)
- Posca Pigmentmarker – weiß, 0,7 mm (Ultra Fine)
- Staedtler Pigment Liner– schwarz (verschiedene Größen/Dicken)
- Schaumstoffstempel

FARBAUSWAHL

Diese sanfte, natürliche Palette wurde durch einen kürzlichen Strandbesuch angeregt. Erdige Brauntöne und kräftiges Sienna gebrannt kontrastieren so schön zu den kühlen Blautönen von Payne's Grau. Versuch mal, ein bisschen Blau ins Braun zu mischen, um verschiedene Zwischentöne zu generieren (wie die, die man oben auf diesem Bild sieht).

WINSOR & NEWTON FARBREFERENZEN

- Siena gebrannt
- Umbra gebrannt
- Payne's Grau
- Umbra natur

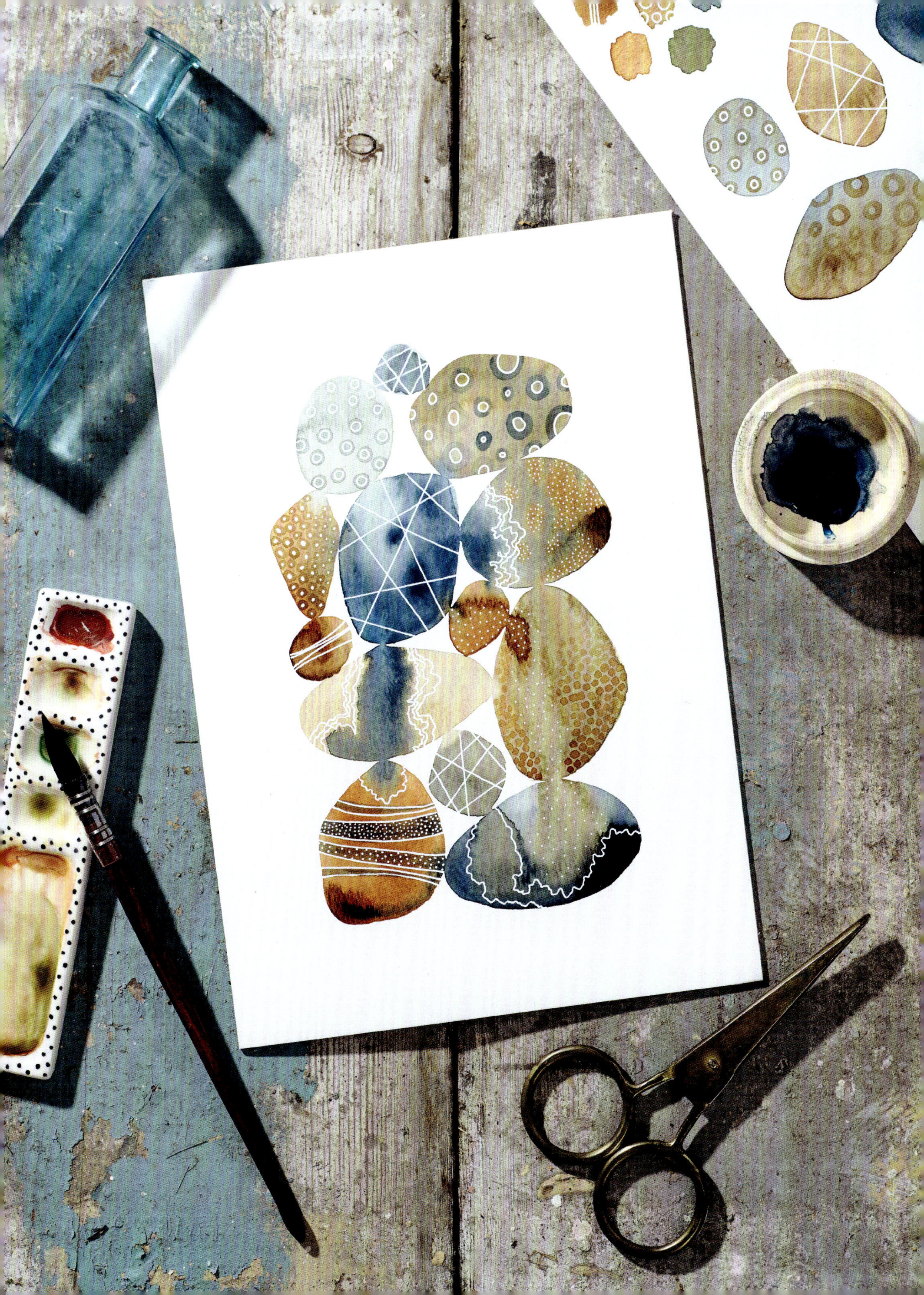

Schritt 1: **NASSE FARBE**

Klebe zuerst dein Blatt ab (*siehe* Techniken: Abdeckgrenzen).

Lege, bevor du anfängst, einen kleinen Gegenstand wie einen Radiergummi unter den oberen Blattrand. So entsteht eine Neigung und die nasse Farbe kann verlaufen und sich am unteren Ende jedes Kiesels „sammeln".

Misch deine Farben in einer Palette. Fang oben an, einen Kiesel zu malen und male dann einen zweiten, der den ersten berührt. Lass die Farbe von einem Kiesel zum nächsten fließen und sie sich so „verbinden". Füge weitere verbundene Kiesel hinzu, bis das Blatt voll ist oder dir die Komposition gefällt.

Der gute Tipp: Tränke deinen Pinsel mit Farbe, damit sie fließen und sich sammeln kann. Lass die Schicht vollständig trocknen. Wahrscheinlich musst du Geduld haben, weil du so viel Farbe verwendet hast.

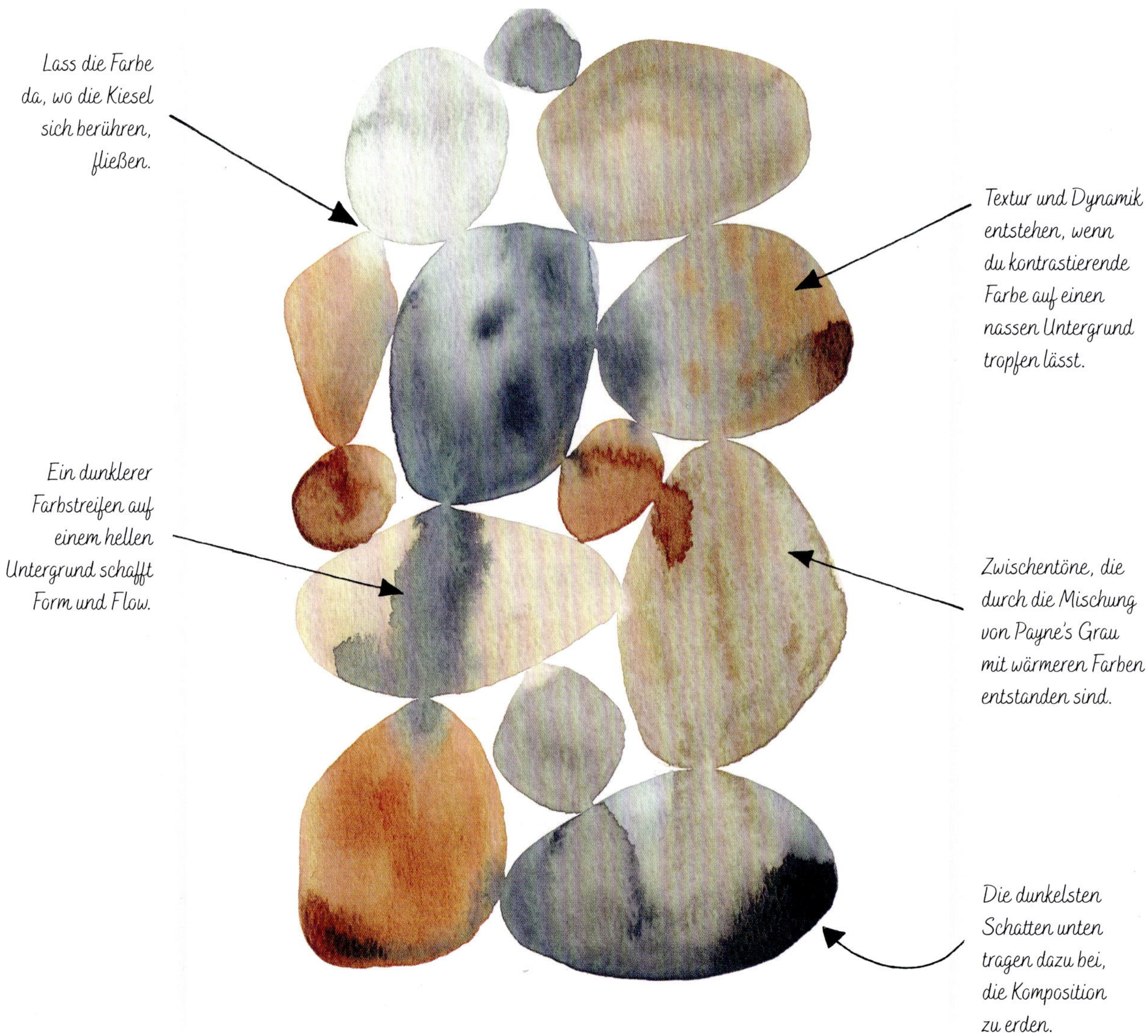

Schritt 2: **NASS AUF TROCKEN**

Ist die erste Farbschicht vollständig getrocknet, kannst du die Nass-auf-Trocken-Schicht auftragen, um dekorative Muster und Designs zu kreieren (*siehe* Techniken: Nass auf Trocken). Ich habe mich für dieses Bild an natürlichen Kieselsteinen mit ihren zufälligen Mustern und Linien, die quer über die Oberfläche verlaufen, orientiert.

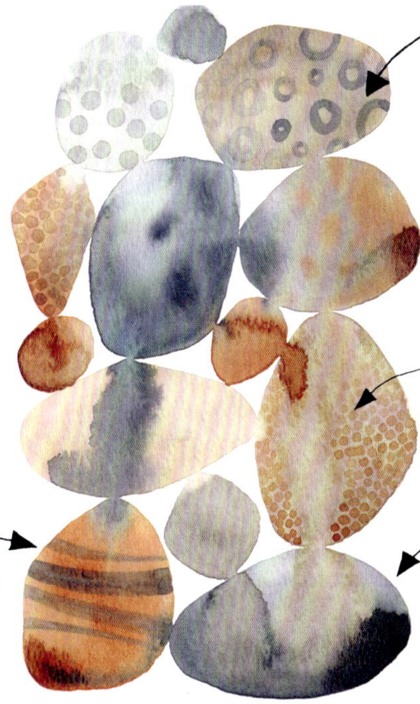

Schritt 3: **VERZIERUNGEN**

Ist die Farbe einmal trocken, kannst du weiße Details hinzufügen (*siehe* Techniken: Muster). Male einzelne Linien oder Muster, wie es dir gefällt. Ich habe auch meine üblichen Kreise, Flecken und Punkte zum Dekorieren jedes Steins verwendet. Trocknen lassen, fertig!

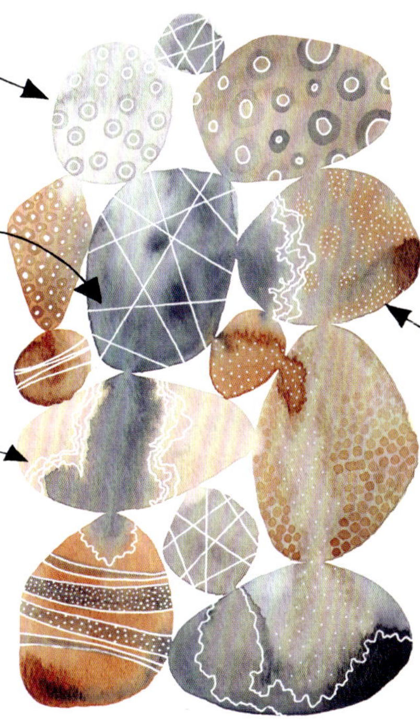

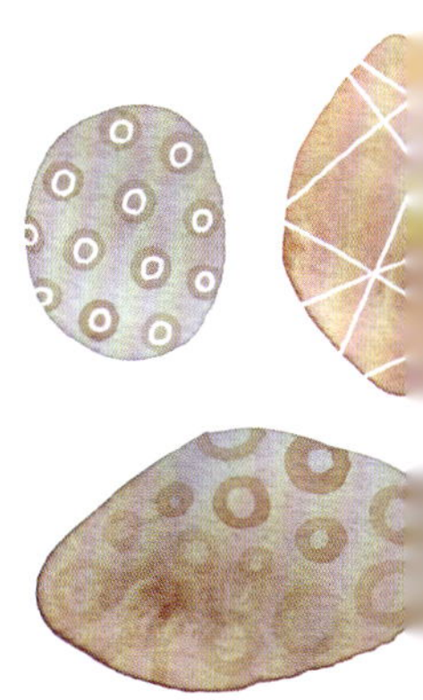

Sanfte Jakobsmuscheln

Bei diesem Projekt kannst du dich voll auf Farben, Texturen und Verzierungen konzentrieren, ohne auf die Komposition achten zu müssen. Die Muschelform ist simpel, und die sich überlappenden Rundungen sind die perfekte Basis für einen dynamischen Effekt. Probiere bei jeder Form eine neue Technik aus und erschaffe ein beeindruckendes Endergebnis!

MATERIAL

- Winsor & Newton professionelle Aquarellfarben
- Daler-Rowney Aquafine Aquarellblock
- Jackson's Quillpinsel – Gr. 0 und 10/0
- Filbert- und Rundpinsel
- Uni-ball Signo Stifte – weiß und golden, 1 mm (Breit)
- Posca Pigmentmarker – weiß, 0,7 mm (Ultra Fine)
- Staedtler Pigment Liner– schwarz (verschiedene Größen/Dicken)
- Lineal (optional) und Bleistift
- Schaumstoffstempel

FARBAUSWAHL

Bei Muschelformen denke ich immer an Meerjungfrauenschwänze, daher bleibe ich immer bei der Unterwasserpalette. Mit Lilatönen könnte man eine opulente Pfauenpalette kreieren, oder probiere dunkle Rot-, Gold- und Brauntöne aus, die an marokkanische Architektur und Zierfliesen erinnern. Finde deine Anregung in den Farben um dich herum, spiele damit und – vor allem – hab Spaß dabei!

WINSOR & NEWTON FARBREFERENZEN

- Wassergrün
- Französisch Ultramarin
- Indigo
- Payne's Grau
- Viridian

... und Mischungen daraus, um viele neue Nuancen zu gewinnen.

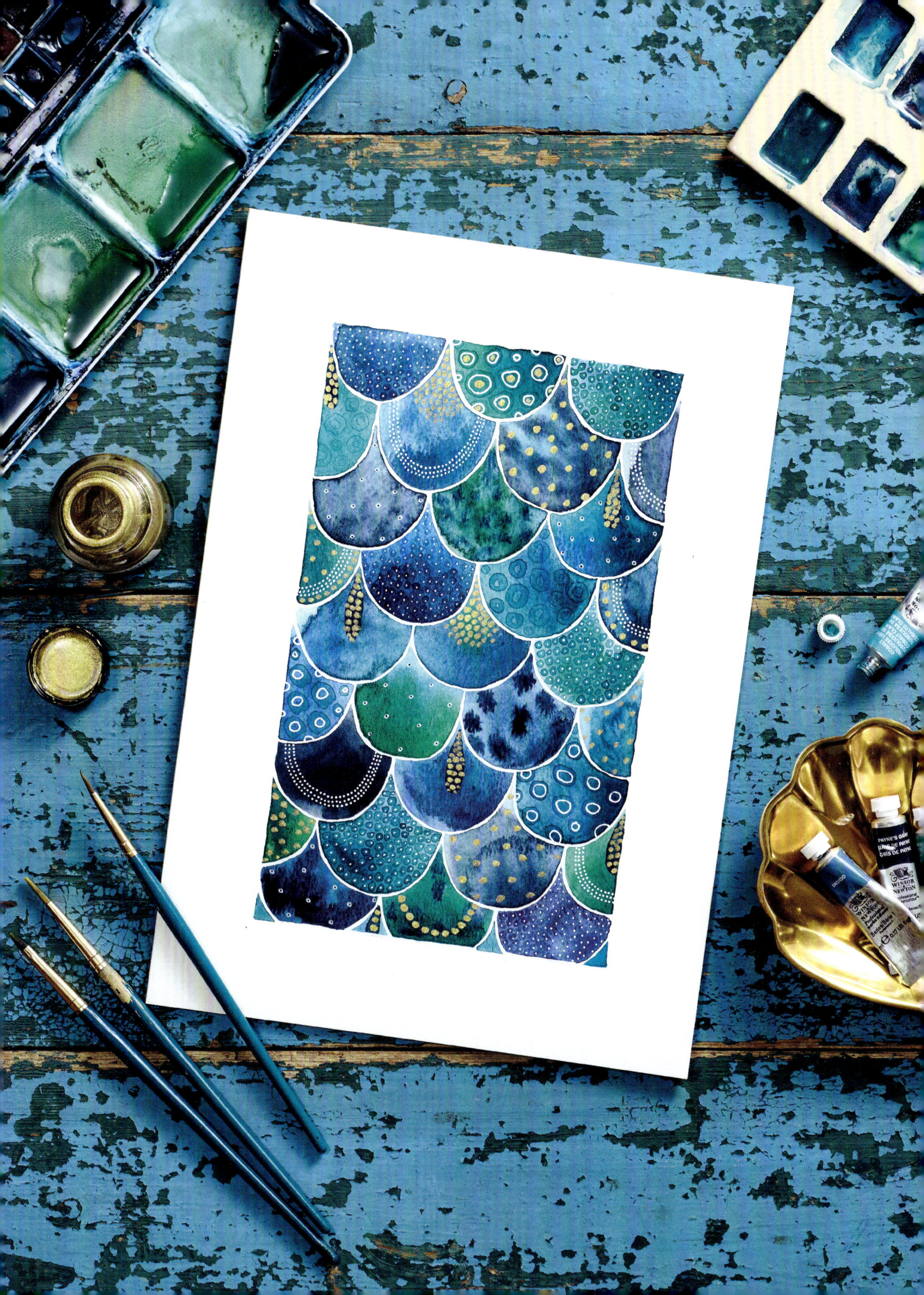

Schritt 1: **BLEISTIFTSKIZZE**

Klebe zuerst dein Blatt ab (*siehe* Techniken: Abdeckgrenzen).

Skizziere deine Muschelformen mit einem Bleistift. Wenn du es dir zutraust, arbeite frei Hand, oder zeichne Orientierungshilfen ein, damit die Formen einheitlich werden. Zeichne erst zwei senkrechte Linien ein. Füge dann von oben nach unten Muschelreihen hinzu, wobei du wie gezeigt in der Mitte der Muschel anfängst.

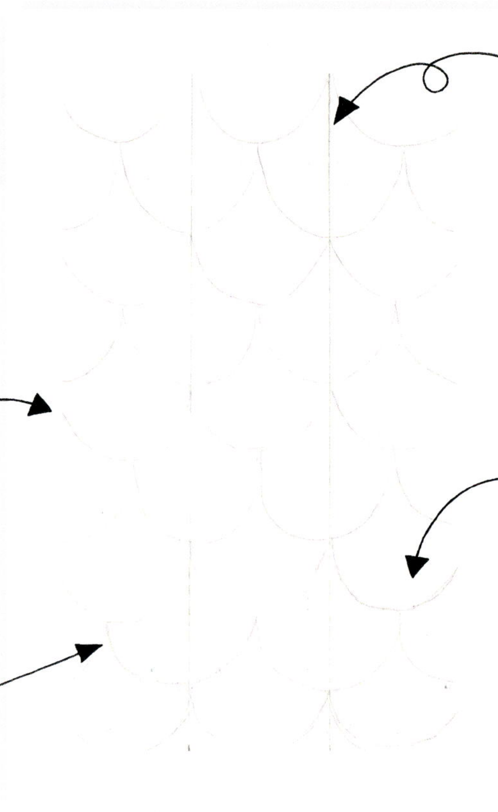

Teile dein Papier längs in drei gleiche Teile ein.

Verlängere die Bleistiftlinien auf den Abdeckrand, damit die Rundungen geschmeidig werden.

Meine Formen sind nicht perfekt, und deine müssen es auch nicht sein!

Der Aufbau erinnert an ein Ziegelmuster – jede Muschel beginnt in der Mitte der darüberliegenden.

Schritt 2: **NASSE FARBE**

Wenn du mit den Bleistiftlinien fertig bist, mische die Farben, die du magst, in einer Palette und male jede Muschel an. Lass um jede einen dünnen weißen Rand frei, damit die nasse Farbe nicht ausläuft und sich vermischt. Ich verwende gern unterschiedliche Farben und wechsle zwischen Hell und Dunkel ab, um einen Gegensatz herzustellen.

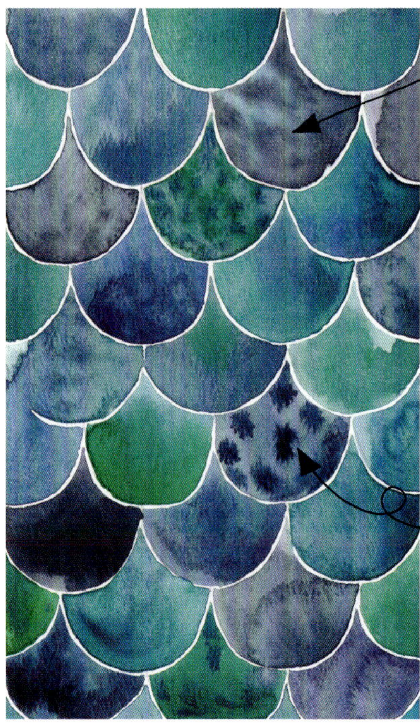

Verwende mehrere Farben, um in den Formen verschiedene Texturen und Töne zu kreieren.

Ein glücklicher Zufall – lies den guten Tipp!

Ein Aquarelluntergrund mit Tropfen dunklerer Farbe erzeugt schöne Farbverläufe.

Der gute Tipp: Wenn deine Muscheln sich berühren und verlaufen, trenne sie mit einem weißen Pigmentmarker und bereinige unsaubere Ränder oder Fehler.

Schritt 3: NASS AUF TROCKEN

Wenn es getrocknet ist, kannst du eine weitere Farbschicht auftragen (*siehe* Techniken: Nass auf Trocken). Wenn ein Bereich deines Werks zu hell oder eintönig ist, ergänze ihn mit dunkleren Tönen, Flecken, Punkten und Kreisen.

Wenn die zweite Farbschicht getrocknet ist, kannst du mit dem weißen Pigmentmarker Fehler korrigieren und Unebenheiten ausgleichen.

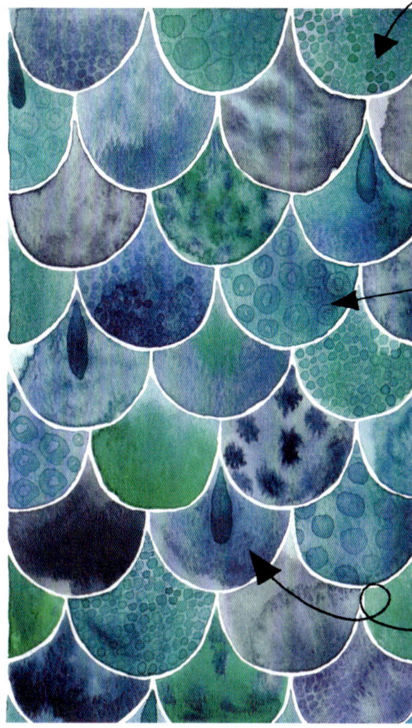

Der gute Tipp: Der weiße Pigmentmarker definiert die weißen Lücken, auch den „glücklichen Zufall" aus Schritt 2.

Schritt 4: VERZIERUNGEN

Ich habe weiße und goldene Highlights gemischt, um jede Muschel einzigartig zu machen (*siehe* Techniken: Muster). Dieses abstrakte Bild sieht ziemlich natürlich und ursprünglich aus, die Verzierungen müssen also nicht perfekt aussehen. Spiel damit und experimentiere – umso schöner wird das Endergebnis werden!

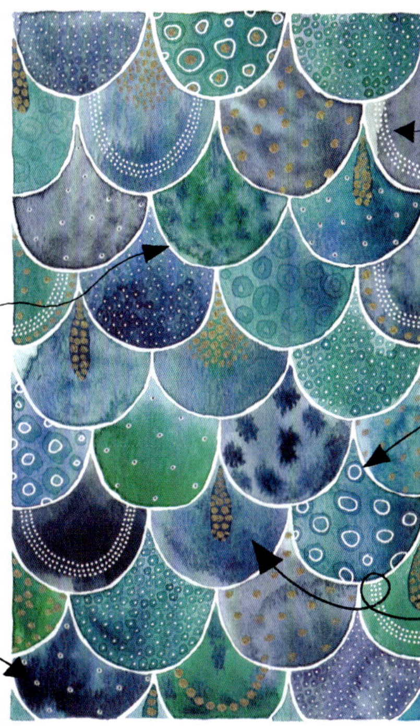

Freestyle-Abstrakt

Hier verwenden wir beliebige Formen und eine harmonische Farbpalette, um Tiefe und Textur in unserer Komposition zu erzeugen. Mit den Verzierungen wird dieses Werk dann richtig lebendig – weiße und schwarze Details sorgen für Struktur in den Aquarellformen, aber die goldenen Highlights sind das Tüpfelchen auf dem i!

MATERIAL

- Winsor & Newton professionelle Aquarellfarben
- Daler-Rowney Aquafine Aquarellblock
- Jackson's Quillpinsel – Gr. 0 und 10/0
- Filbert- und Rundpinsel
- Uni-ball Signo Stifte – weiß und golden, 1 mm (Breit)
- Posca Pigmentmarker – weiß, 0,7 mm (Ultra Fine)
- Staedtler Pigment Liner – schwarz (verschiedene Größen/Dicken)
- Winsor & Newton Drawing Ink – golden
- Lineal (optional) und Bleistift

FARBAUSWAHL

Ich habe mich von Smaragden und Saphiren inspirieren lassen und leuchtende Blau- und Grüntöne verwendet. Ein ähnliches Bild (*siehe* Mehr Inspiration) habe ich mit satten Gelb- und Brauntönen gemalt, das erzeugt eine völlig andere Stimmung. Das ist eine persönliche Entscheidung, nimm die Farben, die dich am meisten ansprechen!

WINSOR & NEWTON FARBREFERENZEN

- Wassergrün
- Coelinblau
- Winsorblau (Grünton)
- Winsorgrün (Blauton)

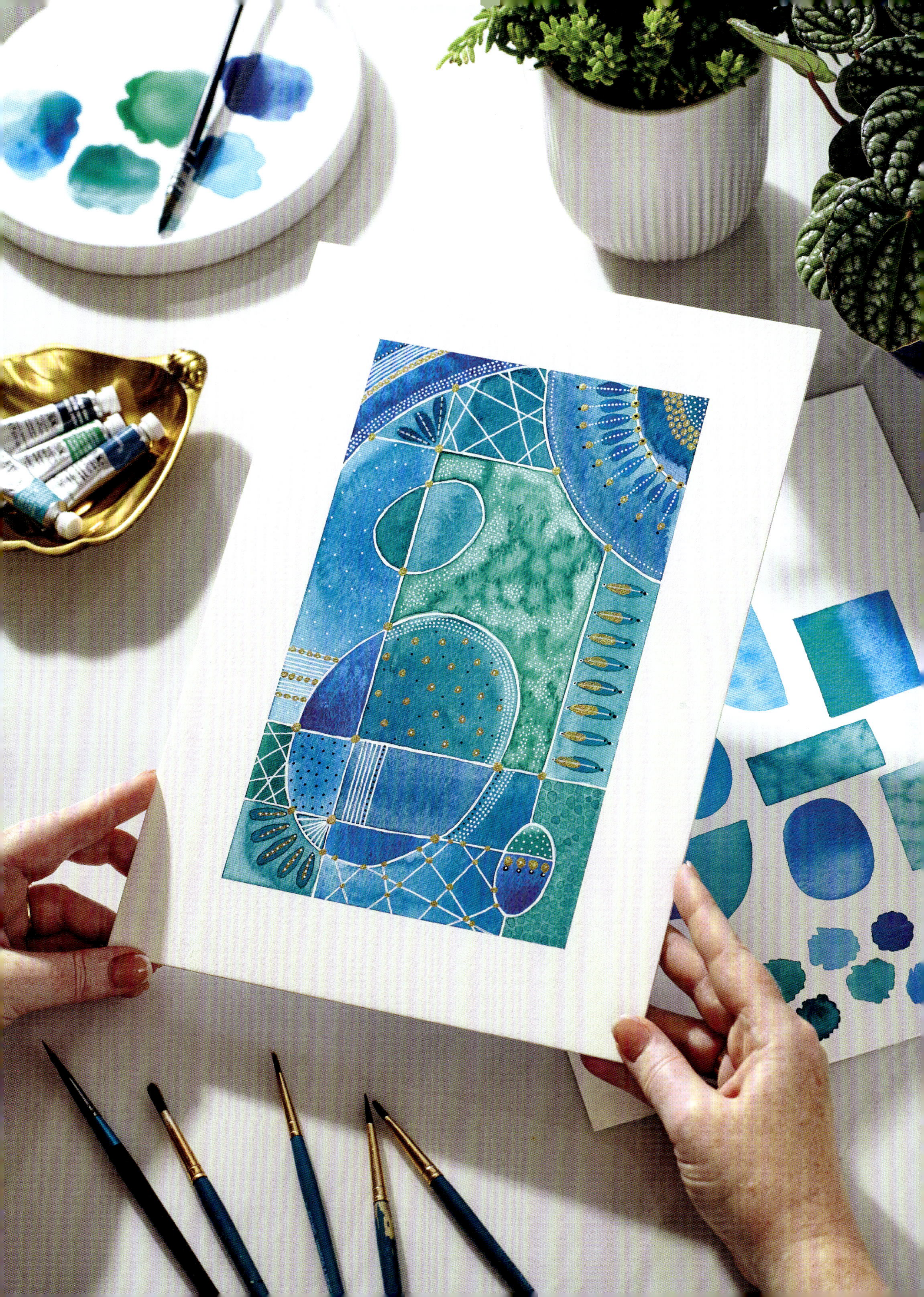

Schritt 1: **NASSE FARBE**

Klebe zuerst dein Blatt ab (*siehe* Techniken: Abdeckgrenzen).

Skizziere deine Komposition mit Bleistift. Ich habe ein Lineal benutzt, um „Gitterlinien“ zu zeichnen, und dann frei Hand Kreise und runde Formen gezeichnet. Wenn dein Blatt abgeklebt und dein Design skizziert ist, kannst du mit dem Malen loslegen. Fülle jede Form aus, achte dabei darauf, einen dünnen weißen Streifen zwischen den einzelnen Bereichen frei zu lassen. Lass dein Werk vollständig trocknen.

> *Der gute Tipp:* Um eine ausgewogene Komposition zu kreiern, kannst du größere Formen unten platzieren, damit dein Bild nicht kopflastig aussieht. Und vergewissere dich, dass ein paar der Formen sich überschneiden, so entstehen interessante Farbvariationen.

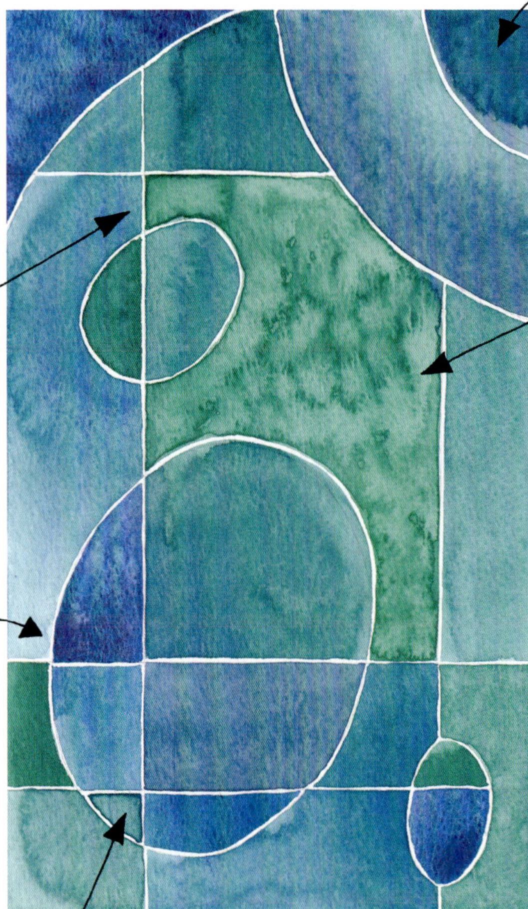

Schritt 2: NASS AUF TROCKEN

Ich mag einfache Texturen und Farben, deshalb habe ich bis hierhin noch nicht so viel gemacht, sondern nur ein paar Details mit dem Quillpinsel hinzugefügt (*siehe* Techniken: Einfache organische Pinselformen).

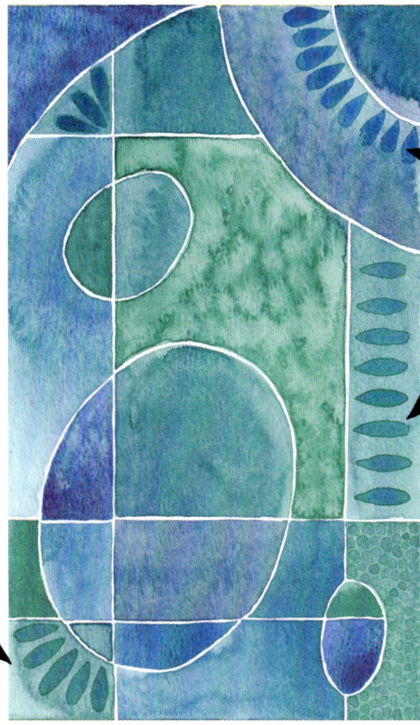

Aufgefächert machen die Tropfen Eindruck.

Eine dunklere Mischung der Basisfarbe erzeugt elegante Nuancen.

Ich „stemple" mit dem Pinsel, um Tropfen zu kreieren.

Schritt 3: WEISSE VERZIERUNGEN

Sind die verschiedenfarbigen Bereiche festgelegt, können wir beginnen, sie zu schmücken. Tritt nach jeder weiteren Verzierung einen Schritt zurück – weniger ist manchmal mehr, und du hast auch noch Schwarz und Gold für den letzten Schliff! (*siehe* Techniken: Muster).

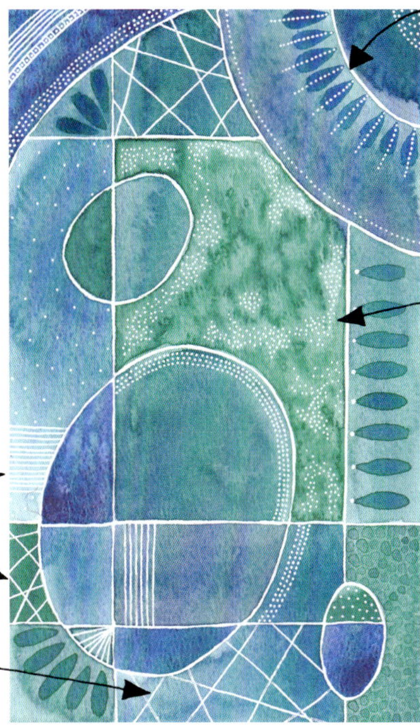

Durchgehende und gepunktete Linien werten gemalte Formen auf.

In Gruppen angeordnete kleine Punkte verstärken organische Maleffekte und Texturen.

Waagrechte Linien als „Brücke" zwischen einem Detail und dem Bildrand.

Sich überschneidende Linien in verschiedenen Längen lassen sich je nach Bedarf einsetzen.

Schritt 4: **GOLDENE VERZIERUNGEN**

Wenn du mit den weißen Details zufrieden bist, kannst du behutsam mit goldener Tinte metallischen Glanz in das Bild bringen.

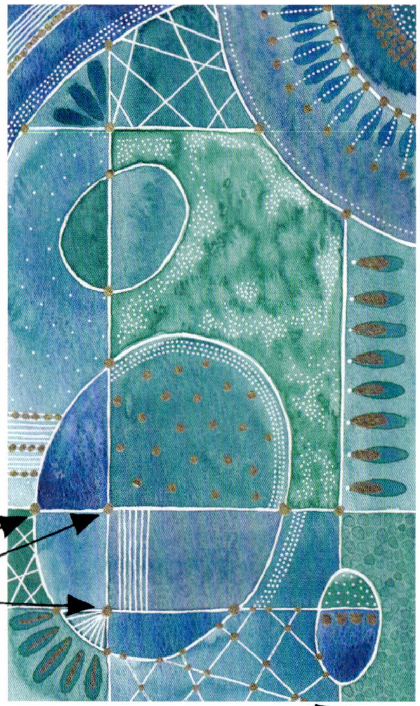

Schritt 5: **SCHWARZE VERZIERUNGEN**

Ich hatte ursprünglich geplant, für dieses Projekt nur Weiß und Gold zu verwenden. Aber als ich einen Schritt zurücktrat, hatte ich das Gefühl, als würde etwas fehlen, daher habe ich mit den schwarzen Details Kontrast und Definition hinzugefügt.

Lass deine Details trocknen, bevor du vorsichtig das Abdeckband entfernst (*siehe* Techniken: Abdeckgrenzen). Mach dann einen Schritt nach hinten und bewundere dein fertiges Werk!

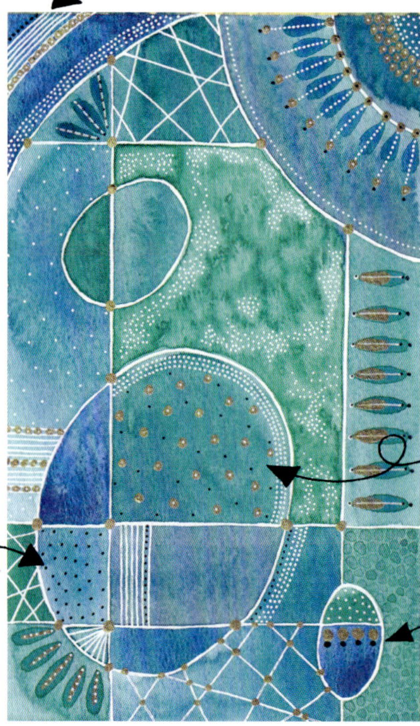

Mehr Inspiration

Ich habe dieses Projekt in einer warmen Palette aus Gelb, Gold und einem Mix warmer Braun- und Orangetöne realisiert, die ich selbst hergestellt habe. Es wurde während einer Hitzewelle gemalt, ich glaube, das sieht man an den Farben! Es wirkt sehr satt und juwelenhaft – ganz anders als die kühlen Ozeantöne des Hauptprojekts, aber ebenso eindrucksvoll.

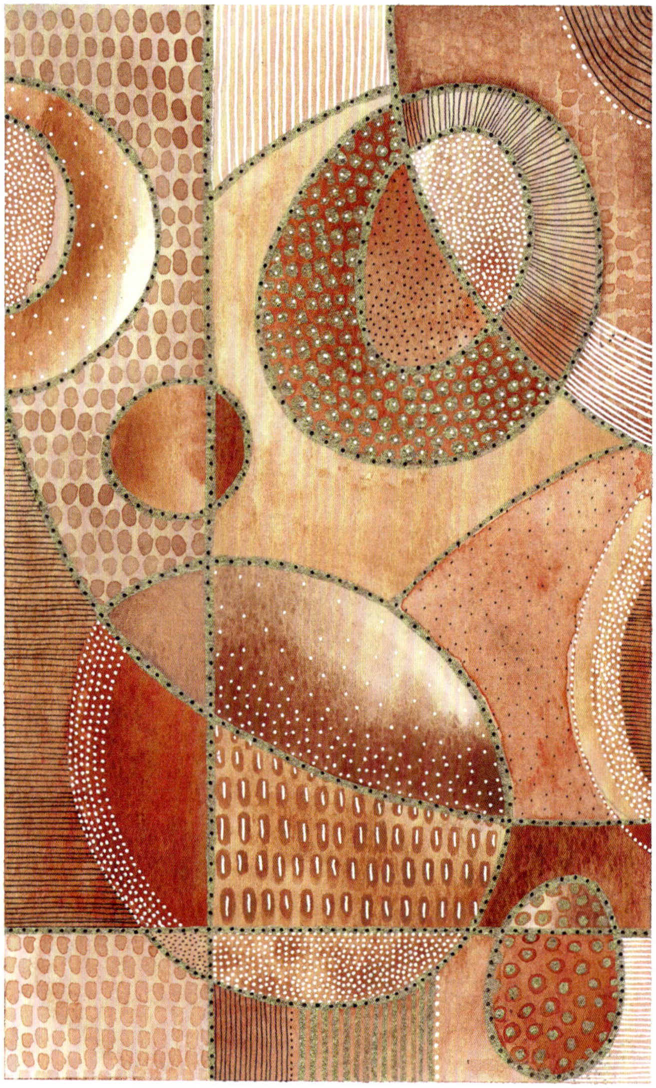

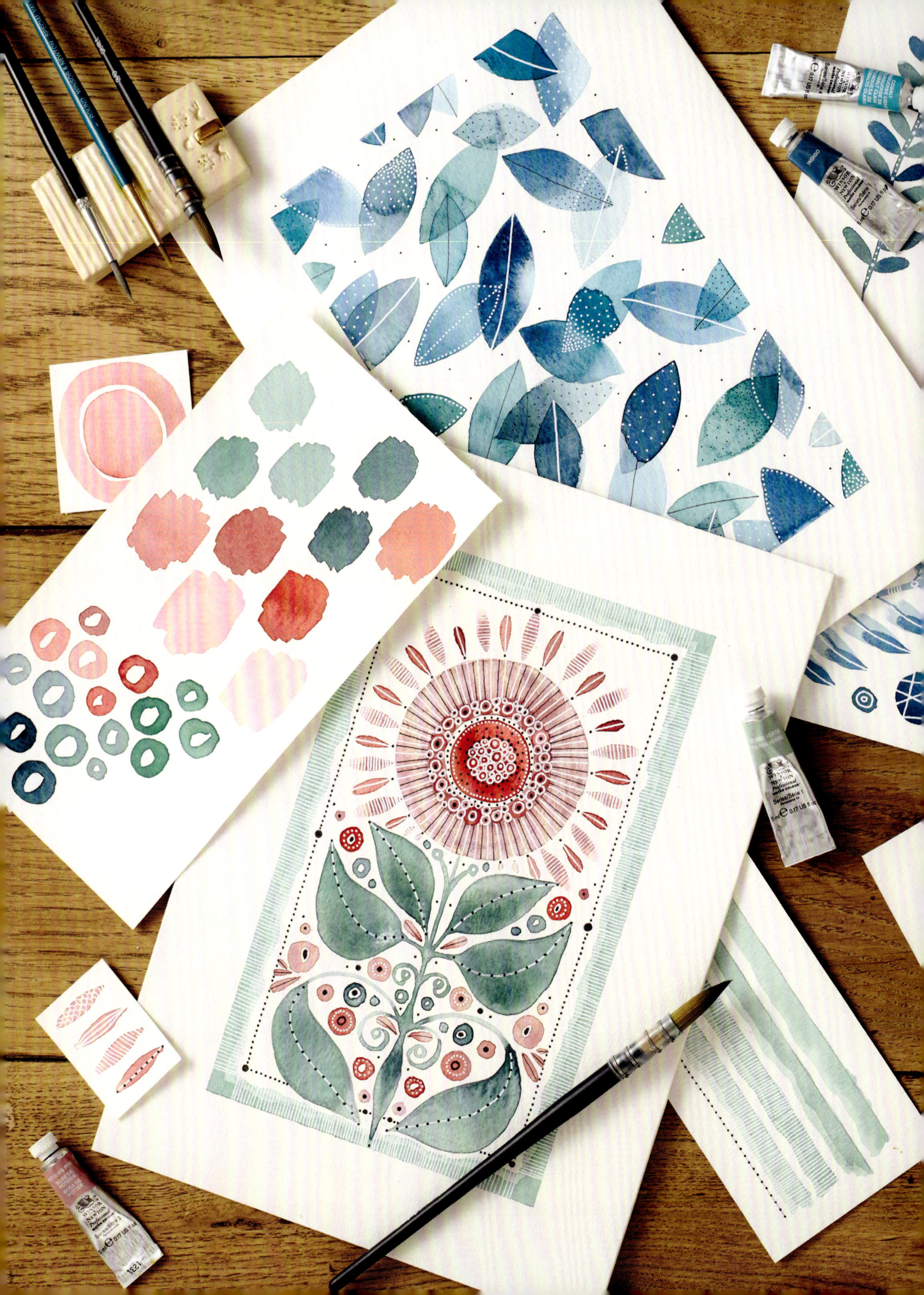

Abstrakte botanische Motive

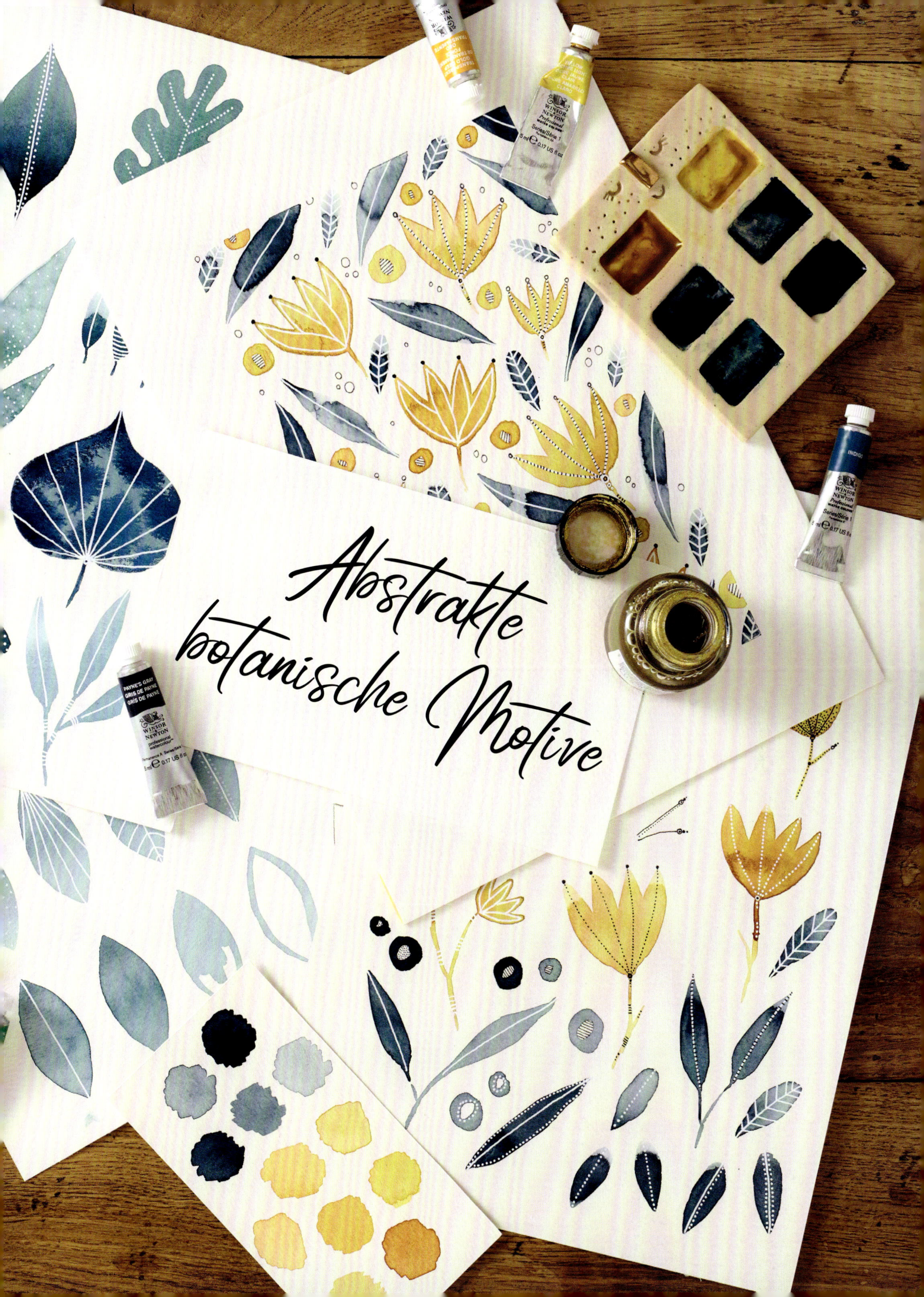

Stilisierte Blumen

Wenn man versucht, eine bestimmte Sorte Blumen zu malen, kann das schwierig sein. Stattdessen verwandle ich also meine Basic-Aquarellkreise in abstrakte Blüten! Das ist nicht nur simpel und effektiv, man kann auch, indem man Größe und Farben der Kreise variiert, alles kreieren, von üppigen Sträußen über zarte Weinranken und Zweige hin zu anderen floralen Schönheiten.

MATERIAL

- Winsor & Newton professionelle Aquarellfarben
- Daler-Rowney Aquafine Aquarellblock
- Jackson's Quillpinsel – Gr. 0 und 10/0
- Filbert- und Rundpinsel
- Uni-ball Signo Stift – weiß, 1 mm (Breit)
- Posca Pigmentmarker – weiß, 0,7 mm (Ultra Fine)
- Staedtler Pigment Liner– schwarz (verschiedene Größen/Dicken)
- Bleistift (optional)

FARBAUSWAHL

Für dieses Bild habe ich eine warme, sommerliche Palette von Pink-, Lila- und Orangetönen zusammengestellt, aber mit blassen Grün- und eisigen Blautönen werden deine Blumen winterlich-kühl. Noch abstrakter wird es mit Schwarz und Navyblau, das sieht mit Verzierungen in Weiß, Gold und Silber umwerfend aus!

WINSOR & NEWTON FARBREFERENZEN

- Alizarinkarmesin
- Kadmiumfrei Gelb
- Payne's Grau (optional)
- Winsororange
- Winsorviolet (Dioxazine)

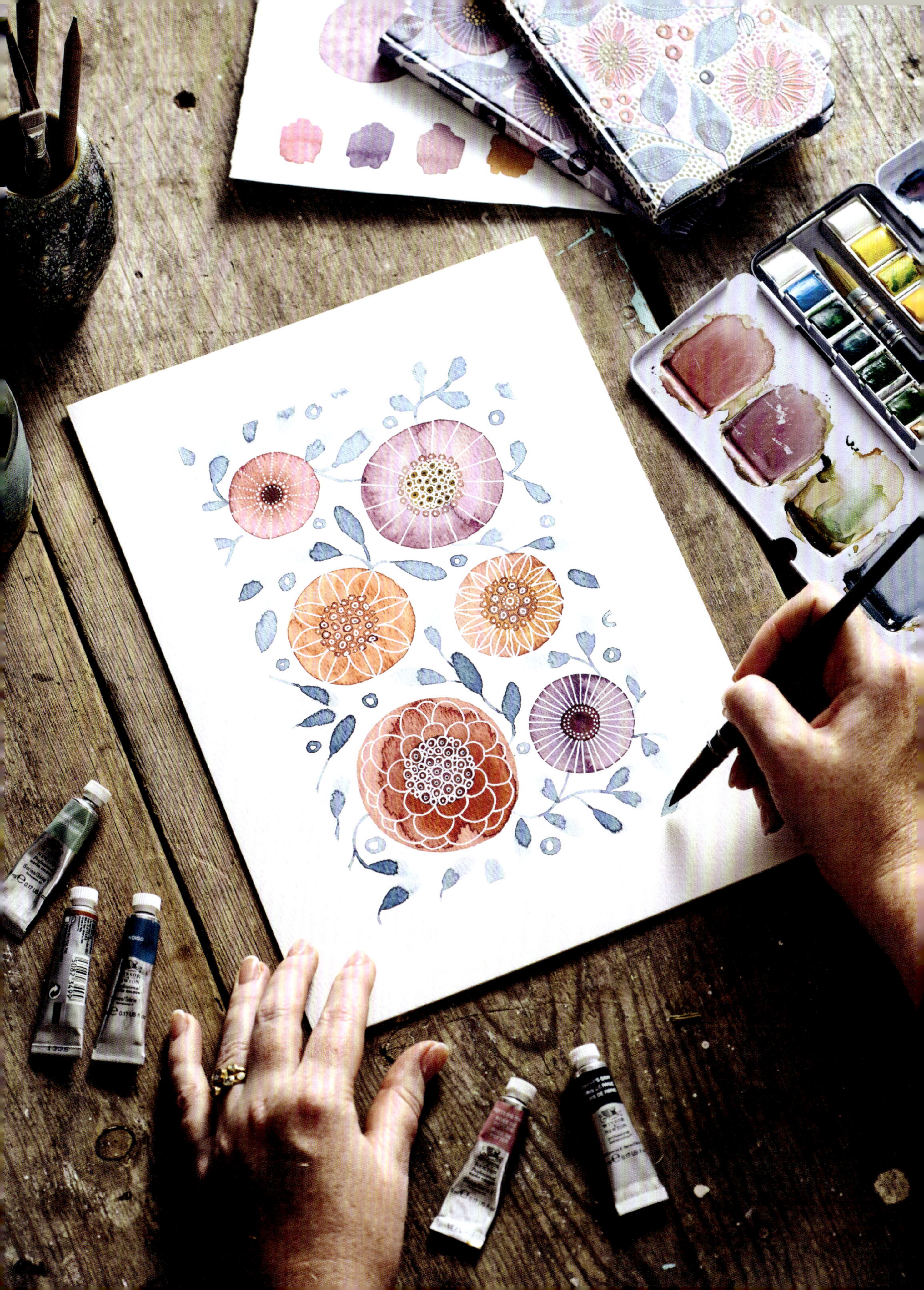

Schritt 1: NASSE FARBE

Klebe zuerst dein Blatt ab (*siehe* Techniken: Abdeckgrenzen).

Beginne mit einer beliebigen Anzahl Kreise, je nachdem, welchen Look du anstrebst. Ich habe mich für sechs verschieden große Kreise entschieden. Lade viel wässrige Farbe auf deinen Pinsel (wenn sie zu dick ist, entstehen nicht die hübschen Effekte der verlaufenden Farbe). Male zunächst die Ränder der Kreise und fülle sie dann zur Mitte hin aus.

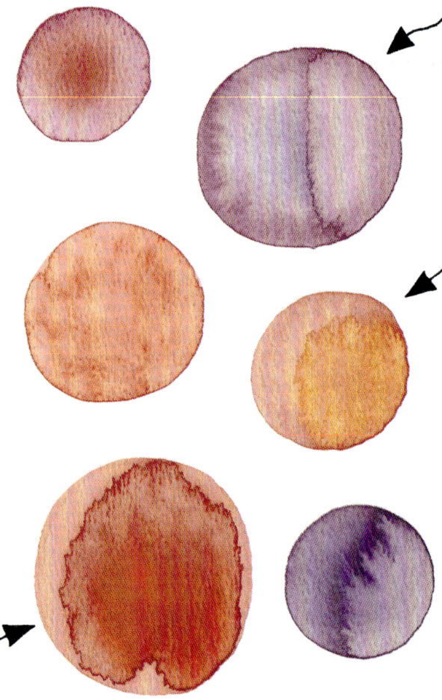

Schritt 2: NASS AUF TROCKEN

Extra Details und Textur malst du mit einer zweiten Schicht nasser Farbe auf deine trockenen Kreise. Wenn dir ein einfacher, cleaner Look besser gefällt, lass diesen Schritt aus und gehe gleich weiter zu Verzierungen.

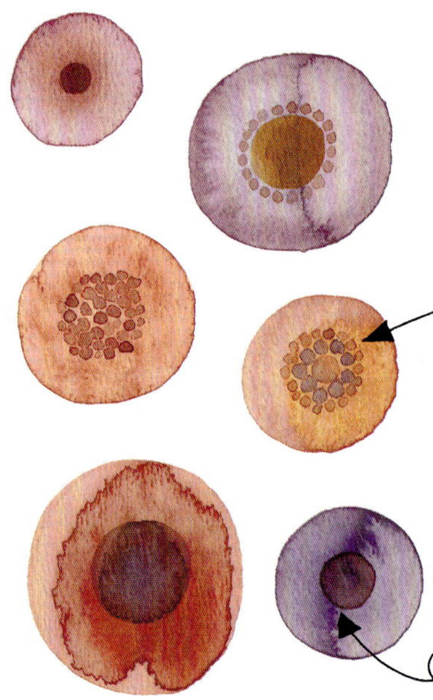

Der gute Tipp: Erzeuge Kontraste zwischen inneren und äußeren „Blütenblättern". Außen hell, innen dunkel, oder innen lebhaft und außen ruhiger. Bei diesen organischen Formen gibt es keine Regeln – spiel ein bisschen damit und hab Spaß!

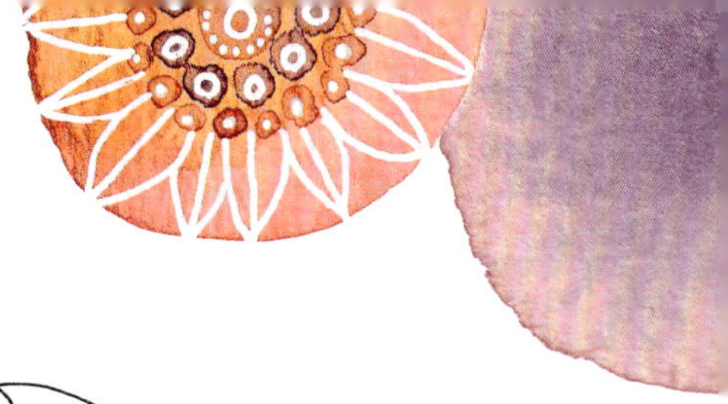

Schritt 3: **VERZIERUNGEN**

Mit ein paar Effekten kannst du originelle und unterschiedliche Blumen gestalten. Ich habe ein paar einfache Muster verwendet, um die Kreise zum Leben zu erwecken!

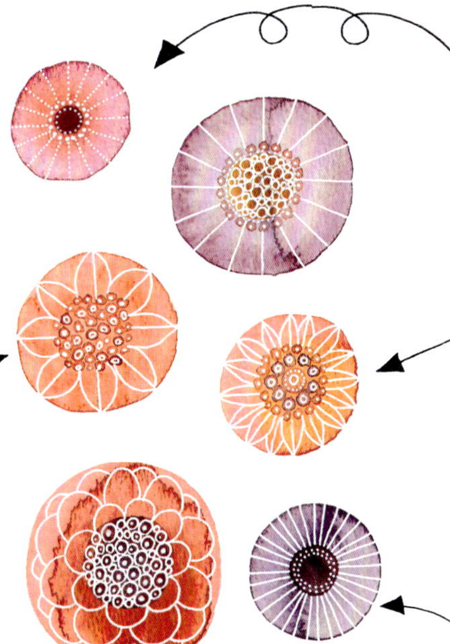

Gepunktete Linien und Formen erzeugen eine leichte Textur.

Weiße Konturen lassen Farben leuchten und verhelfen organischen Farbverläufen zu mehr Bedeutung.

Die Kombination großer Blütenblätter und kleiner Kreise gibt Form.

Baue konzentrische Kreise kleiner Blütenblätter um eine dekorative Mitte herum.

Strahlenförmig von der Mitte ausgehende Linien sind schnell und leicht gemalt.

Schritt 4: **HINTERGRUNDBLÄTTER**

Wenn du mit den Blüten fertig bist, kannst du mit dieser lustigen Übung aufhören, oder du machst weiter und vollendest dein Werk. Ich habe Letzteres getan, einen Ton aus Payne's Grau gemischt und Blätter hinzugefügt. Beginne am Rand jeder Blume mit einem Zweig oder einer Ranke. Ein Blatt entsteht durch das flache Aufdrücken eines vollen Pinsels, das ergibt einen blattförmigen gestempelten Abdruck. Dann habe ich die Lücken mit Kreisen gefüllt (*siehe* Techniken: Flecken und Kreise). Ist alles getrocknet, kannst du das Abdeckband entfernen.

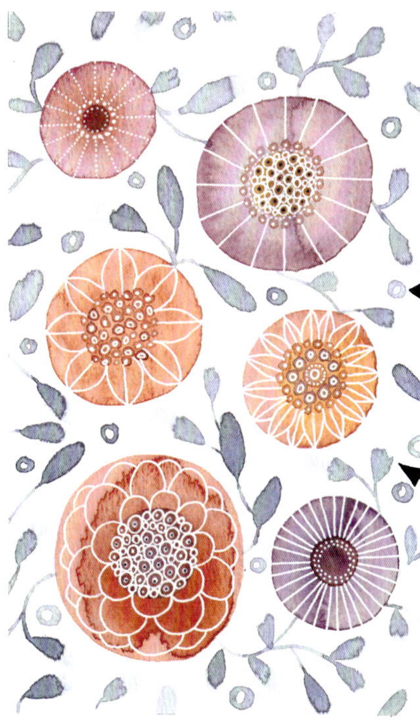

Lockere Kreise vermitteln den Eindruck kleiner Samenkapseln.

Unten am Pinsel ist die Farbe dicker und kräftiger, wenn du also den Pinsel aufdrückst, ergibt das einen schönen Effekt aus zwei Tönen.

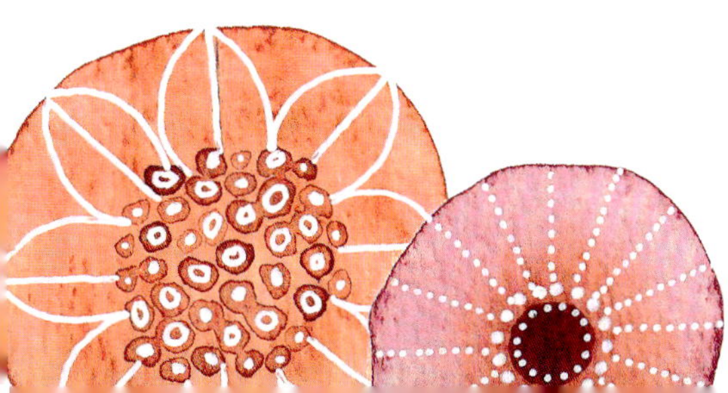

Einfache Blätter

Blätter eignen sich gut zum Üben von Aquarelltechniken und Spielen mit neuen Farben, Farbverläufen und Verzierungen. Sie sehen einfach aus, aber durch Verändern der Größe und Farbe entstehen wunderschöne abstrakte Kompositionen. Wenn du dich sicherer fühlst, kannst du sich wiederholende Muster malen und mit Stoffen, Geschenkpapier oder Tapetendesigns experimentieren.

MATERIAL

- Winsor & Newton professionelle Aquarellfarben
- Daler-Rowney Aquafine Aquarellblock
- Jackson's Quillpinsel – Gr. 0 und 10/0
- Filbert- und Rundpinsel
- Uni-ball Signo Stift – weiß, 1 mm (Breit)
- Posca Pigmentmarker – weiß, 0,7 mm (Ultra Fine)
- Staedtler Pigment Liner– schwarz (verschiedene Größen/Dicken)

FARBAUSWAHL

Ich habe eine zarte Palette Blau-, Aqua- und Grüntöne verwendet. Es mag verlockend sein, ein sehr typisches Blattgrün zu verwenden, aber abgesoftete Töne lassen dein Werk vielleicht hochwertiger wirken. Nichtsdestoweniger funktionieren diese Töne gut in jeder Farbkombination, wie wäre es also mit tiefroten und orangen Herbsttönen oder unerwarteten Schwarz- und Grautönen für einen kühlen, monochromen Look?

WINSOR & NEWTON FARBREFERENZEN

- Wassergrün
- Indigo
- Payne's Grau
- Winsorgrün (Blauton)

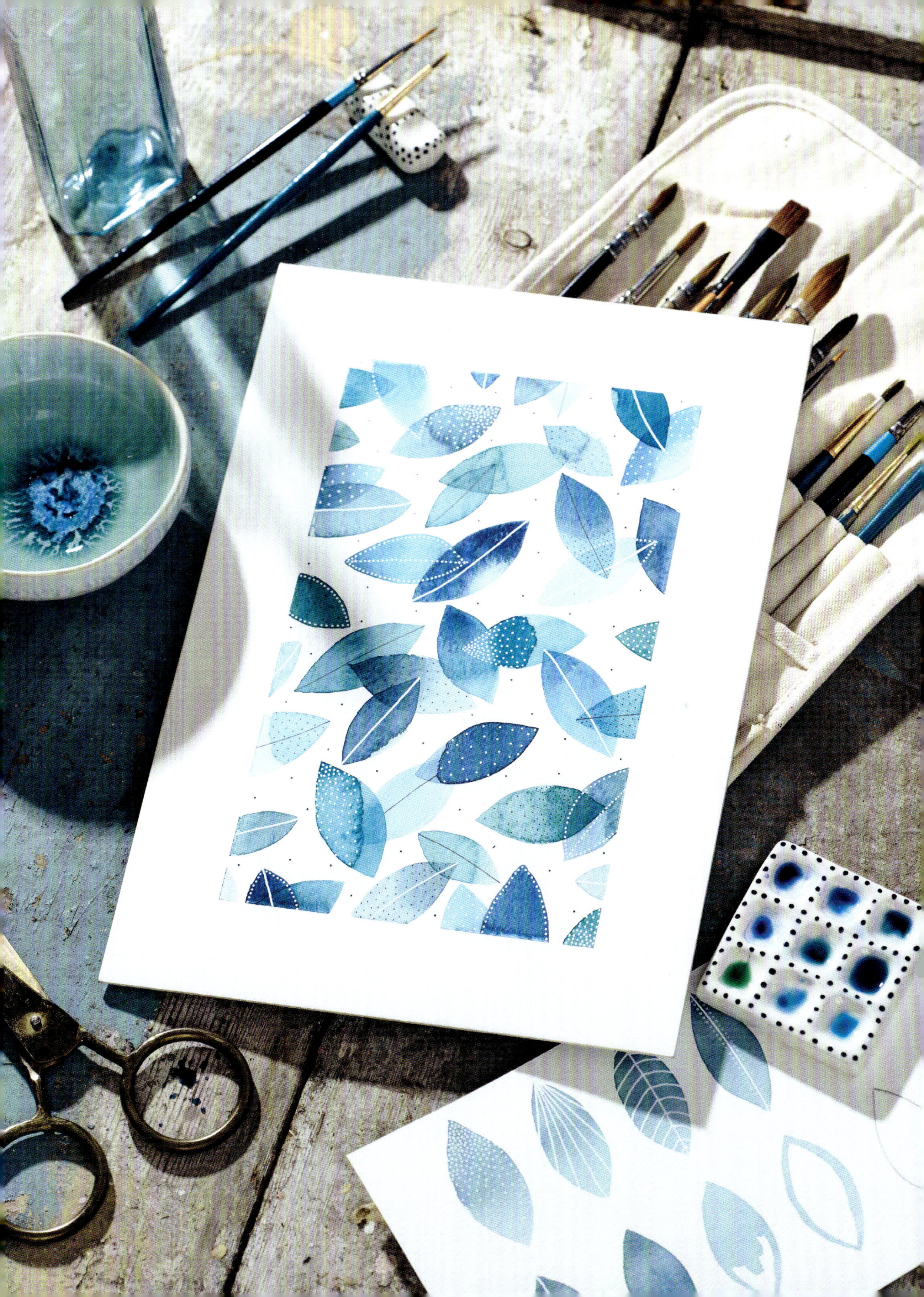

Schritt 1: **NASSE FARBE**

Klebe zuerst dein Blatt ab (*siehe* Techniken: Abdeckgrenzen) und erzeuge einen geraden weißen Rand. Das erzielt einen hübschen Effekt, wenn das Band entfernt wird. Male zunächst einfache Blattformen in drei Farben.

Achte darauf, die Blätter gleichmäßig über die Seite zu verteilen.

Lass ein paar der Blätter in den abgeklebten Rand hineinragen.

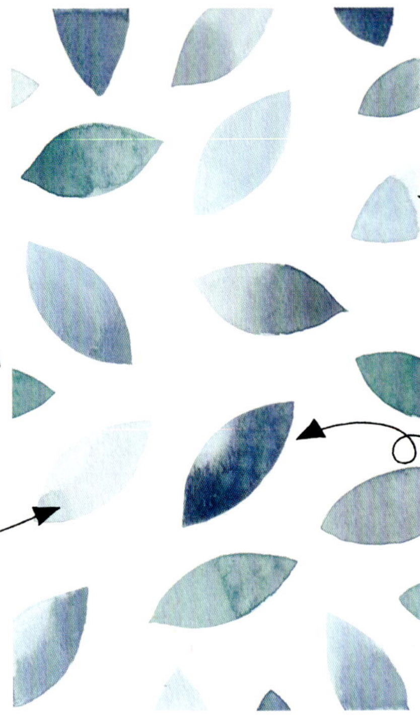

Für einen natürlichen Look sollten die Farben wie zufällig auf dem Blatt verteilt sein.

Experimentiere mit dezenten Tönen und Farbverläufen.

Schritt 2: **NASS AUF TROCKEN**

Wenn die erste Blätterschicht getrocknet ist, kannst du die zweite auftragen und große Lücken oder weiße Flächen füllen. Lass deine Blätter sich überlappen.

Male überlappende Blätter blasser, damit die getrockneten durchscheinen.

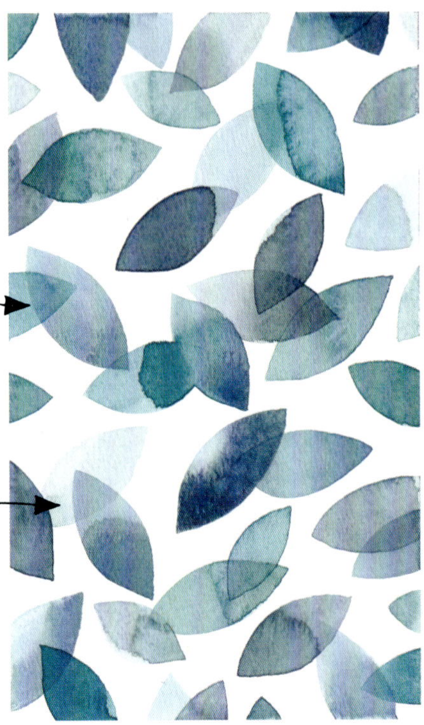

Die klaren Nuancen und der Hell-dunkel-Kontrast erzeugen räumliche Tiefe und Bewegung.

Der gute Tipp: Manche Blätter sind an einem Ende dunkler. Hierzu lässt man die Farbe in diesen Bereich „fließen", so wird das Pigment stärker und eine hübsche, abgestufte Farbe entsteht.

Schritt 3: **VERZIERUNGEN**

Die Form dieser Blätter ist natürlich, aber für mehr Spannung und Abwechslung stilisiere ich gern dekorative Elemente – Punkte und Linien (*siehe* Techniken: Muster). Achte auch hier darauf, die Effekte ausgewogen über das Blatt zu verteilen.

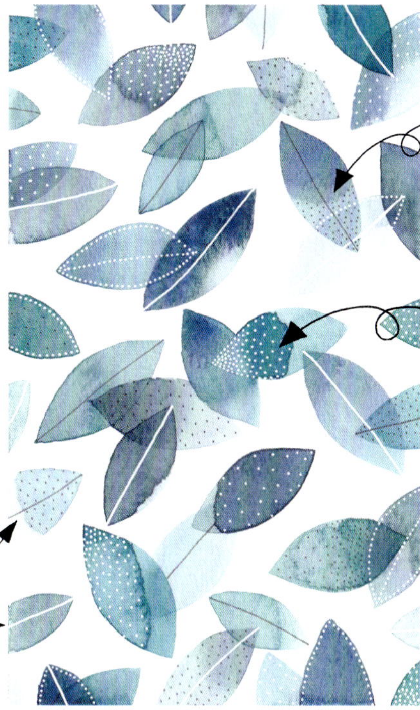

Schritt 4: **EXTRA DETAILS**

Entferne das Tape und betrachte dein Werk – bist du zufrieden damit? Sieht es ausgewogen aus oder fehlt etwas? Manchmal ist weniger mehr und ich belasse es dabei. Manchmal hab ich das Gefühl, es fehlt noch etwas! Ich habe einen Fineliner benutzt, um die leeren Flächen mit Punkten auszufüllen, aber zurückhaltend, damit es nicht überladen aussieht.

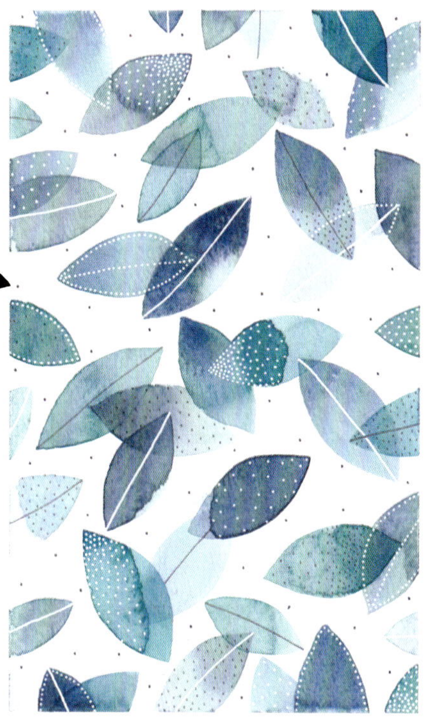

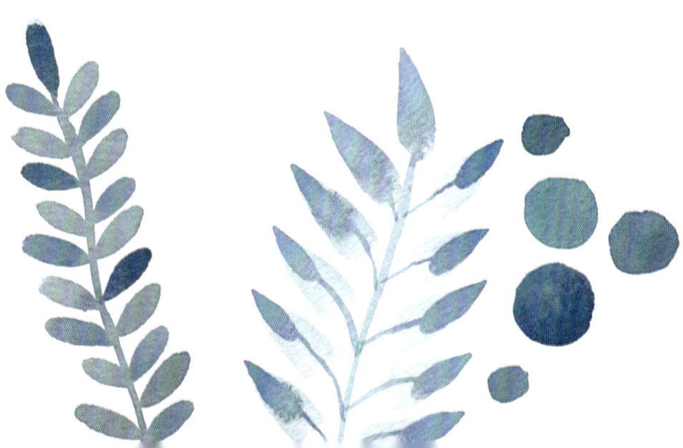

Auffällige Blume

Dieses etwas anspruchsvollere florale Werk wurde durch das Art déco inspiriert. Auch wenn es nicht „wirklich" abstrakt ist (man erkennt die Darstellung einer Blume), ist diese Blume doch anders als jede, die man in der Natur sehen würde! Die strikte Symmetrie und die schwebenden Blütenblätter sind abstrakt und dienen nur einer gefälligen Ästhetik, nicht einem Anspruch auf Genauigkeit.

MATERIAL

- Winsor & Newton professionelle Aquarellfarben
- Daler-Rowney Aquafine Aquarellblock
- Jackson's Quillpinsel – Gr. 0 und 10/0
- Filbert- und Rundpinsel
- Uni-ball Signo Stift – weiß, 1 mm (Breit)
- Posca Pigmentmarker – weiß, 0,7 mm (Ultra Fine)
- Staedtler Pigment Liner– schwarz (verschiedene Größen/Dicken)
- Pauspapier in der Größe deiner Blume
- Lineal und Bleistift

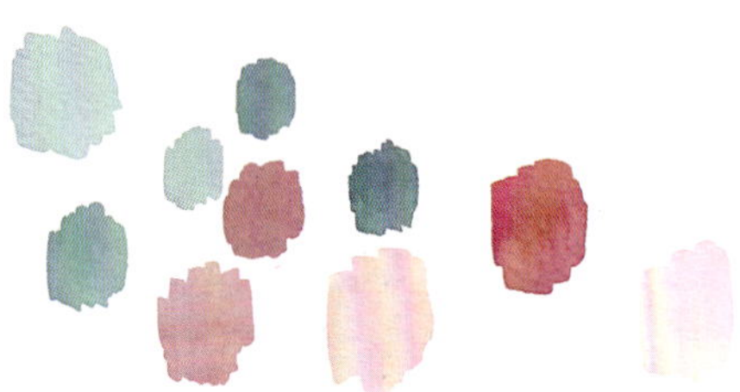

FARBAUSWAHL

Ich habe einen frischen Look im Einklang mit Art déco angestrebt und dafür Zartrosa, ein kräftigeres Pink und ein kühles Minzgrün zusammengestellt. Die meisten Farben entstanden aus den unten aufgeführten Grundfarben mit verschiedenen Mengen beigemischter weißer Farbe, wodurch verträumte Pastellnuancen entstanden sind. Beim Mischen deiner eigenen Farben gibt es keine Regeln, also mach das nach deinem Gusto, experimentiere und genieße es!

WINSOR & NEWTON FARBREFERENEZN

- Alizarinkarmesin
- Hooker's Grün
- Permanent Rosa
- Weiß

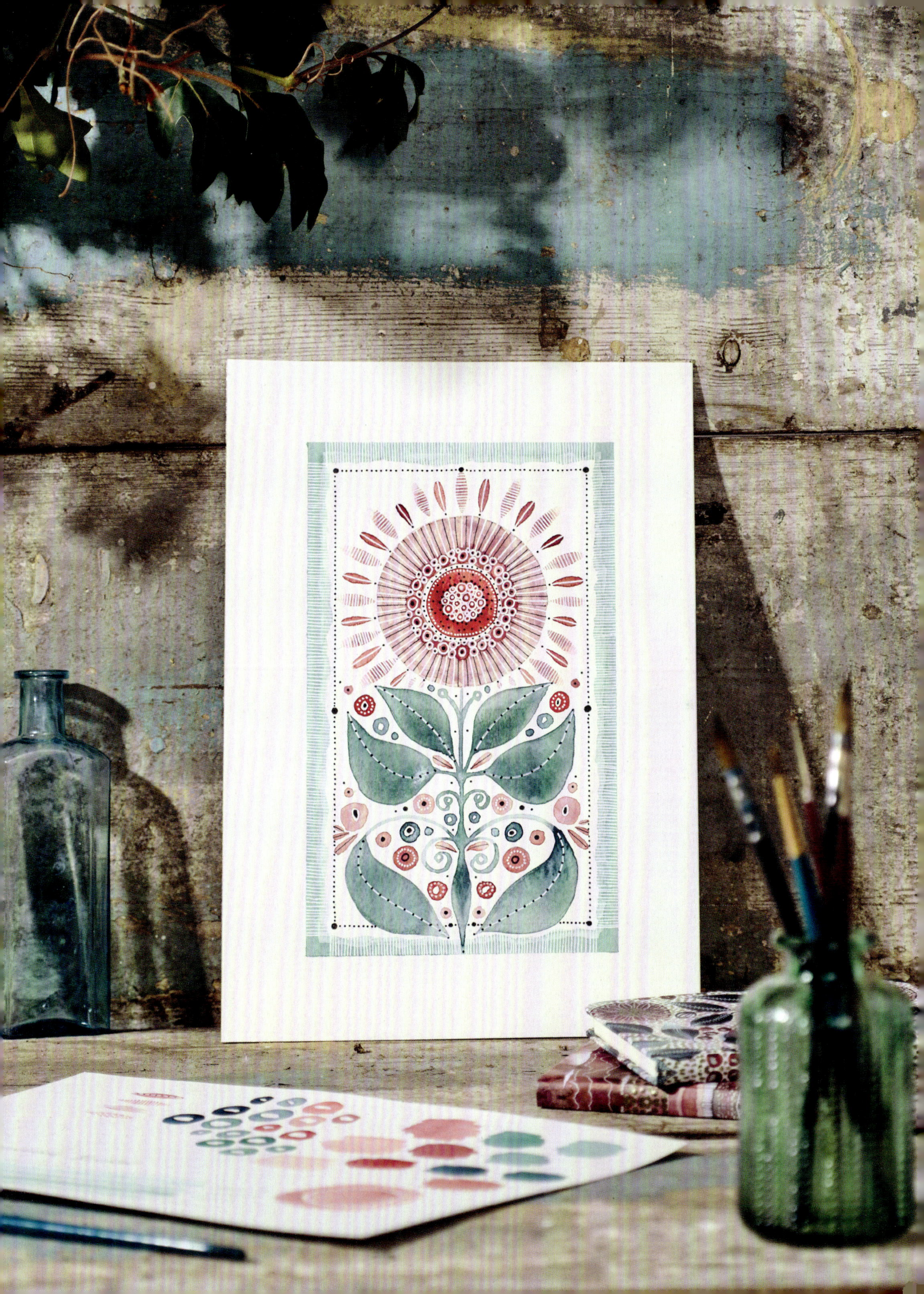

Schritt 1: **BLEISTIFTSKIZZE**

Klebe zuerst dein Blatt ab (*siehe* Techniken: Abdeckgrenzen). Ich platziere eine dekorative Grenze *innerhalb* des abgeklebten Rahmens, markiere das mit Bleistift und verwende den inneren Bereich für das Design.

Skizziere als Nächstes deine Blume. Ich hab mit Lineal einen groben Rahmen gezogen – das half mir, mein Motiv für eine saubere Ausführung mittig und symmetrisch zu halten.

Skizziere dein Motiv nur *auf eine Hälfte des Papiers*, damit Blätter, Stängel und Ranken symmetrisch werden. Übertrag es auf das Pauspapier und ziehe mit Bleistift die Linien nach, um auf der anderen Seite einen Abdruck zu machen.

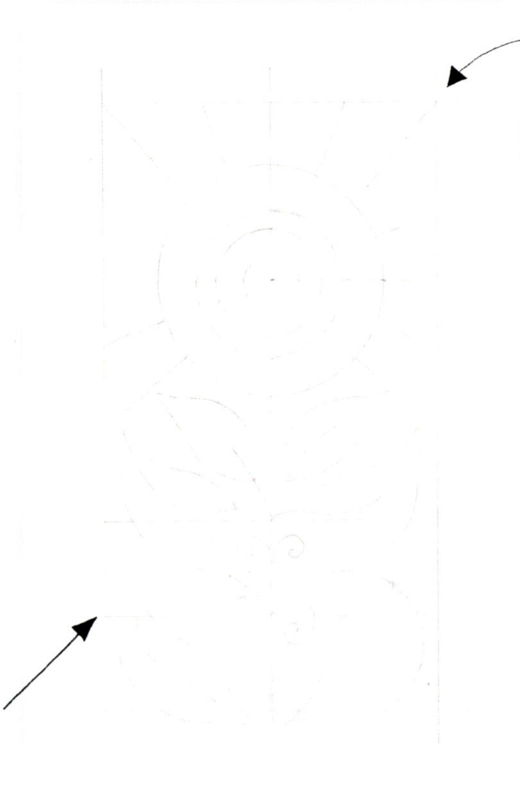

Schritt 2: **NASSE FARBE**

Ist die Grundform vorgezeichnet, können wir beginnen zu malen. Ich arbeite von oben nach unten, um möglichst wenig zu verschmieren!

Male zuerst „Ringe" in hellem und dunklem Rosa und wähle eine Farbe für die Mitte deiner Blüte. Wende die Techniken der einfachen organischen Pinselformen an. Gestalte die Blütenblätter (oder lass die Blüte für einen minimalistischeren Look frei). Bist du mit dem Endergebnis zufrieden, lass es trocknen.

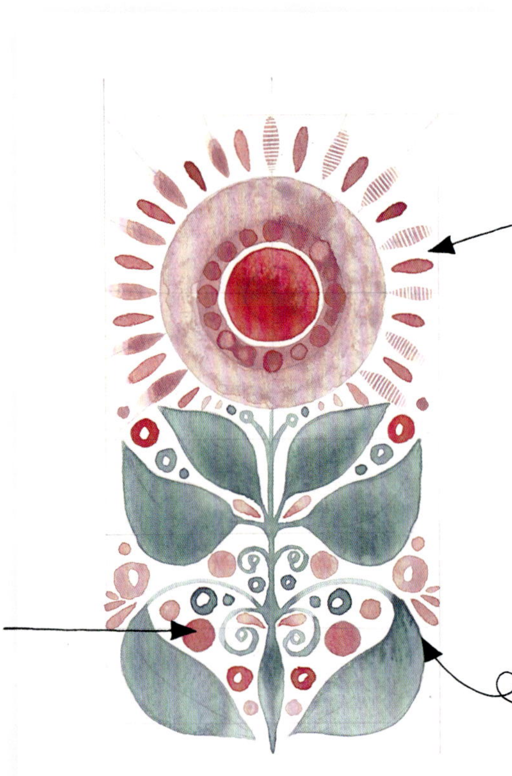

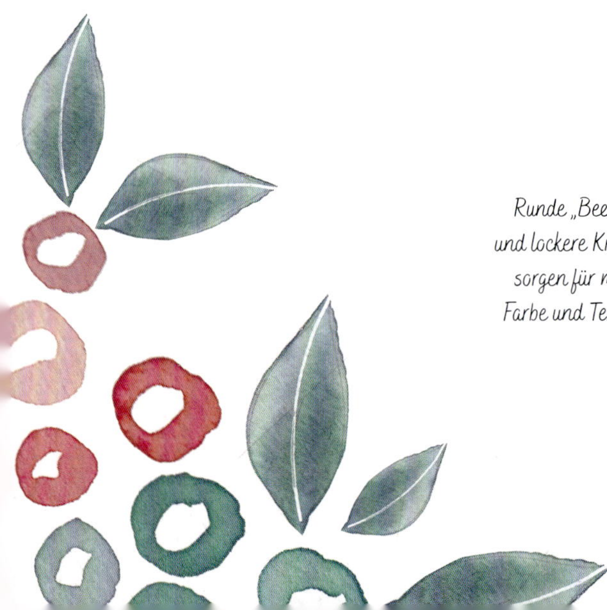

Schritt 3: **WEISSE VERZIERUNGEN**

Ist deine Farbschicht vollständig getrocknet, kannst du mit dem Verzieren beginnen. Ich habe mit einem weißen Gelstift angefangen und rundherum etwas hinzugefügt. Halte deine Details abstrakt, damit das Bild nicht zu lebensecht aussieht.

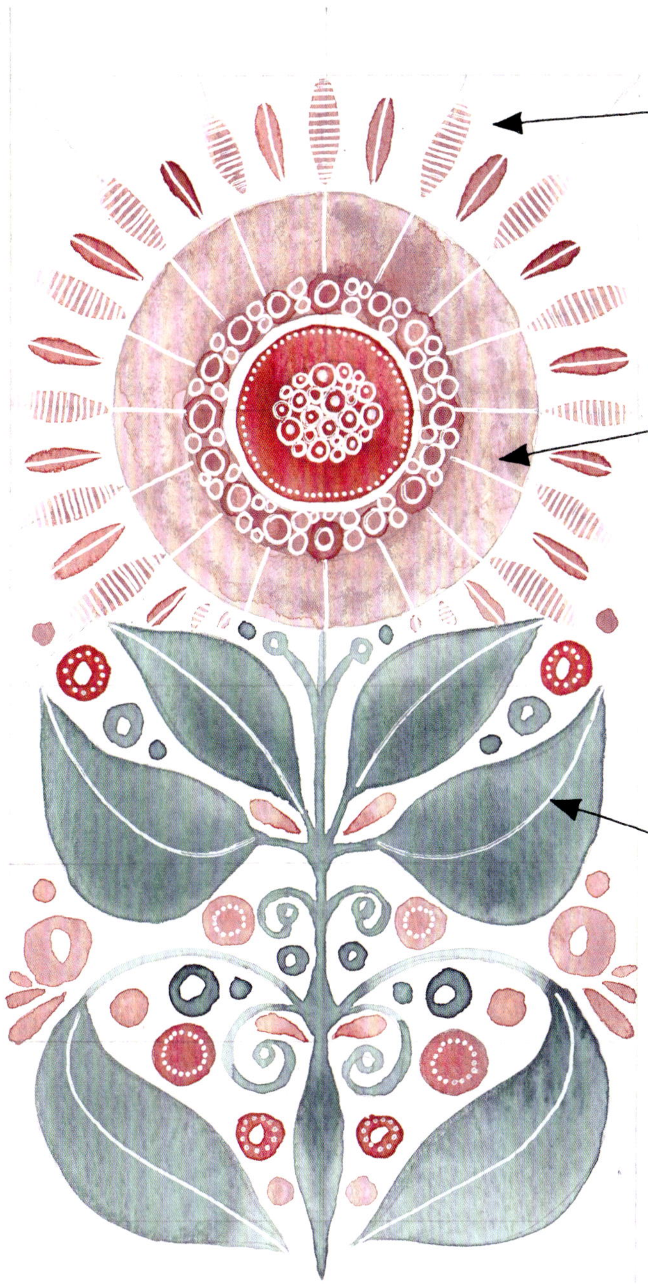

Durch weiße Linien erhält die Blüte Struktur.

Einfache weiße Kreise in der Mitte der Blüte deuten innere Staubgefäße an

Die Orientierungslinien von Schritt 1 tragen dazu bei, dass alle Details schön gerade angeordnet sind.

Gerundete weiße Linien erzeugen subtile Formen und Bewegung der Blätter, die strenge Symmetrie erinnert jedoch daran, dass die Blume abstrakt gemalt ist.

Schritt 4: **SCHWARZE VERZIERUNGEN**

Nimm deinen schwarzen Fineliner, um weitere Details und Kontraste zu gestalten. Ich fand, dass die zentralen Kreise mit den schwarzen Linien immer noch zu leer aussahen, daher habe ich ein paar weiße Linien hinzugefügt, um das Schwarz auszugleichen.

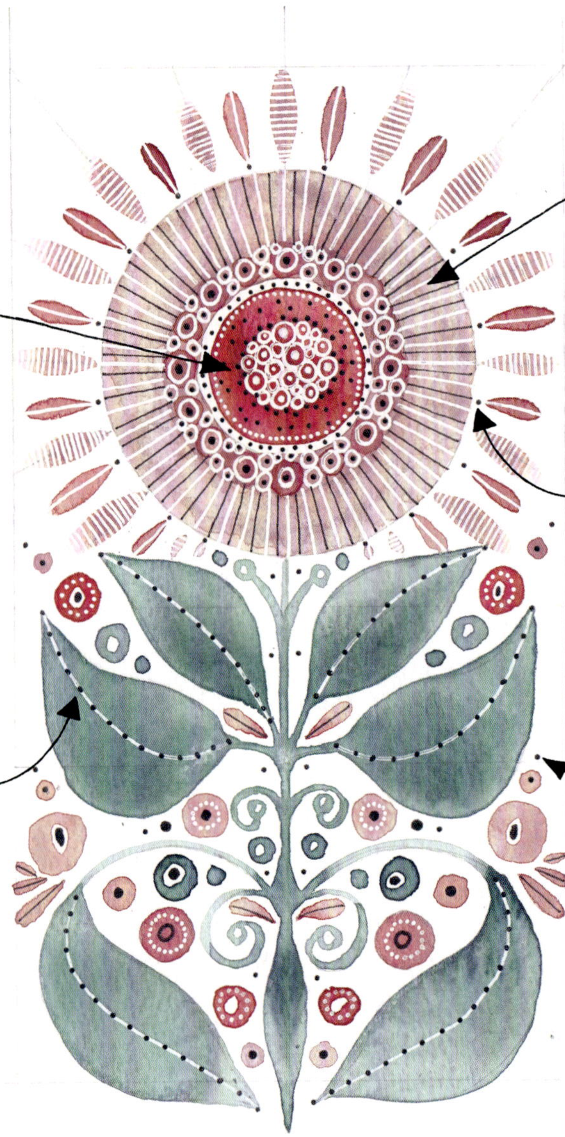

Schritt 5: **UMRANDUNG**

Wenn dein Blütendesign fertig ist, können wir die filigrane Umrandung angehen. Ich habe den Rand zur Vereinfachung in seine separaten Schichten aufgeteilt.

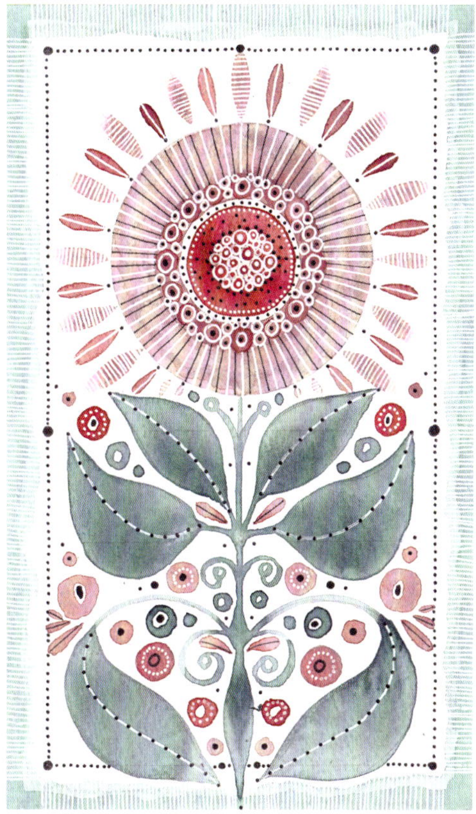

Schicht 1

Fülle den Platz zwischen innerem Rand des Abdeckbandes und Bleistiftlinie zu zwei Dritteln mit Farbe. Lass den Rand organisch und wackelig (das sieht schöner aus als ein zu gerader Rand!). Gehe an allen vier Seiten so vor.

Schicht 2

Ist diese Schicht getrocknet, wiederhole Schritt 1, aber nur bis etwa zur Hälfte der ersten Farbschicht und verwende einen etwas dunkleren Farbton.

Schicht 3

Wenn Schicht 2 getrocknet ist, nimm deinen weißen Gelstift und fülle den gesamten bemalten Randbereich mit rechtwinkligen Streifen. Die leeren Ecken verstärken diesen grafischen Look.

Schicht 4

Male auf die Bleistiftlinie mit schwarzem Stift in einer Reihe Punkte auf. Ich habe an den Ecken und in der Mitte der Seiten jeweils einen größeren Punkt eingefügt. Entferne das Tape, um dein fertiges Werk zu enthüllen!

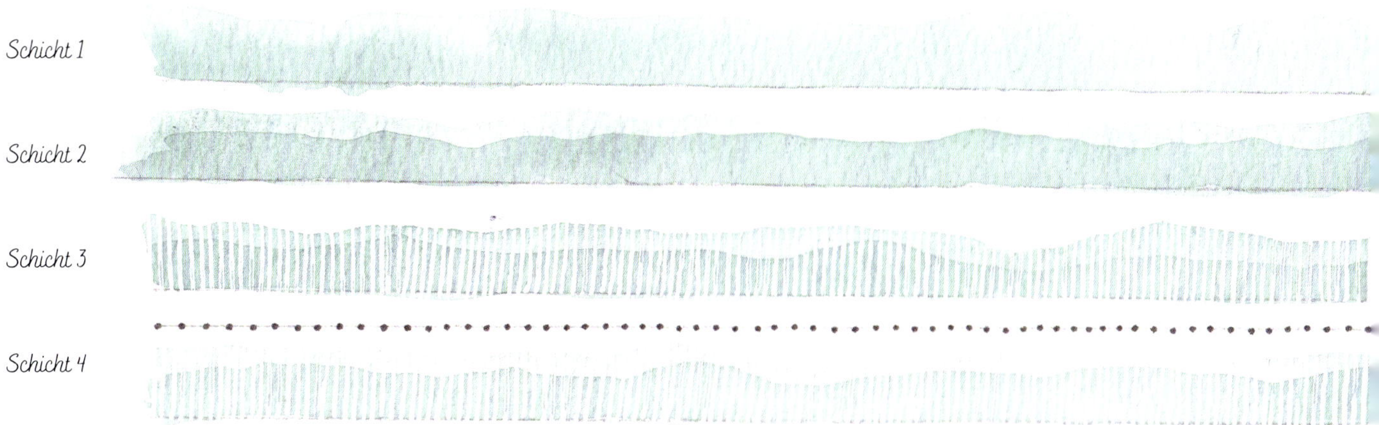

Darstellung der Randschichten, wobei die geklebte Kante unten ist.

Organische Bäume

Die Natur ist eine konstante Inspirationsquelle, von ihren organischen Formen bis zu den Farben der Jahreszeiten. Das hier ist kein naturgetreues Waldbild, obwohl die Idee daher kam. Das ist eine gute Einführung zur Verwendung von Kreisen und Ovalen. Experimentiere ruhig mit anderen Formen und erlebe, wie dein Selbstvertrauen (und dein Wald) wächst.

MATERIAL

- Winsor & Newton professionelle Aquarellfarben
- Daler-Rowney Aquafine Aquarellblock
- Jackson's Quillpinsel – Gr. 0 und 10/0
- Filbert- und Rundpinsel
- Uni-ball Signo Stifte – weiß und golden, 1 mm (Breit)
- Posca Pigmentmarker – weiß, 0,7 mm (Ultra Fine)
- Staedtler Pigment Liner– schwarz (verschiedene Größen/Dicken)
- Winsor & Newton Drawing Ink – golden
- Lineal (optional) und Bleistift

FARBAUSWAHL

Ich bin bei einer traditionellen Palette aus Grün-, Blaugrün-, Blaugrau- und Brauntönen geblieben. Mische ein paar der Farben unten zusammen, um neue und interessante Zwischentöne zu kreieren, die deine Bäume abwechslungsreicher machen. Dieses Bild macht sich bestimmt auch in herbstlichen Rot-, Orange-, Braun- und Goldtönen sehr gut.

WINSOR & NEWTON FARBREFERENZEN

- Umbra gebrannt
- Hooker's Grün
- Olivgrün
- Payne's Grau
- Permanent Saftgrün

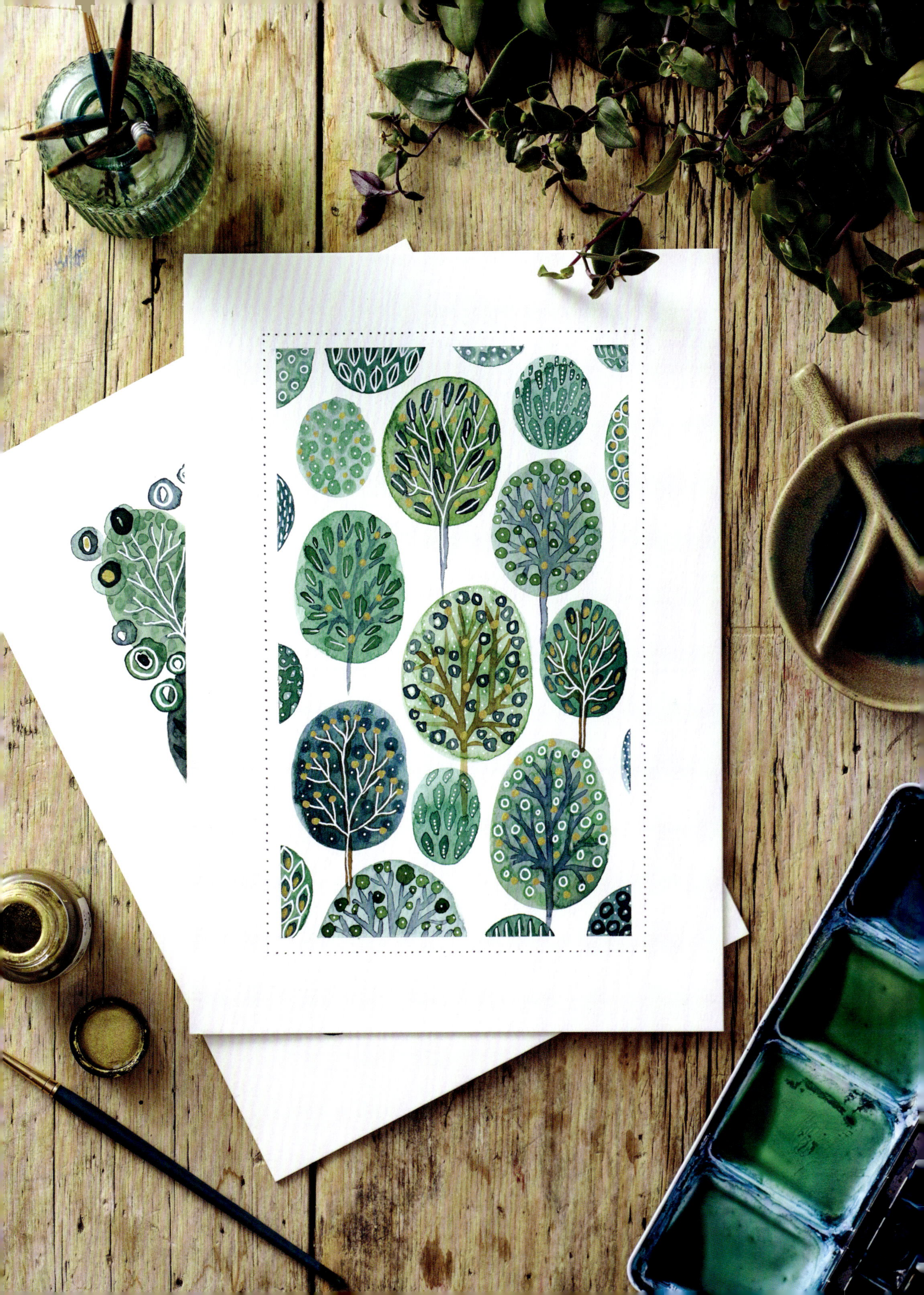

Schritt 1: **NASSE FARBE**

Klebe zuerst dein Blatt ab (*siehe* Techniken: Abdeckgrenzen).

Bedecke dein Papier mit verschiedenen sanften Kreisen und Ovalen. Sie sollten natürlich aussehen, mach dir also nichts draus, wenn sie nicht perfekt sind – das passt super zum Design. Wenn du mit der Anzahl deiner Bäume zufrieden bist, lass sie vollständig trocknen.

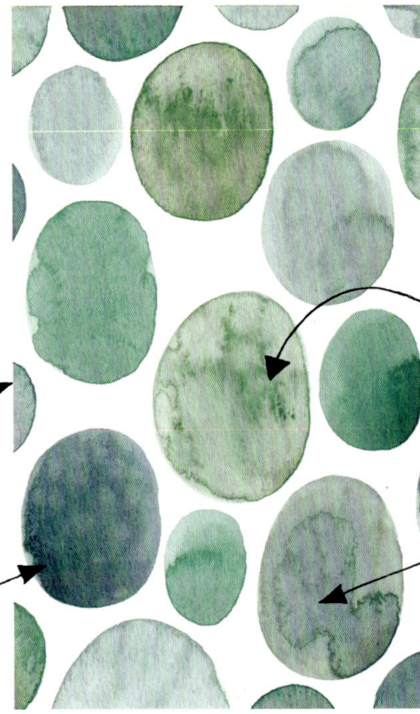

Mische deine Farben und trage eine Auswahl an Blau-, Grün- und Olivtönen auf deinem Blatt auf.

Tropfen hellerer Farbe wurden diesem Ton beigemischt.

Kreiere mit Wassertropfen auf heller Basisfarbe natürliche Texturen.

Bruchlinien erzeugen spannende Formen und räumliche Tiefe.

Schritt 2: **NASS AUF TROCKEN – ZWEIGE**

Male Stämme und Äste in die größeren Baumkreise. Der Stamm sollte breiter beginnen und sich nach oben, wo Zweige und Äste dazukommen, verjüngen. Trocknen lassen.

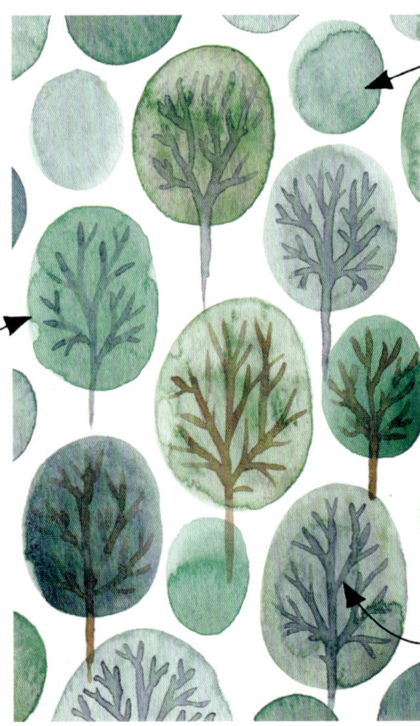

Ich habe nicht überall Stämme und Zweige ergänzt – ein paar Formen lasse ich erst mal ohne.

Male ein paar Stämme und Zweige in Payne's Grau, als Gegensatz zu dem üblichen Braun!

Einen klaren Rand kreierst du, wenn du außen ein paar Bäume dazumalst.

Die transparenten Schichten wirken organisch, ohne dass der abstrakte Effekt verloren geht.

Schritt 3: **NASS AUF TROCKEN – BLÄTTER**

Füge Blätter, Laub und Früchte hinzu, wenn Stämme und Äste trocken sind. Male nicht zu genau, wende lieber eine Reihe von Mustertechniken an, um unterschiedliche Texturen zu erhalten und verschiedene Baumarten anzudeuten.

Kleine „verschwommene" Flecken entstehen durch in Farbe getunkte Wattestäbchen, die auf die trockene Grundschicht aufgedrückt werden.

„Drucke" Blattformen mit einem Quillpinsel (siehe Techniken: Einfache organische Pinselformen).

Verwende für ein abwechslungsreiches Blattmuster mehr oder weniger Wasser.

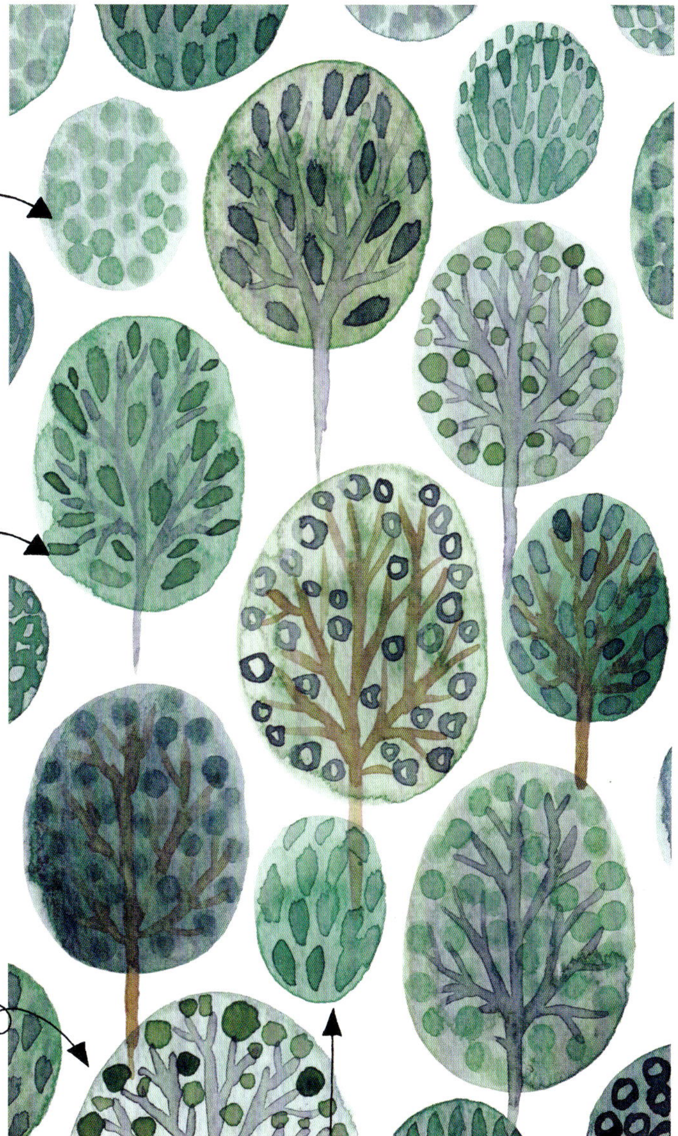

Die nach oben orientierten runden Formen verleihen dem flachen Oval Räumlichkeit.

Lockere Aquarellkringel wirken durch ihre nicht gefüllte Mitte leicht und luftig.

Der gute Tipp: Schau unter Techniken: Flecken und Kreise nach weiteren Methoden, mit Pinseln und anderen Tools diese Formen zu malen.

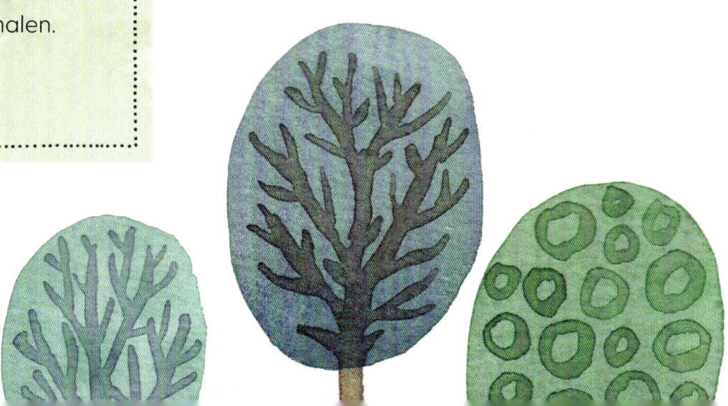

Schritt 4: **WEISSE VERZIERUNGEN**

Sind die Farbdetails getrocknet und gefallen dir die Komposition und der Effekt deines Bildes, kannst du mit dem Verzieren weitermachen und zunächst den weißen Stift benutzen.

Verschiedene Linien, Kringel, Punkte und Blattformen lassen den Betrachter an einen Wald mit verschiedenen Baumarten denken.

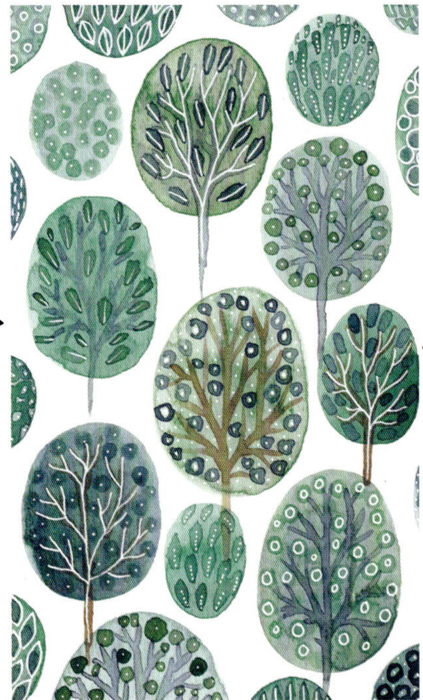

Ein weißer Stift kann Definition und Spannung ins Bild bringen und Bereiche aufhellen, die zu dunkel wirken.

Verzierungen am Rand, die bis an das Klebeband reichen, geben dem fertigen Bild den letzten Schliff.

Schritt 5: **GOLDVERZIERUNGEN**

Entferne langsam und vorsichtig das Klebeband (*siehe* Techniken: Abdeckgrenzen). Geh einen Schritt zurück und entscheide, ob das Bild fertig ist – braucht es noch etwas anderes? Ich hatte das Gefühl, goldene Highlights würden es aufwerten, daher habe ich ein paar hinzugefügt, trocknen lassen und es noch mal begutachtet.

Zum Schluss fand ich, ein zarter Rand würde dem Bild guttun. Ich habe ihn mit Bleistift 5 mm vom Baumrand entfernt vorgezeichnet und dann mit dem Fineliner Punkte gesetzt.

Mit einem kurzen Rundpinsel werden goldene Metallicpunkte hinzugefügt.

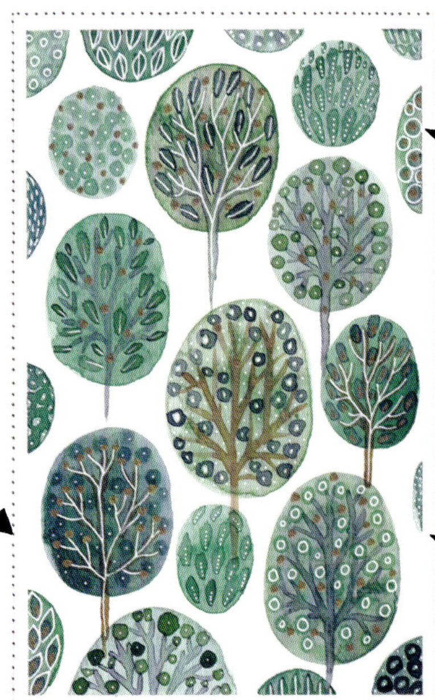

Die goldene Tinte fängt behutsam das Licht ein, schafft Räumlichkeit und erweckt die Bäume zum Leben.

Als die Fineliner-Punkte trocken waren, konnte ich den Bleistiftrand wegradieren und dann war das Bild fertig.

Mehr Inspiration

Hier kamen dieselben Grundtechniken zum Einsatz, aber ich habe die Bäume übereinander gemalt, damit es nach einem dichten Wald aussieht. Damit sie nicht zu einer einzigen Masse verschmelzen, habe ich sie farblich voneinander abgesetzt. Zum Beispiel Grün neben Blau, oder Dunkel neben Hell.

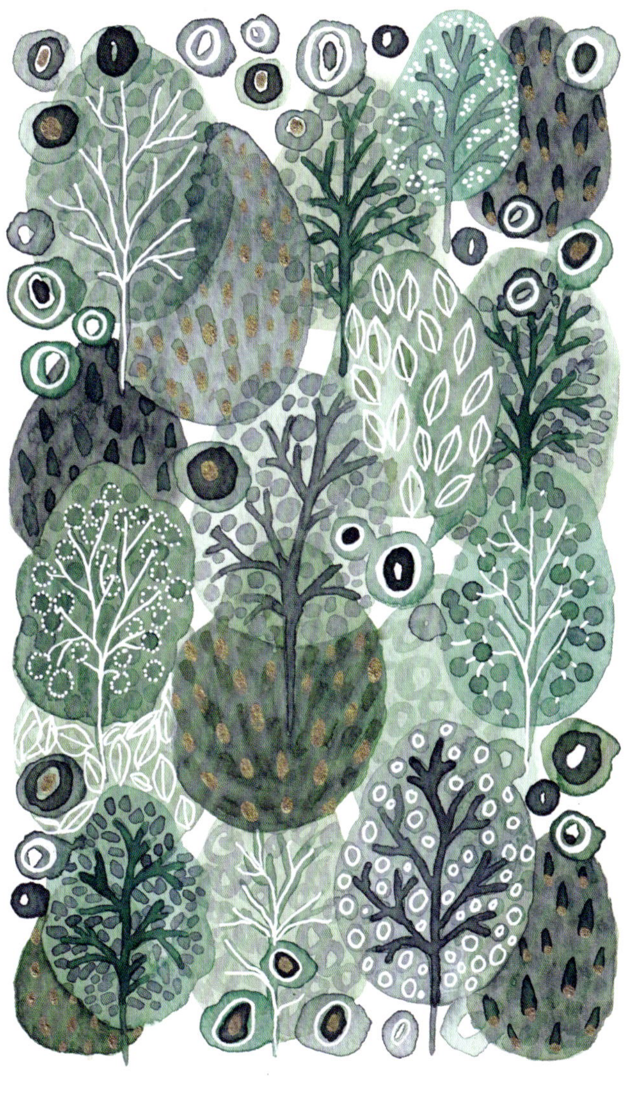

Blüten und Blätter

Nimm es bei dieser unkomplizierten Freestyle-Übung nicht zu genau – lass dich einfach treiben und male, was sich richtig anfühlt! Die Nass-in-Nass-Technik in Kombination mit den geschwungenen weißen Linien gibt den einfachen Blattformen Struktur und Bewegung – fast meint man, dass sie schweben. Ich habe einen Krokus gemalt, aber du kannst dir jede echte oder ausgedachte Blume aussuchen.

MATERIAL

- Winsor & Newton professionelle Aquarellfarben
- Daler-Rowney Aquafine Aquarellblock
- Jackson's Quillpinsel – Gr. 0 und 10/0
- Filbert- und Rundpinsel
- Uni-ball Signo Stift – weiß, 1 mm (Breit)
- Posca Pigmentmarker – weiß, 0,7 mm (Ultra Fine)
- Staedtler Pigment Liner– schwarz (verschiedene Größen/Dicken)

FARBAUSWAHL

Ein Mix heller, leuchtender und warmer Gelbnuancen lässt diese Blumen authentisch und frühlingshaft wirken, aber wähle die Farbe aus, die dich am meisten anspricht. Das Payne's Grau der Blätter harmoniert mit den anderen Farben und bildet eine minimalistische Farbpalette, sanft, aber doch auffällig.

WINSOR & NEWTON FARBREFERENZEN

- Kadmiumfrei Gelb
- Payne's Grau
- Winsorzitronengelb
- Winsorgelb

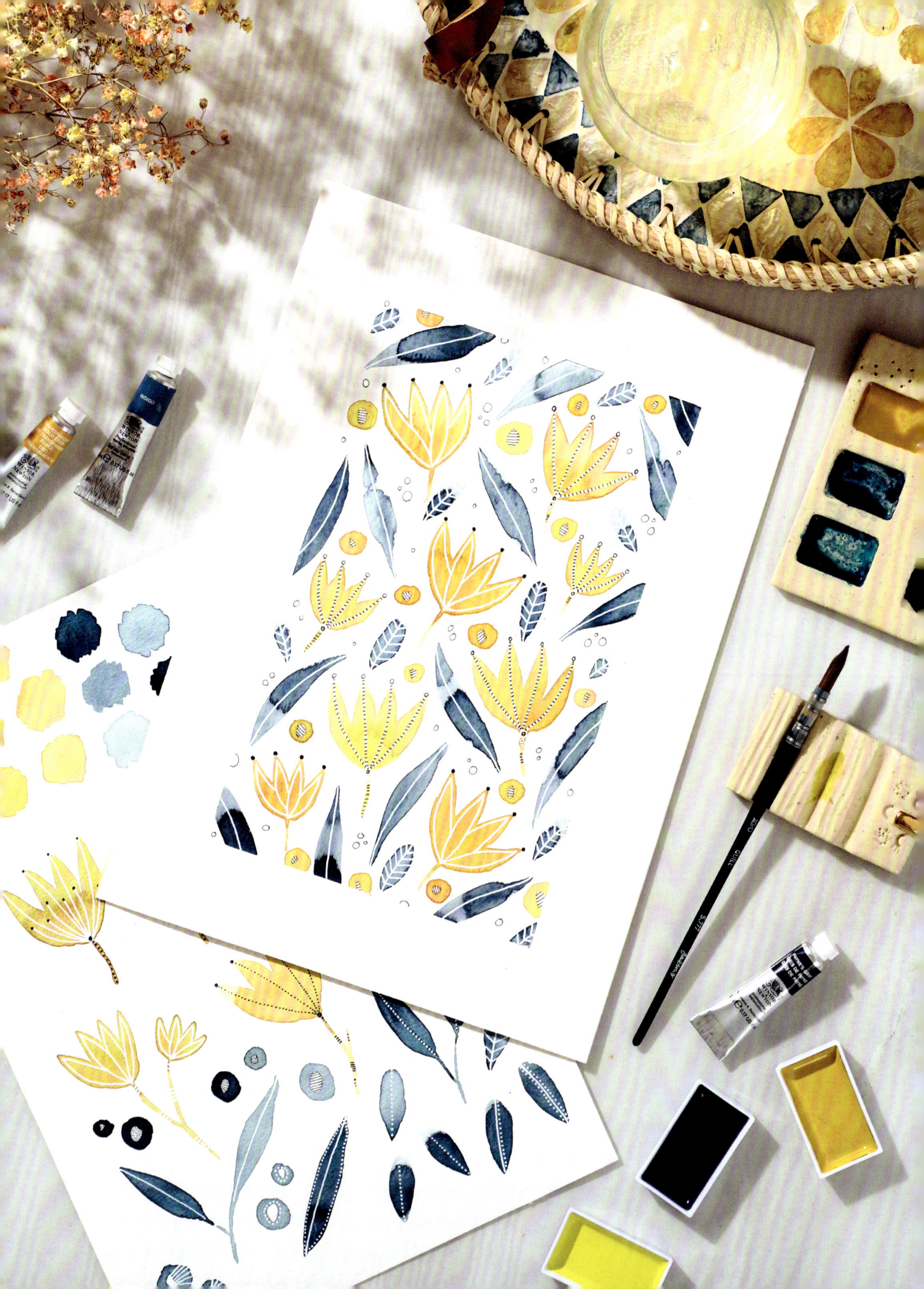

Schritt 1: **NASSE FARBE**

Klebe zuerst dein Blatt ab (*siehe* Techniken: Abdeckgrenzen).

Misch deine Farben – ich habe warme und kalte Gelbtöne verwendet. Die Blumenformen basieren auf einem Frühlingskrokus, du kannst aber jede beliebige Blume oder Abwandlung wählen! Erst habe ich die Blumen gemalt, dann die Blätter und dann die kleinen Kringel. Male so viele oder wenige Details, bis es für dich passt.

Erst werden die Blumen gemalt und gleichmäßig übers Blatt verteilt, sodass genug Platz für die Blätter bleibt.

Nachdem du mit den Blumen fertig bist, fülle die Lücken mit großen und kleinen Blättern.

Zum Schluss kommen lockere Aquarellkringel in die übrigen Flächen. Sie erinnern mich an Samenkapseln!

Schritt 2: **VERZIERUNGEN**

Wenn dir die Schicht gefällt und sie getrocknet ist, kannst du mit dem Verzieren loslegen. Ich habe erst die weißen Details ergänzt, dann die schwarzen, da wo ich mehr Definition und Kontrast wollte. Als ich die gemalten Elemente dekoriert hatte, habe ich mit einem sehr feinen schwarzen Stift kleine Kreise eingefügt.

Entferne vorsichtig das Band und bewundere dein fertiges Design – ich wette, es sieht super aus!

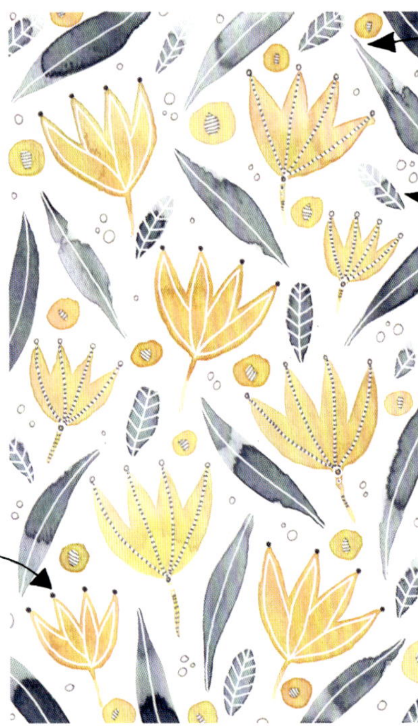

Feine schwarze Linien erden die Samenkapseln.

Die großen Blätter habe ich mit einer einfachen Mittellinie versehen, die kleinen mit einem Fischgrätmuster.

Für die Blumen selbst habe ich mit einer Kombi aus schwarzen und weißen Linien experimentiert.

Der gute Tipp:
Das ist ein tolles Design für eine Karte oder einen Geschenkanhänger.

Mehr Inspiration

Hier habe ich wieder Blumen und Blätter ausgearbeitet, diesmal jedoch mit einer „Ranke" verbunden, um einen fließenden Eindruck zu erzeugen. Die Hintergrunddetails sind durch einen glücklichen Zufall entstanden – ich hatte den Hintergrund verschmiert und musste das kaschieren. Ich bin froh, dass das passiert ist, sonst wäre das Bild nicht so gut geworden!

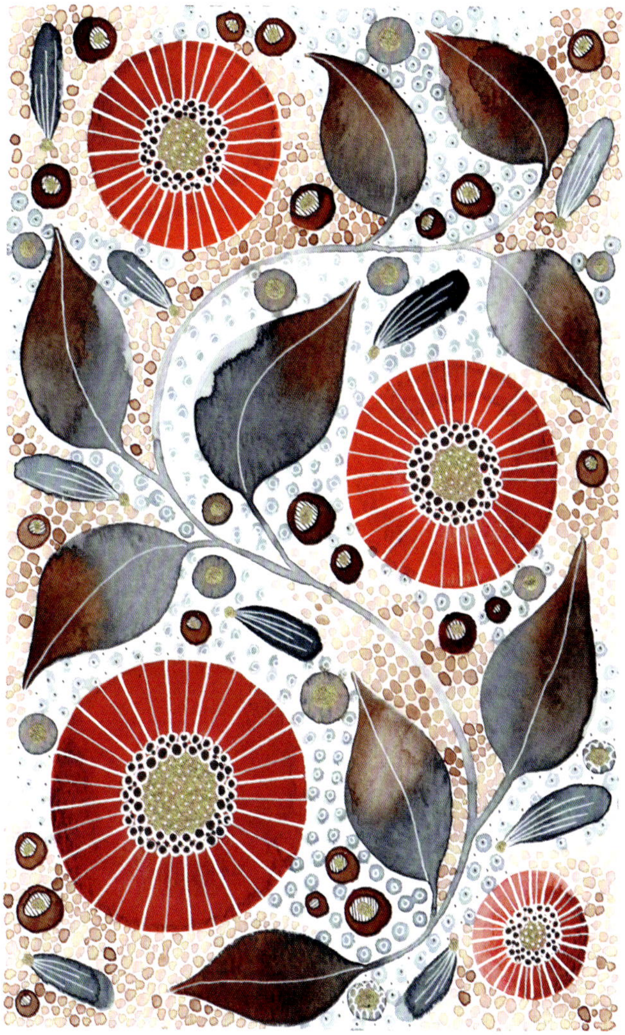

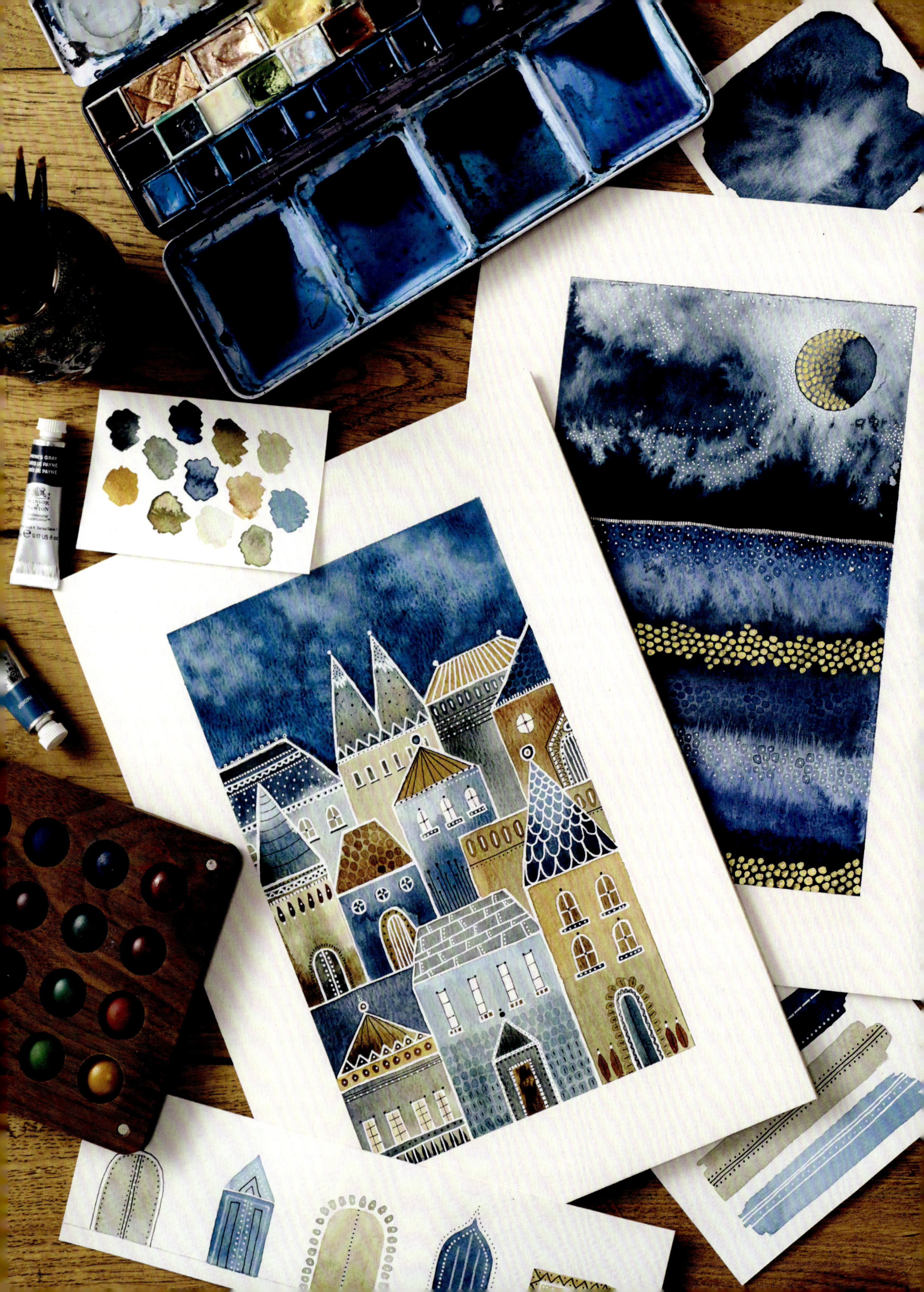
PAYNE'S GRAY
WINSOR & NEWTON
0.17 US fl oz

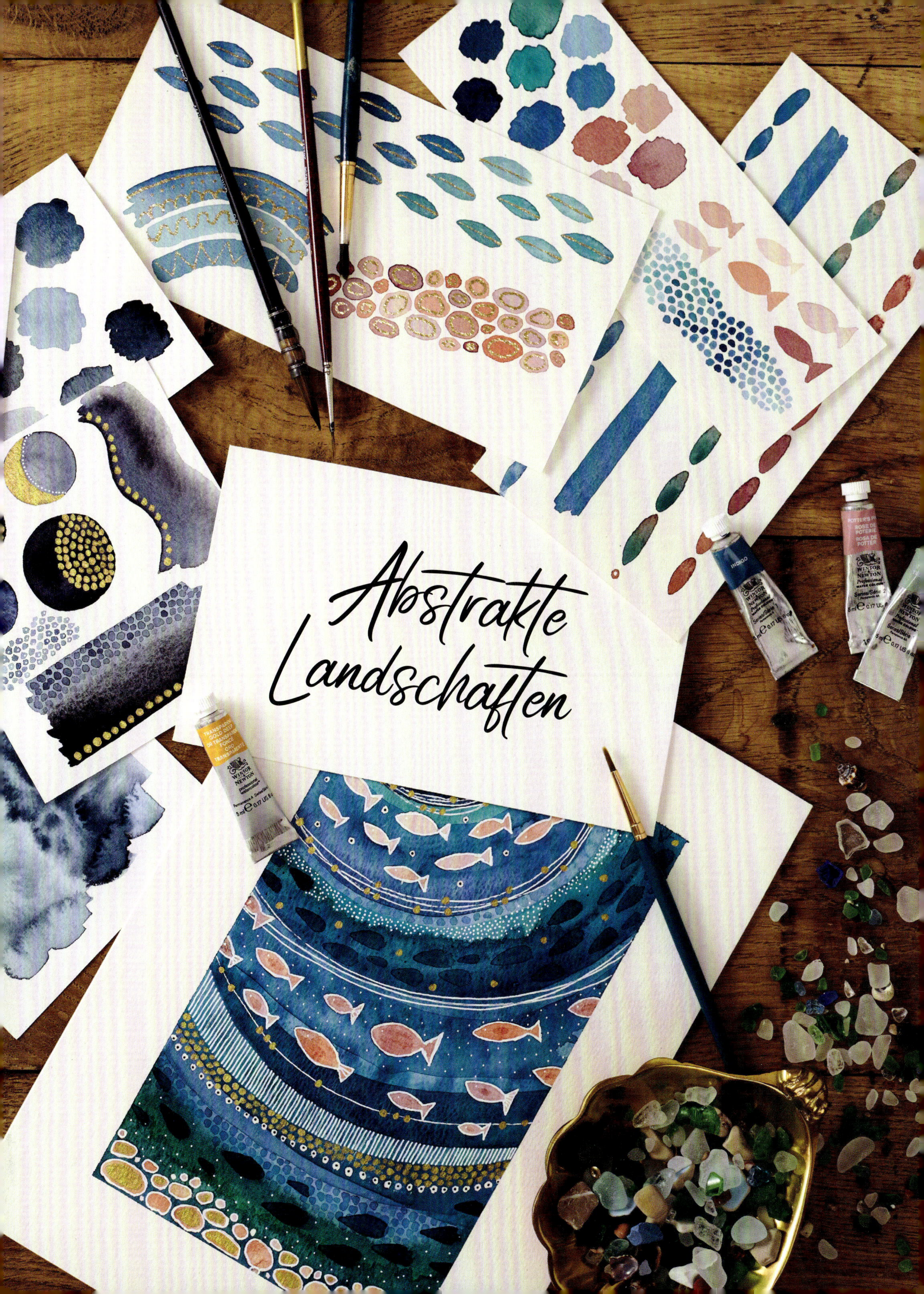
Abstrakte
Landschaften

Gestreifte Meerlandschaft

Ich liebe es, wie die Wellen eine ruhige und sanfte Bewegung erzeugen. Das ist das erste Projekt im Buch, bei dem Maskierflüssigkeit verwendet wird, damit decke ich die Kiesel ab, um lockere Wellen drumherum zu malen. So können die helleren, wärmeren Farben der Steine sich neben den lebhaften Blau- und Grüntönen des Meeres besser behaupten.

MATERIAL

- Winsor & Newton professionelle Aquarellfarben
- Daler-Rowney Aquafine Aquarellblock
- Jackson's Quillpinsel – Gr. 0 und 10/0
- Filbert- und Rundpinsel
- Uni-ball Signo Stift – weiß, 1 mm (Breit)
- Posca Pigmentmarker – weiß, 0,7 mm (Ultra Fine)
- Winsor & Newton Maskierflüssigkeit
- Kuretake Metallic-Aquarellfarben

FARBAUSWAHL

Ich habe natürliche Meeresfarben eingesetzt – sattes Dunkelblau, Aqua- und Grüntöne. Es macht Spaß, Farben und Muster für die Kiesel auszusuchen – Kontrast und Wärme entstehen durch satte Gold-, Braun-, Rot- und Ockertöne. Dieses Bild würde auch mit Rot, Lila oder Dunkelgrau super aussehen, also richtig abstrakt. Auch ohne die ozean-inspirierten Farben wäre das eine wirklich gelungene Komposition.

WINSOR & NEWTON FARBREFERENZEN

- Wassergrün
- Siena gebrannt
- Indigo
- Payne's Grau
- Windsorgrün (Blauton)

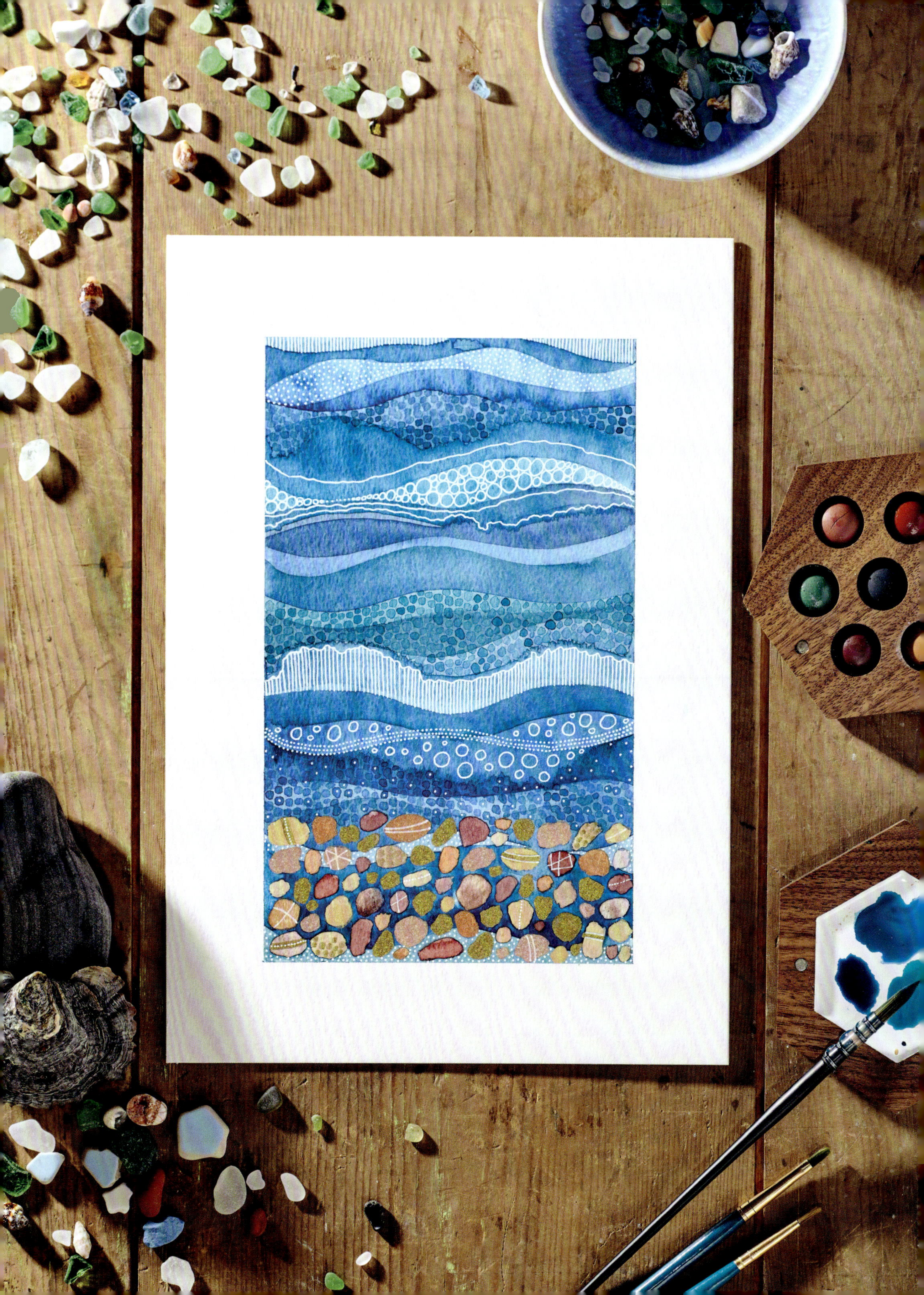

Schritt 1: SKIZZIERE UND MASKIERE

Klebe zuerst dein Blatt ab (*siehe* Techniken: Abdeckgrenzen).

Skizziere unten auf dem Blatt die Kiesel – ich fülle etwa ein Viertel bis ein Drittel des Blattes mit Steinen.

Wenn dir deine Komposition gefällt, kannst du die Kiesel maskieren, du malst also eine dünne Schicht der Flüssigkeit auf sie, damit das Papier darunter weiß bleibt (*siehe* Techniken: Formen und Highlights abdecken).

Fülle ein Viertel bis ein Drittel des Blatts mit skizzierten Steinen.

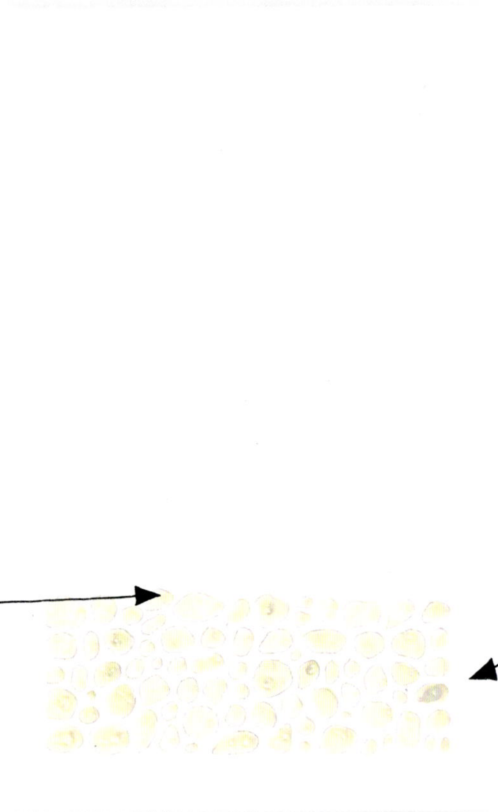

Maskierflüssigkeit schützt die Fläche der Kiesel, während ich das Wasser male.

Schritt 2: NASSE FARBE

Wenn deine Maskierflüssigkeit vollständig getrocknet ist (sie kann sich dann immer noch klebrig anfühlen – 30 Minuten sollten ausreichen), kannst du mit deinen Aquarellstreifen anfangen und die Techniken des Streifenprojekts einsetzen (*siehe* Abstrakte Formen: Lockere Streifen). Füll das ganze Blatt mit Wellen.

Verwende mehrere Blau-, Grün- und Aquatöne.

Die Farbstreifen sollten wellig und weich aussehen, um Wellen und Strömungen anzudeuten.

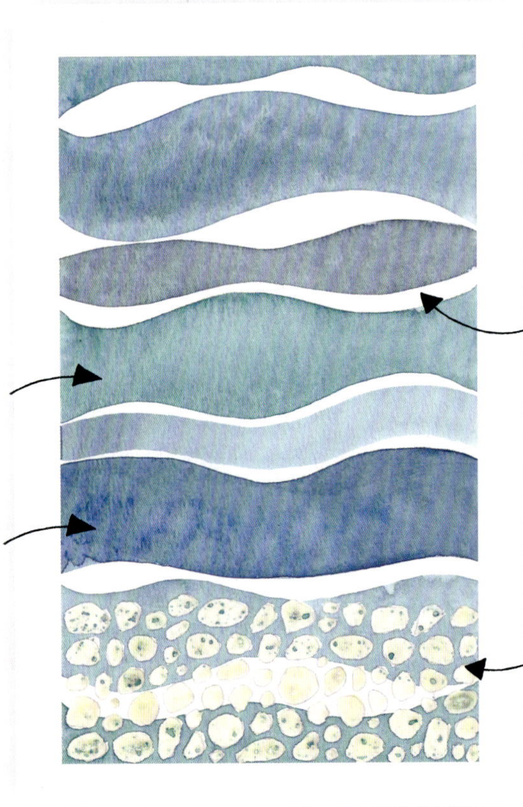

Lass zwischen zwei Wellen jeweils einen Bereich weiß.

Schau darauf, wie die Farbe einfach über die trockene Maskierflüssigkeit gleitet.

Schritt 3: **NASS AUF TROCKEN**

Ist die erste Farbschicht trocken, wiederhole den vorigen Schritt und fülle die restliche Fläche mit neuen überlappenden Wellen. Mit Farbverläufen kannst du Bewegungen im Wasser darstellen (*siehe* Techniken: Farbverläufe).

Überlappe diese Wellen mit denen aus Schritt 2 für neue Farben und durchschimmernde Effekte.

Wenn du viel Wasser nimmst, kann die Farbe sich übers Papier bewegen, das erzeugt interessante Effekte, wenn sie getrocknet ist.

Es ist nicht schlimm, wenn Farbe an der Flüssigkeit hängen bleibt – das geht alles ab, wenn du sie entfernst.

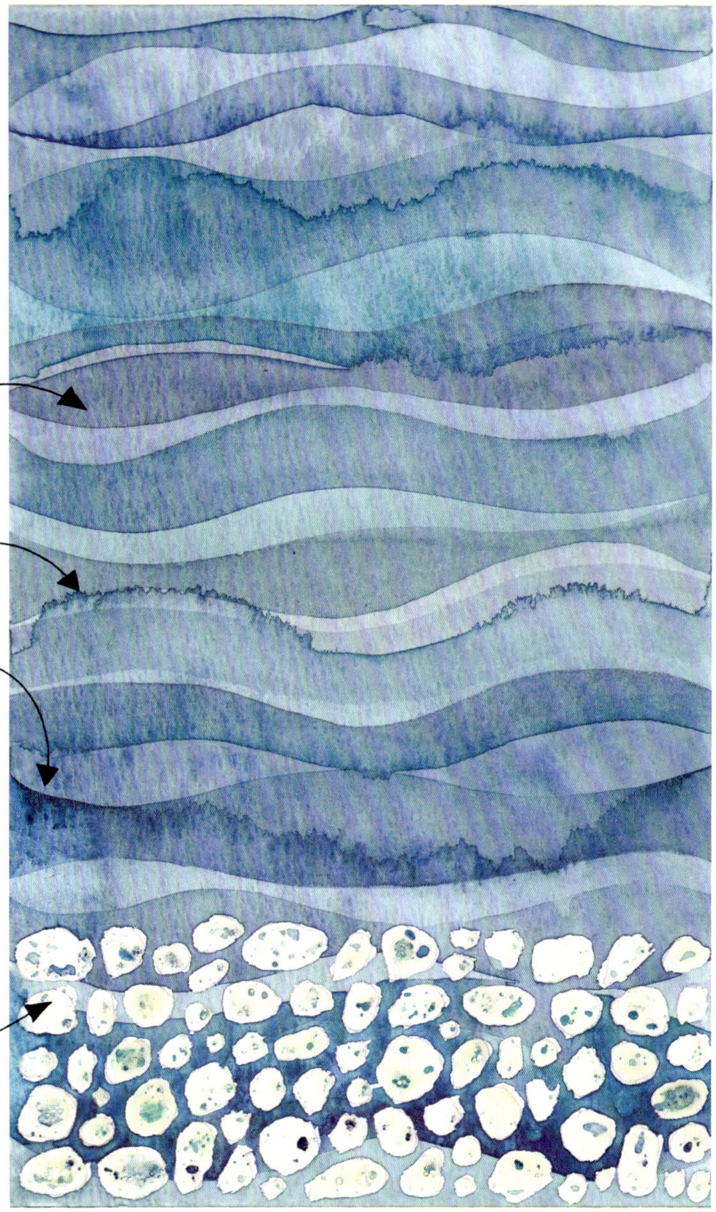

Der gute Tipp: Verwende stärker verdünnte Farben für diese zweite Schicht Wellen – so entstehen Tiefe und Perspektive und die ersten Wellen bleiben sichtbar.

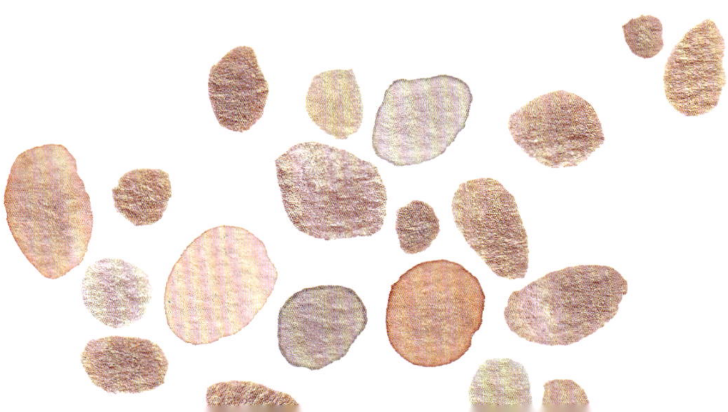

Schritt 4: ENTFERNE DIE MASKIERFLÜSSIGKEIT

Sind diese ersten beiden Schichten getrocknet, kannst du die Maskierflüssigkeit entfernen und hast schöne weiße Kiesel darunter. Das geht mit Radierer oder, wenn du am Rand mit dem Finger rubbelst und sie dann abziehst (*siehe* Techniken: Formen und Highlights abdecken). Mach das bei all deinen Kieselsteinen.

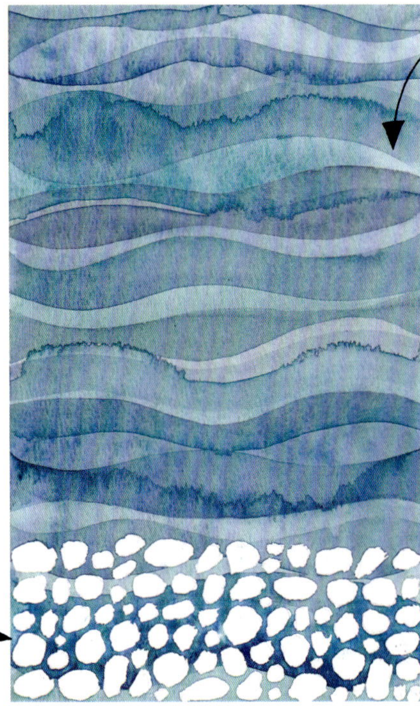

Wenn die Farbe trocken ist, kannst du Farbverläufe und Bruchlinien sehen, die auf Details und Verzierungen warten.

Es ist sehr befriedigend, unter der Flüssigkeit das leuchtend weiße Papier vorzufinden!

Schritt 5: ZUSÄTZLICHE DETAILS

Wenn du möchtest, kannst du Details in deine Wellen malen und so Textur und Tiefe schaffen (*siehe* Techniken: Nass auf Trocken).

Jetzt kannst du die Steine bemalen. Du kannst hellere und durchscheinendere Nuancen wählen, die sich von den dunkleren Tönen abheben. Ich habe auch Metallic-Aquarellfarben eingesetzt.

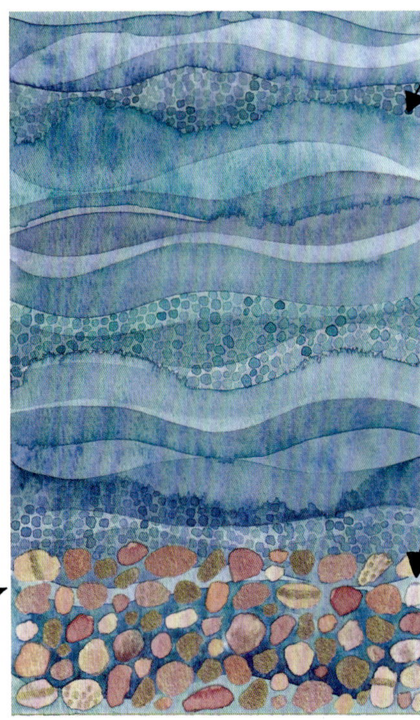

Kleine „Regentropfen"-Flecken in drei der Wellen sorgen für mehr Textur.

Die Farbwerte der Kiesel sind ungefähr wie die der Wellen, wodurch eine charmante, harmonische Farbgeschichte erzählt wird.

Komplementärfarben leuchten schön aus dem Blau heraus, ohne zu vorlaut zu sein.

Die Kiesel sind mit goldener Tinte gefüllt oder verziert.

Schritt 6: **VERZIERUNGEN**

Dein Bild sieht jetzt sicherlich schon sehr schön aus, aber es gibt immer noch Platz für Punkte, Flecken, Kreise und mehr! Ich habe für die Verzierungen einen weißen Stift verwendet und den Wellen und Steinen Texturen, Details und Definitionen hinzugefügt (*siehe* Techniken: Muster, da sind ein paar Anregungen für dich!).

Entferne vorsichtig das Klebeband, um den Rand zu enthüllen, tritt einen Schritt zurück und bewundere dein fertiges Werk!

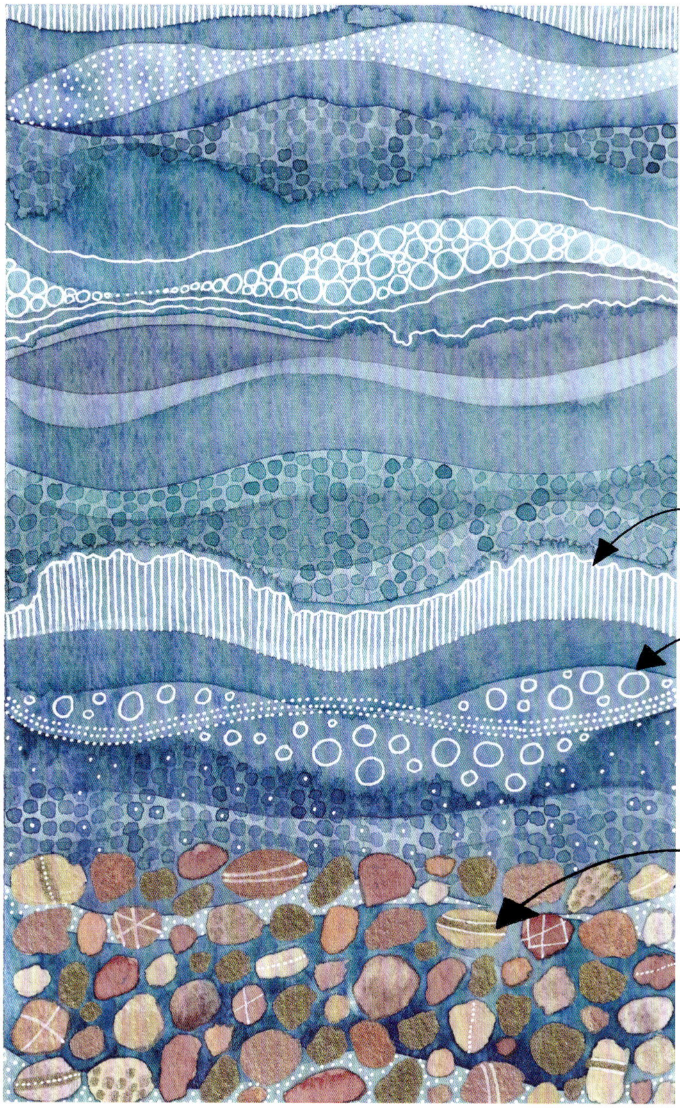

Wellige und gerade Linien geben die Form dieser Bruchlinie wieder.

„Blasen" sind eine natürliche Verzierung der Meerlandschaft, aber ihre ordentliche Gruppierung macht sie zu einem abstrakten Element.

Der weiße Stift fügt den Kieseln Muster hinzu, manchmal umrandet er auch die goldenen Verzierungen.

Der gute Tipp: Mit Verzierungen erzeugst du einen Kontrast bei den Wellen, die zu gleich aussehen. Wenn du eine davon weiß verzierst, sorgt das für Abwechslung.

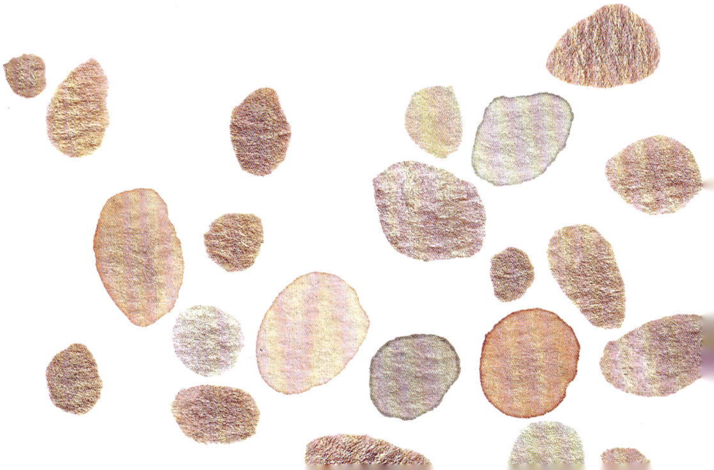

Unterwasserwelt

Wir legen Farbschichten auf, um Räumlichkeit zu erzeugen und einen Blick in die Tiefen des Ozeans zu werfen. Dafür verwenden wir ein paar der Techniken des Projekts „Konzentrische Kreise". Durch Maskierflüssigkeit behält der Fischstrudel seine weißen und goldenen Highlights unter den Farbschichten, ein bisschen Planung ist also für dieses Projekt erforderlich.

MATERIAL

- Winsor & Newton professionelle Aquarellfarben
- Daler-Rowney Aquafine Aquarellblock
- Jackson's Quillpinsel – Gr. 0 und 10/0
- Filbert- und Rundpinsel
- Uni-ball Signo Stift – weiß und golden, 1 mm (Breit)
- Posca Pigmentmarker – weiß, 0,7 mm (Ultra Fine)
- Staedtler Pigment Liner– schwarz (verschiedene Größen/Dicken)
- Winsor & Newton Drawing Ink – golden
- Winsor & Newton Maskierflüssigkeit
- Bleistift

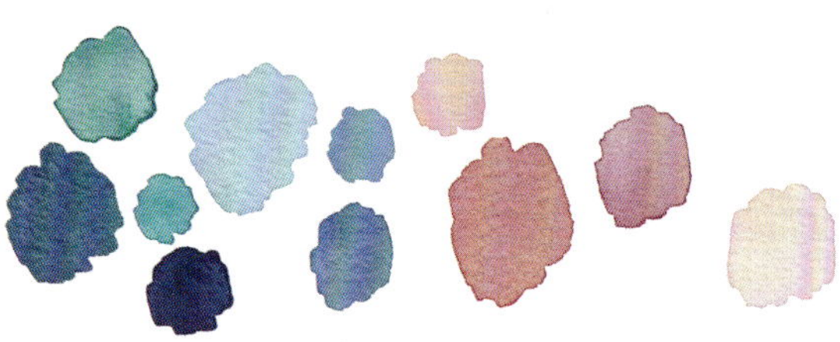

FARBAUSWAHL

Ich habe mich an eine ziemlich naturgetreue Unterwasserfarbpalette aus Blau, Aqua und Grün gehalten, aber dieses Motiv würde in vielen Paletten fantastisch aussehen. Ersetze die Fische durch Blumen, Vögel oder abstrakte Steine, um eine völlig andere Szene darzustellen.

WINSOR & NEWTON FARBREFERENZEN

- Wassergrün
- Corelinblau
- Indigo
- Viridian
- Winsorgrün (Blauton)

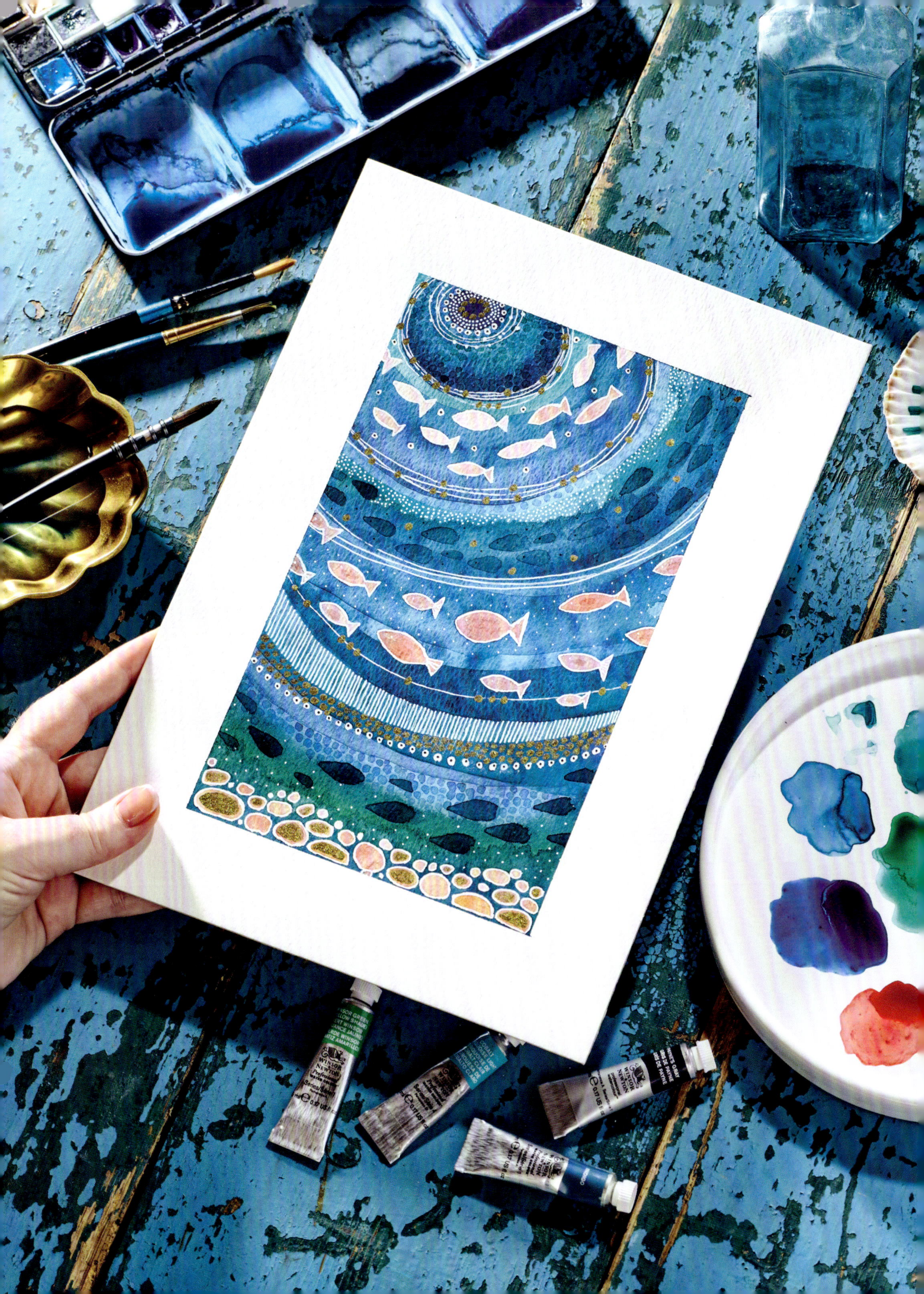

Schritt 1: **SKIZZIERE UND MASKIERE**

Klebe zuerst dein Blatt ab (*siehe* Techniken: Abdeckgrenzen).

Skizziere dein Design, beziehe dich dabei gern auf meine Zeichnung. Zeichne mit Bleistift ungleichmäßige Kreise, oben klein und eng zusammen, nach unten dann größer und weiter auseinander. Das erzeugt die optische Illusion eines Strudels.

Wenn dir dein Design gefällt, male mit Maskierflüssigkeit deine Fische, Steine und sonstigen Flächen, die weiß bleiben sollen (*siehe* Techniken: Formen und Highlights abdecken). Lass die Maskierflüssigkeit vollständig trocknen.

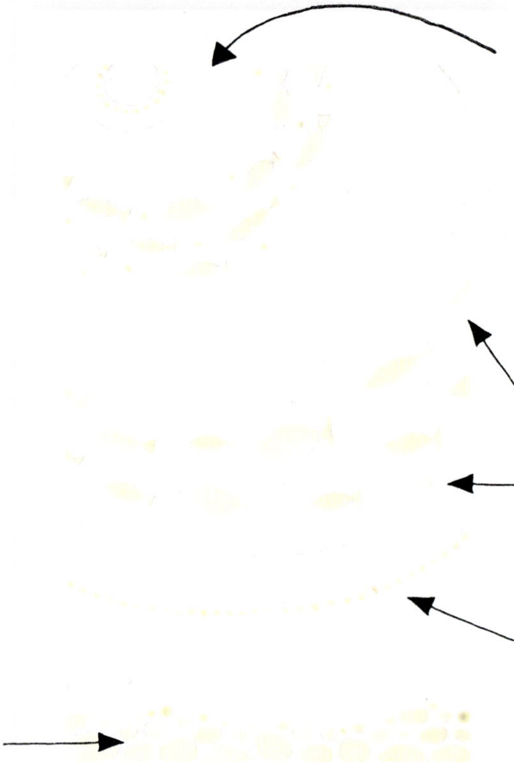

Male Flecken im Kreis am oberen Rand auf, um das Auge des Betrachters durch den Strudel zu leiten.

Kreiere wie gezeigt „Streifen" aus Fischen", die der Rundung deiner Bleistiftlinien folgen.

Schwungvoll aufgemalte Flecken geben Struktur.

Male Kieselsteine am unteren Rand, um die Komposition zu erden.

Schritt 2: **NASS IN NASS**

Misch die Farben deiner Wahl in der Palette und male von oben nach unten lockere Kreise. Wechsle für einen schönen Mix aus Blau, Grün und Aqua die Farben. Lass zwischen den Kreisen etwas weiße Fläche frei.

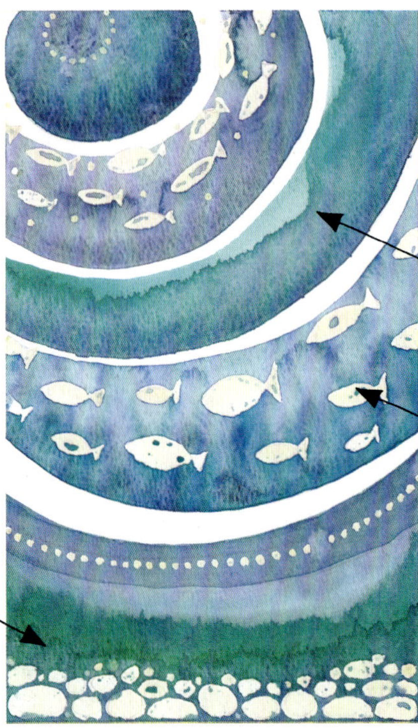

Farbverläufe werden getrocknet zu interessanten Details.

Man erkennt schon, wie die maskierten Flächen sich vom Wasser abheben werden.

Die Nass-in-Nass-Techniken erzeugen seegras- oder seemoosähnliche Texturen

Schritt 3: NASS AUF TROCKEN

Wenn deine erste Farbschicht trocken ist, legst du die nächste auf. Bei dieser Gelegenheit lässt du ein paar Kreise überlappen, um neue Farben zu kreieren.

Übertreibe es in diesem Stadium nicht mit Pinselabdrücken, deine Schichten könnten schlammig werden und miteinander verschmelzen. Lass ein paar Flächen frei, bereit zum Verzieren, dem nächsten Schritt.

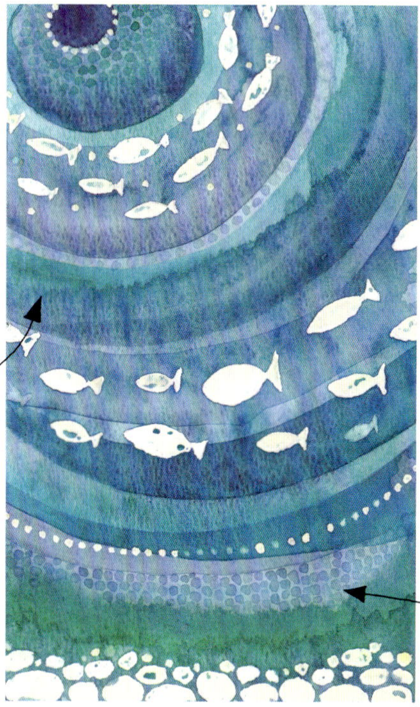

Schritt 4: ENTFERNE DIE MASKIERFLÜSSIGKEIT

Wenn die Grundkomposition und -farbe fertig sind, kannst du die Maskierflüssigkeit entfernen, um Fische und Punkte zu enthüllen. Rubble mit einem Radierer oder sauberen Fingern langsam am Rand der Flüssigkeit – sie sollte leicht abgehen und das saubere weiße Papier darunter zeigen (*siehe* Techniken: Formen und Highlights abdecken).

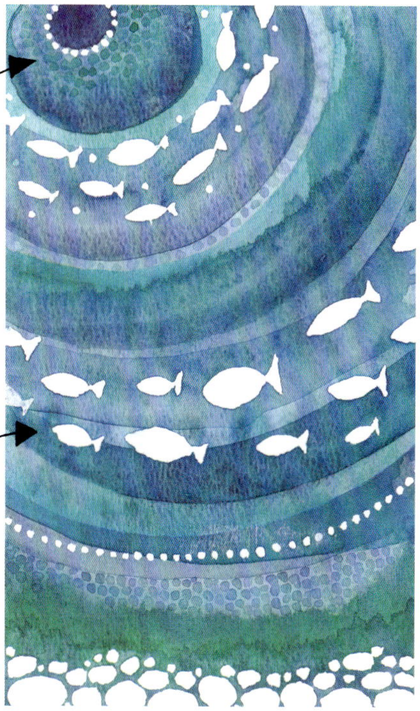

Schritt 5: FISCHE UND WEISSE VERZIERUNGEN

Wenn die Maskierflüssigkeit entfernt ist, malst du sorgfältig deine Fische an und entscheidest dann, ob du weitere gemalte Details willst. Ich habe im Hintergrund Fische als Schatten gemalt, die wie ein Fischschwarm im tieferen Wasser aussehen. Für die Fischformen habe ich die Seite meines Quills sanft aufs Blatt gedrückt. Ich habe außerdem weiße Verzierungen eingefügt.

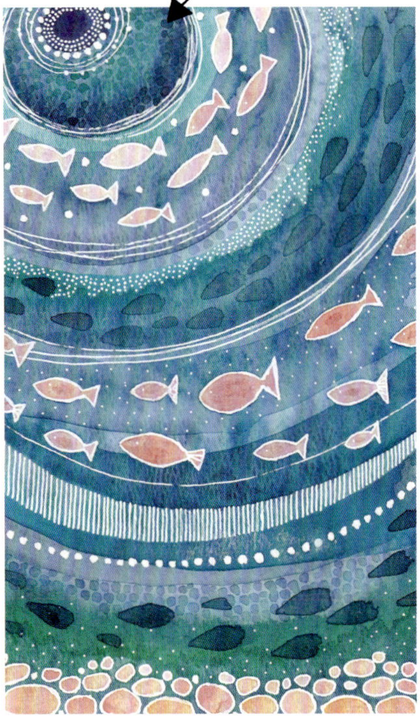

In diesem zentralen Blickpunkt im Bild habe ich meine Linien und Punkte konzentriert.

Damit die Fische besser herausleuchten, habe ich sie weiß umrandet.

Der gute Tipp: Es kann zu kleinteilig sein, das Papier um die Fische weiß zu lassen, dann kannst du den Rand später mit weißem Stift aufmalen.

Schritt 6: SCHWARZE UND GOLDENE VERZIERUNGEN

Fahre mit dem Verzieren fort, wenn die Fisch- und weißen Details getrocknet sind – diesmal Punkte, Linien, Flecken und Streifen in Schwarz und Gold (für ein wenig Glitzer). Deiner Kreativität sind keine Grenzen gesetzt, male alles dazu, was sich für dich gut anfühlt.

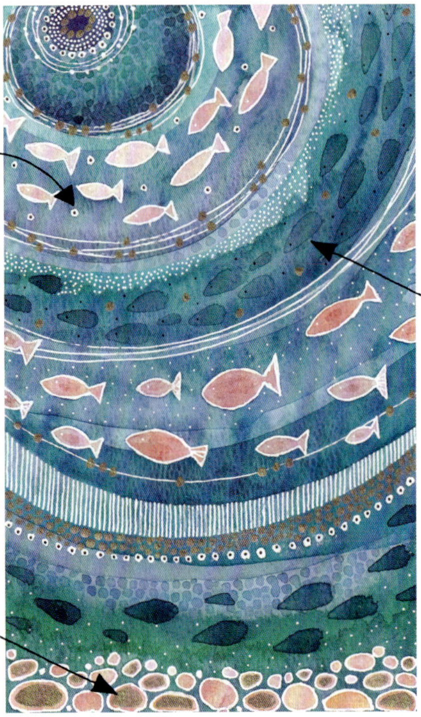

Schwarze Punkte in der Mitte der weißen Kreise lenken den Blick auf sie.

Dank eines einfachen schwarzen Punkts als Auge erwachen die weiter entfernten Fische zum Leben.

Goldverzierungen auf den Kieseln verleihen ihnen Textur.

Mehr Inspiration

Das ist eins meiner Lieblingsbilder, denn die Aquarellfarbschichten fügen sich zu enormer Tiefe und Textur zusammen. Mehrere Schichten Hintergrundeffekte, Vordergrunddetails und Verzierungen erzeugen gemeinsam diesen Schlusseffekt. Hoffentlich gefällt es dir so gut wie mir!

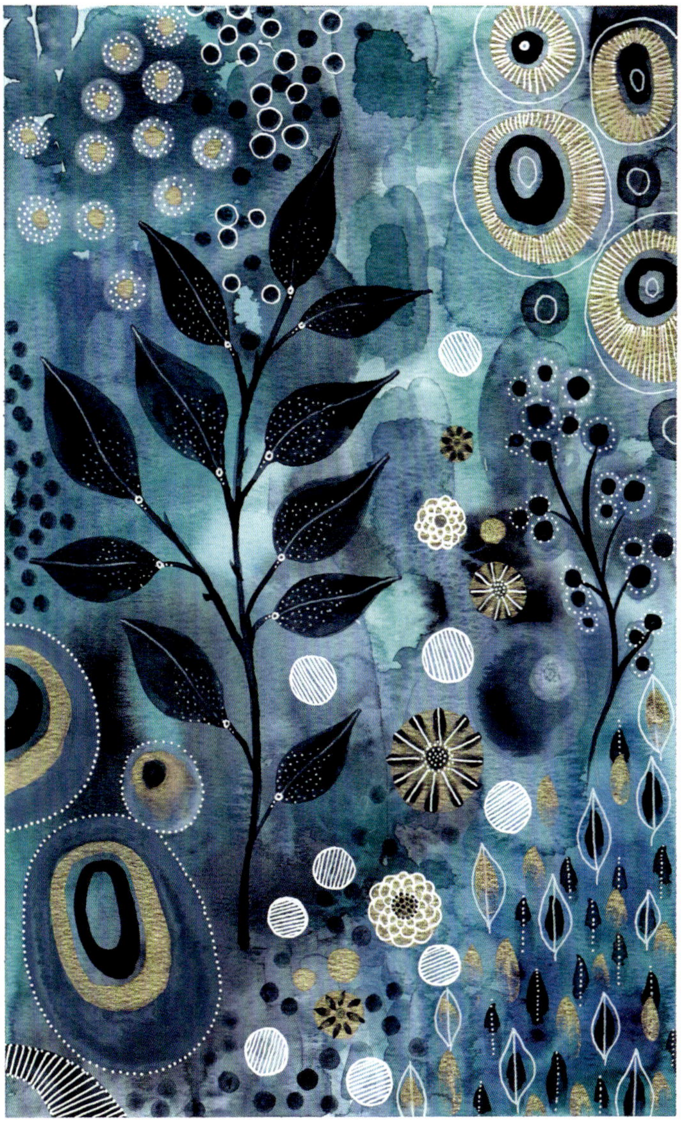

Kleine Häuser

Diese Stadtszene mit vielen kleinen Häuschen sieht vielleicht kompliziert aus, ist aber eigentlich wirklich einfach zu gestalten. Brich sie einfach in Viereckformen runter, wie du sie zuvor im Projekt „Dicke Blöcke" gemalt hast. Dazu noch ein paar spitze oder kuppelförmige Dächer, und schon hast du ein so hübsches kleines Dorf, das du es sicher besuchen möchtest!

MATERIAL

- Winsor & Newton professionelle Aquarellfarben
- Daler-Rowney Aquafine Aquarellblock
- Jackson's Quillpinsel – Gr. 0 und 10/0
- Filbert- und Rundpinsel
- Uni-ball Signo Stift – weiß, 1 mm (Breit)
- Posca Pigmentmarker – weiß, 0,7 mm (Ultra Fine)
- Staedtler Pigment Liner– schwarz (verschiedene Größen/Dicken)
- Lineal (optional) und Bleistift

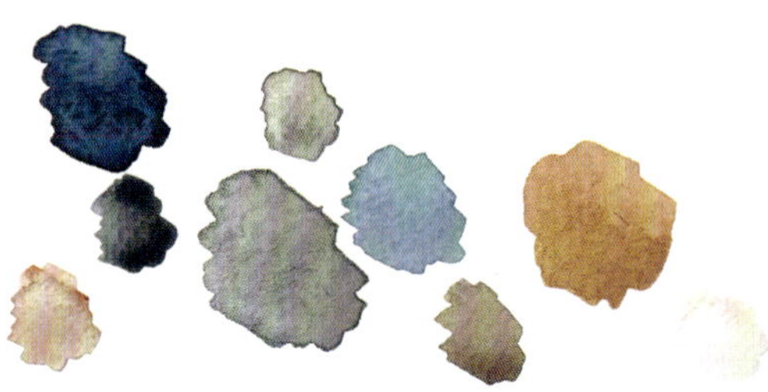

FARBAUSWAHL

Wie du siehst, habe ich eine gedämpfte Farbpalette mit Blau- und Brauntönen verwendet.

Trau dich, sie in deiner Palette zu mischen – dadurch habe ich tolle neue Grün-, Grau- und Taupenuancen kreiert. Dank der exakten weißen Umrisse und zarten schwarzen Details sehen diese Farben nie trüb oder matt aus.

WINSOR & NEWTON FARBREFERENZEN

- Siena gebrannt
- Umbra gebrannt
- Indigo
- Payne's Grau
- Gelbocker

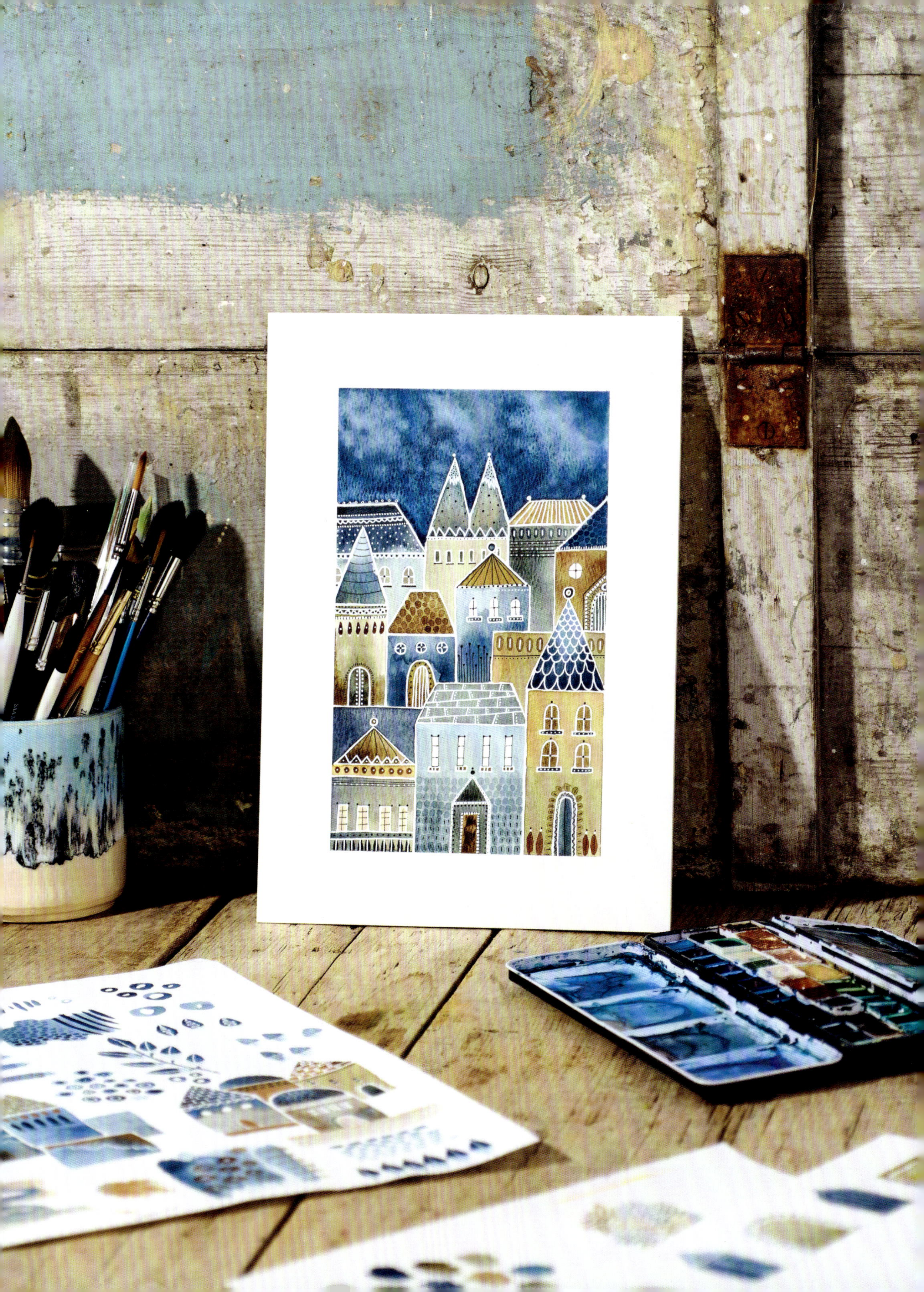

Schritt 1: SKIZZIERE UND MASKIERE

Klebe zuerst dein Blatt ab (*siehe* Techniken: Abdeckgrenzen).

Skizziere dein Design leicht mit Bleistift. Es gibt für die Entwürfe der Häuser keine verbindliche Regel, ich würde nur darauf achten, dass es nicht zu genau oder symmetrisch wird. Du möchtest keine geraden Häuserreihen, sondern Häuser und Dächer, die hinter anderen hervorlugen. Denk dabei an nicht zusammenpassende und eigene Häuser, nicht an gerade und ordentliche!

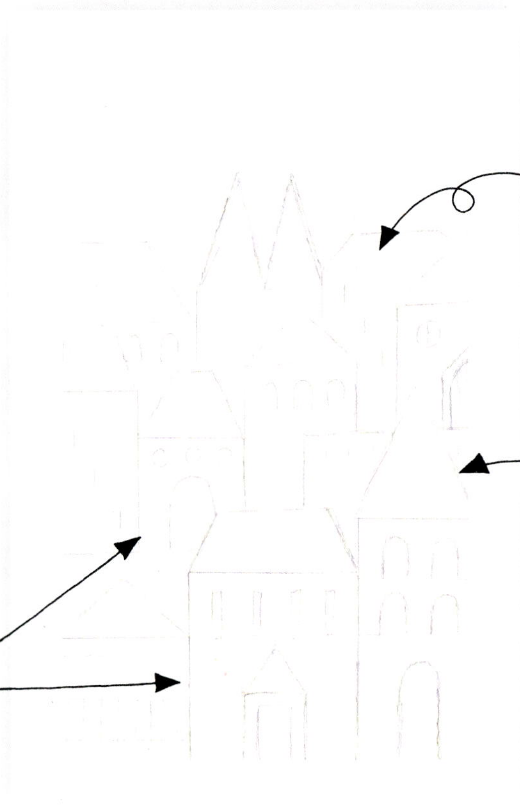

Schritt 2: NASSE FARBE

Male anhand der Bleistiftumrisse deine Viereck-, Rechteck- und Dreieckformen an. Du kannst sie blockig und leer lassen, oder später Fenster und Türen hinzufügen. Lass deine erste Farbschicht vollständig trocknen.

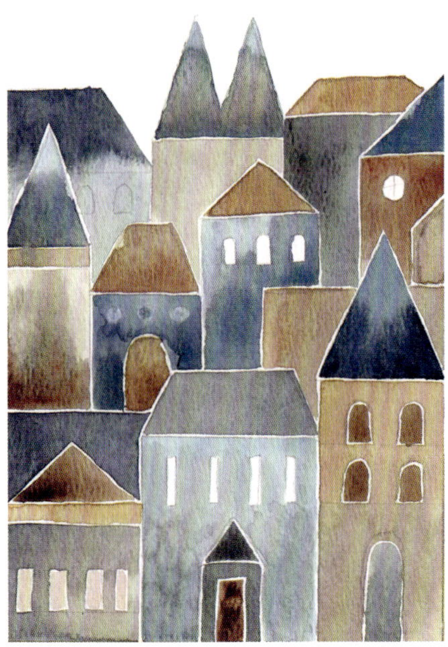

Der gute Tipp: Trau dich, auf dem Papier oder der Palette, Farben zu mischen. Male zum Beispiel ein blassbraunes Haus und versieh es mit einem dunkelblauen Rand. Die Farben mischen sich und es entstehen tolle Texturen und Schattierungen.

Schritt 3: **NASS AUF TROCKEN**

Mit nasser Farbe kannst du nun eine Schicht mit Details auftragen, Türen, Fenster und dekorative Elemente wie Fensterbretter und Dachziegel. Die Regentropfentechnik (kleine Mengen sehr wässriger Farbe) sorgt für Definition und Textur der Häuser – perfekt für die Verzierungen im nächsten Schritt. Lass auch hier wieder die Farbe vollständig trocknen, bevor du weitermachst.

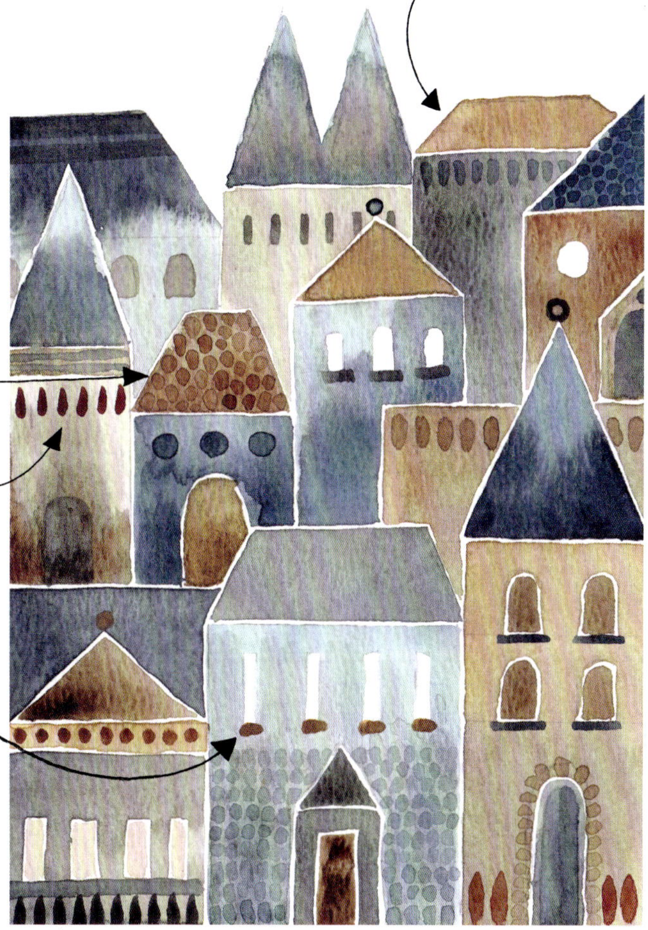

Der gute Tipp: Versuch es bei deiner zweiten Schicht Nass-auf-Trocken-Elemente mit Kontrastfarben. Warum nicht braune Details auf einem hellblauen Haus? Oder male, wenn du einfarbig bleiben willst, ein beigefarbenes Dach einen Ton dunkler – das passt gut zu Dachziegeln und anderen Details.

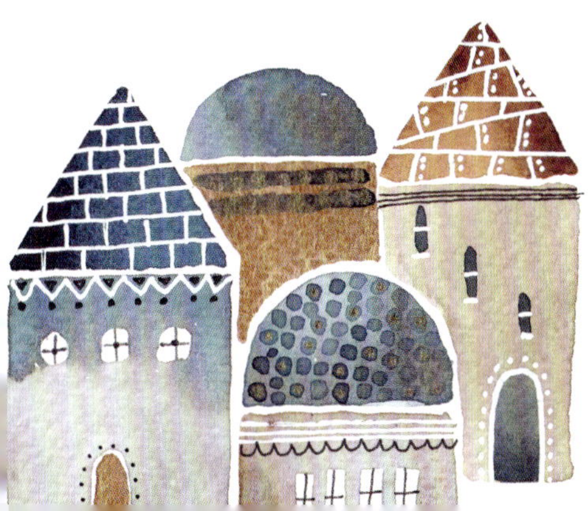

Schritt 4: WEISSE VERZIERUNGEN

Wenn die ersten beiden Schichten trocken sind, kannst du den weißen Paint Marker einsetzen. Ich „säubere" immer erst mal alle ungeraden weißen Linien und die Stellen, wo die Farben sich berühren und den Umriss unterbrechen. Dann bleibt alles ordentlich und scharf definiert.

Mit demselben Stift füge ich Details und Verzierungen hinzu. Füll nicht jede verfügbare Fläche – im nächsten Schritt folgen noch schwarze Details (mehr Weiß kannst du später immer noch dazumalen).

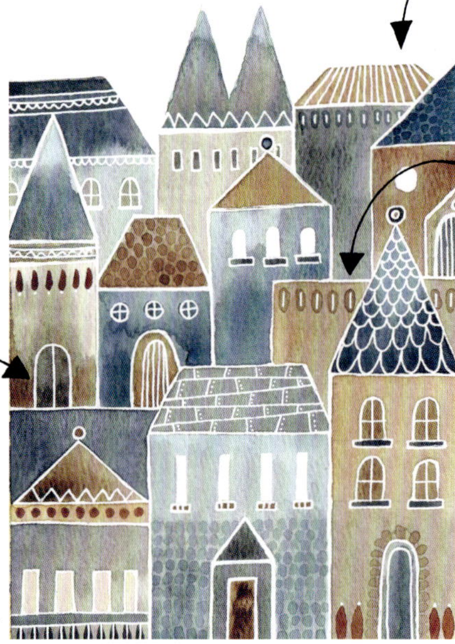

Versieh mit Linien und Punkten jedes Haus mit Charakter.

Der weiße Paint Marker ist ideal, um weiße Flächen zwischen Farbblöcken zu säubern.

Ergänze Fenster, Türen, Dachziegel, Brüstungen und andere Zierelemente.

Schritt 5: SCHWARZE VERZIERUNGEN

Wenn dir die weiße Deko gefällt, ist es an der Zeit, mit deinem schwarzen Stift dunkle kontrastierende Muster einzuzeichnen.

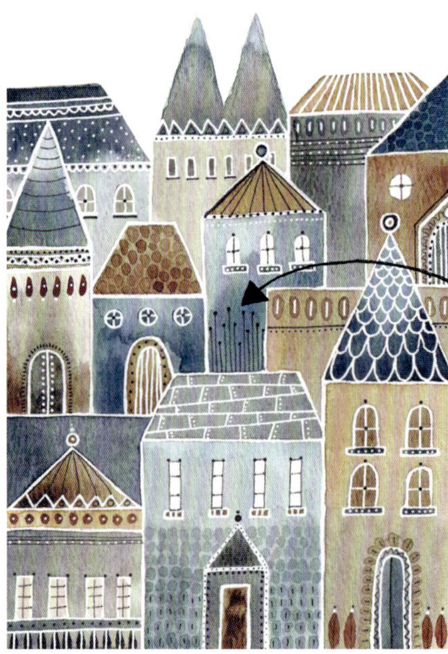

Wenn du weiße Linien schwarz umrandest, definierst du Details stärker.

Schwarze Linien können winzige Details erzeugen, die Betrachter gerne entdecken!

Der gute Tipp: Weiß auf dunkleren Häusern und Schwarz auf helleren Schattierungen erzielt wirklich herausstechende Designdetails.

Schritt 6: **MALE DEN HIMMEL**

Wenn du mit der Stadt zufrieden bist, kannst du den Himmel malen. Je nachdem, wie dunkel oder hell du die Häuser gemalt hast, magst du vielleicht mit dem Himmel einen Kontrast erzeugen. Meine Stadt hat ein paar hellere Häuser im Hintergrund, daher ist mein Himmel dunkel und sieht nach Unwetter aus.

Dafür habe ich die Fläche dunkelblau gemalt und um jedes Dach einen weißen Rand gelassen. Mit sauberem Wasser auf meinem Pinsel habe ich Tropfen auf die noch nasse Farbe fallen lassen (nach etwa einer Minute). Dies erzeugt einen Marmoriereffekt.

Lass es vollständig trocknen, bevor du versuchst, das Klebeband zu entfernen (du willst schließlich keine Farbe verschmieren, die vielleicht noch nass ist). Dein Werk ist nun fertig!.

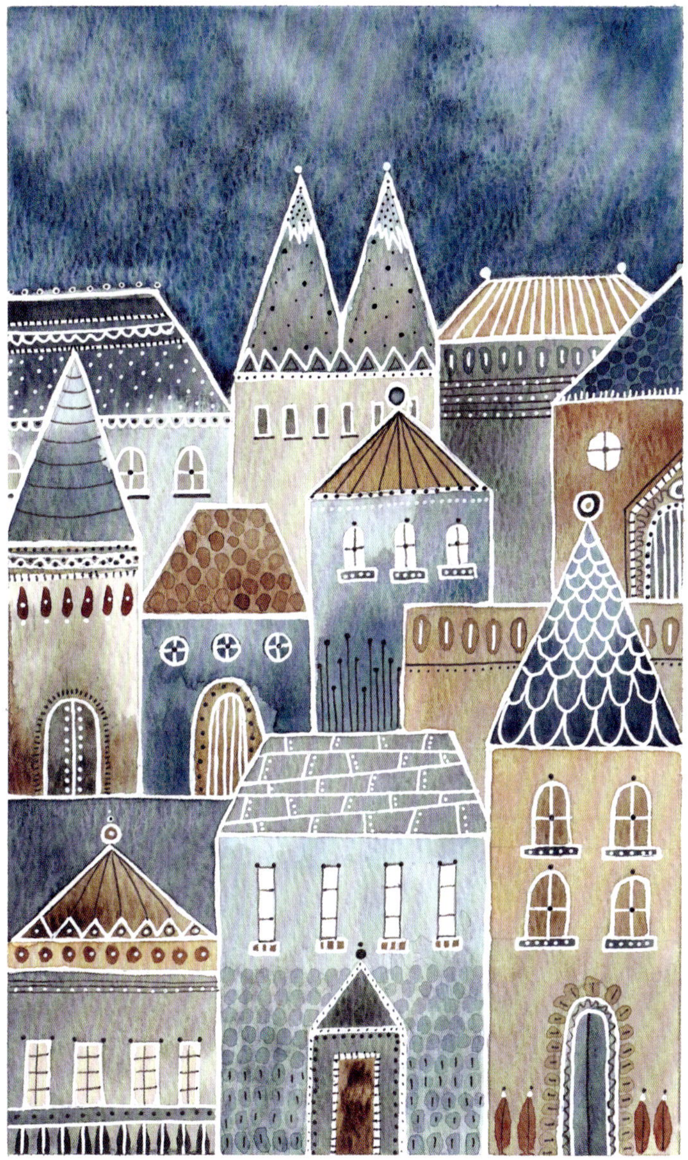

Die Stadtszene hebt sich vor dem dunklen und dramatischen Himmel schön ab.

Der gute Tipp: Entferne das Band langsam, zieh es in flachem Winkel ab, damit das Papier nicht reißt.

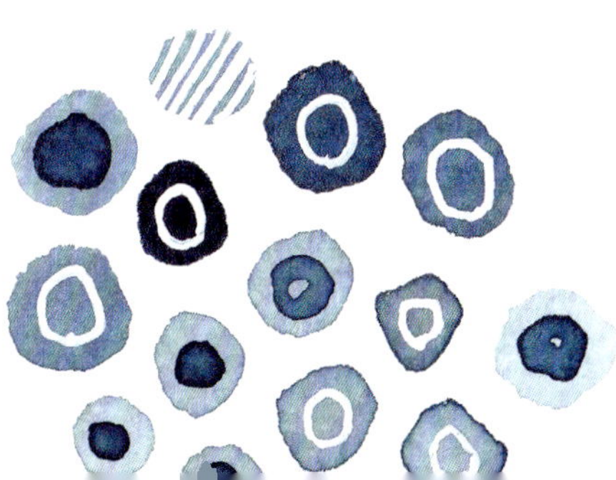

Mondlicht im Wasser

Diese vom Mond beleuchtete Landschaft ist dunkler als meine sonstigen Arbeiten, aber mit atmosphärischen und subtilen Details versehen, die der Betrachter entdecken kann. Zarte weiße Highlights akzentuieren die dunkle Farbpalette, daher leuchten die goldenen Highlights auf dem Meer und der Mondsichel umso mehr heraus.

MATERIAL

- Winsor & Newton professionelle Aquarellfarben
- Daler-Rowney Aquafine Aquarellblock
- Jackson's Quillpinsel – Gr. 0 und 10/0
- Filbert- und Rundpinsel
- Uni-ball Signo Stift – weiß, 1 mm (Breit)
- Posca Pigmentmarker – weiß, 0,7 mm (Ultra Fine)
- Winsor & Newton Drawing Ink – golden
- Bleistift (optional)

FARBAUSWAHL

Die natürliche Farbpalette für dieses Werk, eines meiner naturgetreueren, war eine satte Auswahl an dunklem Blau, Indigo und Schwarz. Doch es wäre auch mit einer sonnendurchfluteten Meerlandschaft schön, mit einer helleren Palette von Blau- und Grüntönen und strahlendem Himmel. Das Gelbgold der Sonne würde gegen die Farbverläufe der Wolken toll aussehen.

WINSOR & NEWTON FARBREFERENZEN

- Indanthrenblau
- Indigo
- Elfenbeinschwarz
- Payne's Grau

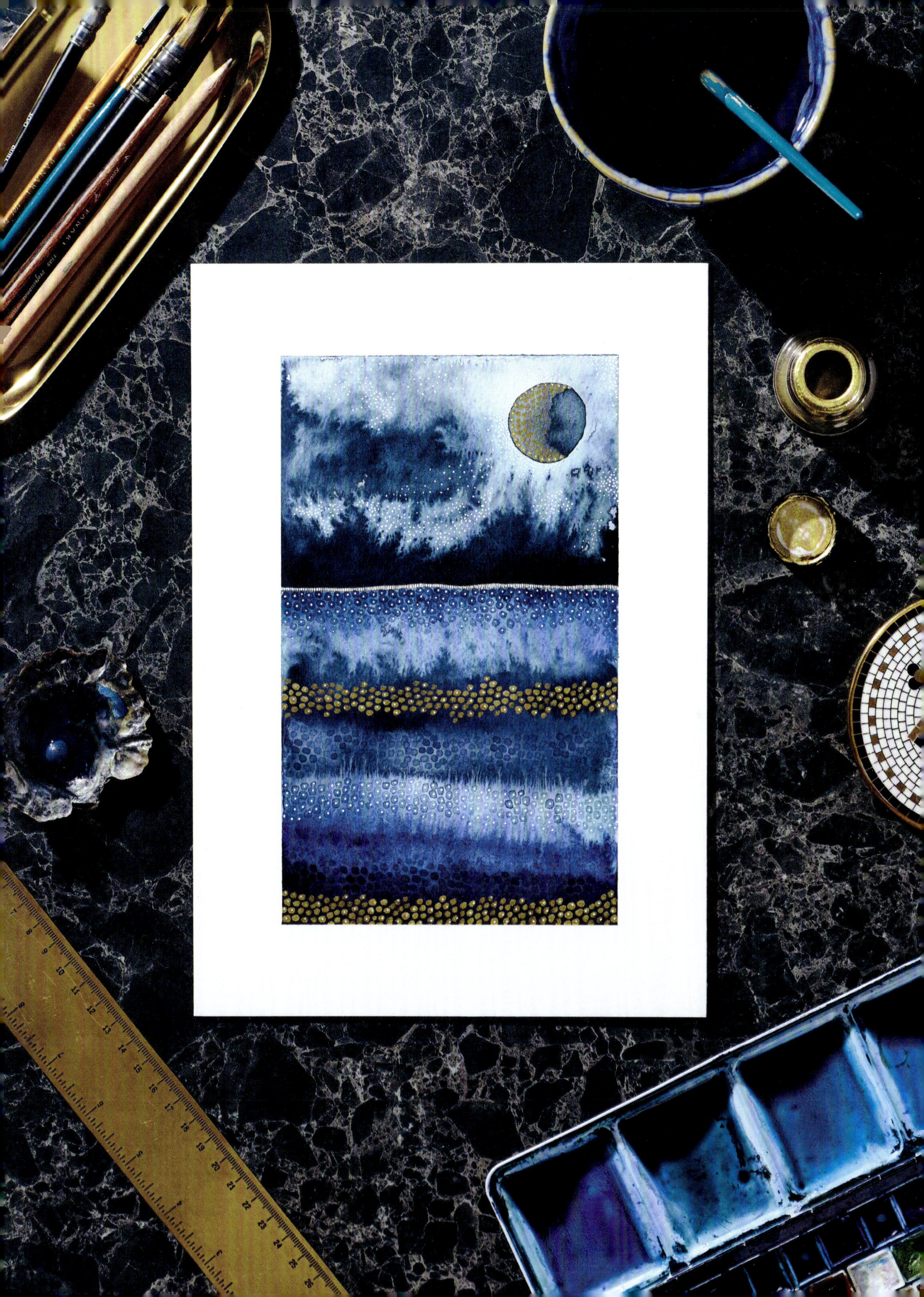

Schritt 1: **NASSE FARBE**

Klebe zuerst dein Blatt ab. Hier wird mit viel nasser Farbe gearbeitet, also achte darauf, dass die Ränder gut anliegen (*siehe* Techniken: Abdeckgrenzen).

Die Proportionen Himmel – Meer sind etwa ein Drittel – zwei Drittel. Wenn es dir hilft, zeichne es mit Bleistift ein und male mit stark verdünntem Payne's Grau über die ganze Seite. Das ist die nasse Basis, auf die du zusätzliche Farbe auftragen wirst.

Der Himmel

Kreiere einen dunkleren Ton Payne's Grau und Indigo und male etwa zwei bis drei Zentimeter an der Wasserlinie entlang.

Wenn du mit der Farbaufteilung zufrieden bist, lass es etwa eine Minute trocknen. Tauche einen Pinsel in sauberes Wasser und tropfe auf deine „weiße" Fläche. Die so entstehenden kleinen Farbverläufe bilden getrocknet die Wolkenformen. Das alles wird immer noch ziemlich nass sein, aber im getrockneten Zustand wird all diese Farbe deinen texturierten Himmel gestalten.

Das Meer

Beginne mit einer Farbschicht unter dem Himmel, lasse eine schmale Linie weiß, um die beiden Bereiche zu trennen und zu verhindern, dass die Farben sich vermischen. Kreiere Wellen, indem du Streifen von Indanthrenblau, Payne's Grau und Indigo dazu malst. Wechsle kräftige und verdünnte Töne ab, um Kontrast zu erzeugen. Lass das Papier vollständig trocknen.

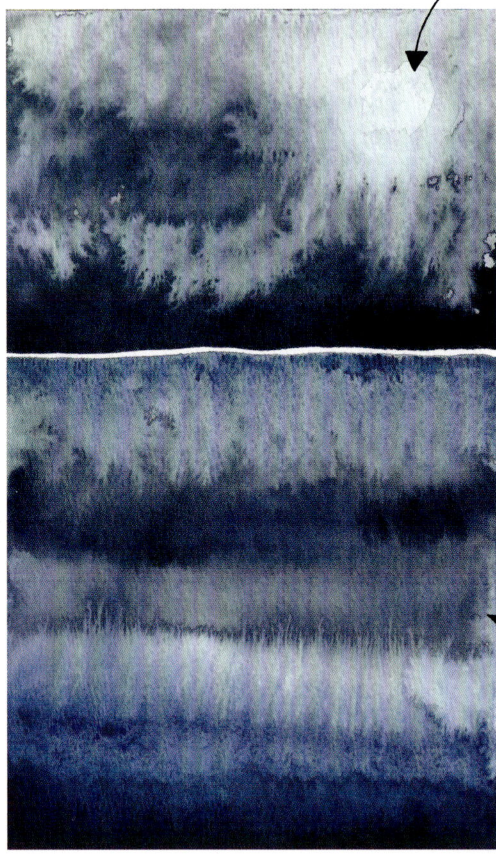

Schritt 2: **NASS AUF TROCKEN**

Trage für Textur eine Schicht nasse Farbe auf, wenn die erste vollständig getrocknet ist.

Das Meer

Ich liebe es, die von der Farbe gebildeten natürlichen Formen zu sehen, daher habe ich sparsam Tropfenreihen auf hellere Bereiche gemalt, um Textur zu erzeugen. Male sie in beliebiger Anzahl und lass sie gut trocknen.

Der Himmel

Sieh dir die Komposition genau an und entscheide, wo der Mond hin soll. Ich habe ihn nach rechts oben gesetzt, wo die Farbe am hellsten ist. So sticht er hervor – ich wollte einen Vollmond, aber du kannst auch eine Sichel malen.

Mit schwarzem Stift habe ich senkrechte Striche auf die Linie zwischen Himmel und Meer gemalt.

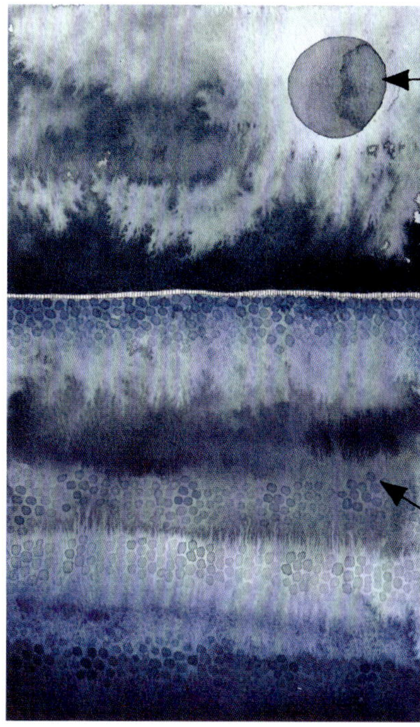

Zuerst kommt der Mond aufs Bild.

Schwarze senkrechte Striche soften die ansonsten sehr starke weiße Trennlinie ab.

Reihen von Aquarelltropfen sorgen für Textur.

Schritt 3: **WEISSE VERZIERUNGEN**

Es ist Zeit, weiße Details einzuzeichnen. Da das Bild sehr dunkel ist, helfen sie, einige Bereiche hervorzuheben oder aufzuhellen, die zu dunkel wirken oder schlammig aussehen. Ich habe mich an Weiß um den Mond und in den Wolken gehalten, um den Gesamteindruck heller zu machen. Ich habe auch an der Spitze einiger Wellen weiße Punkte gemalt, um den Eindruck von Wellenkämmen und Gischt zu vermitteln.

Ich habe ein paar unterschiedlich kräftige weiße Punkte verteilt, die um den Mond herum am hellsten sind.

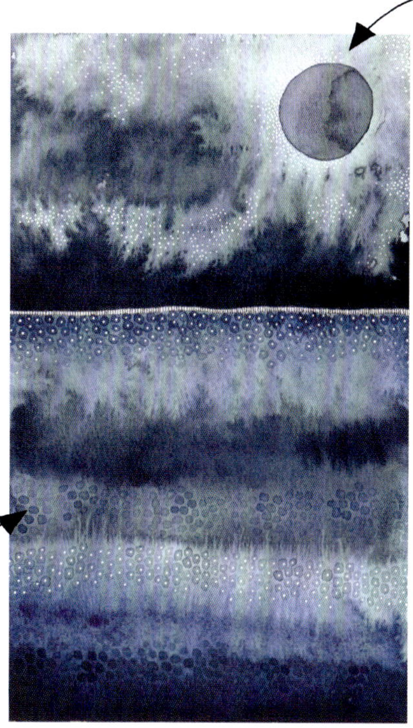

Locker auf den Wellen verstreute Punkte deuten Bewegung und räumliche Tiefe an.

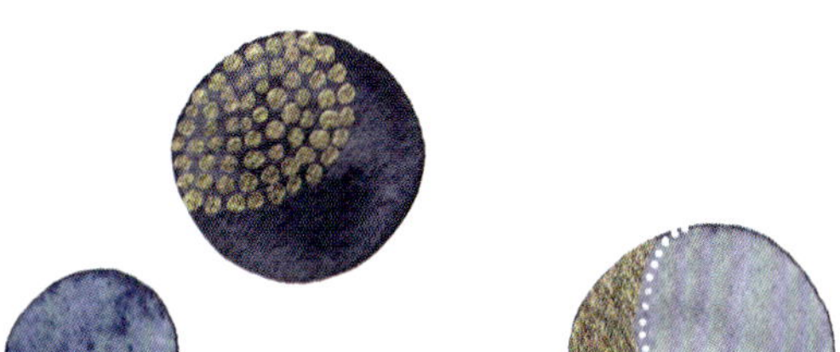

Schritt 4: GOLDENE VERZIERUNGEN

Jetzt zum spaßigen Teil – die goldenen Highlights! Wie in der Einführung erwähnt, fügt Gold der satten Intensivität der Farben Drama und Glanz hinzu.

Ich gestalte mit Gold den Kontrast der beiden dunkelsten Wellen und betone die Mondsichel. Du kannst goldene Sterne in den Himmel malen, wenn du magst – mach das, was sich für dich gut anfühlt. Ich würde dir raten, einen Schritt zurückzutreten und dein Werk zu betrachten, bevor du zu viel Gold aufmalst – manchmal ist weniger mehr (und es ist leichter dazuzumalen als zu entfernen!).

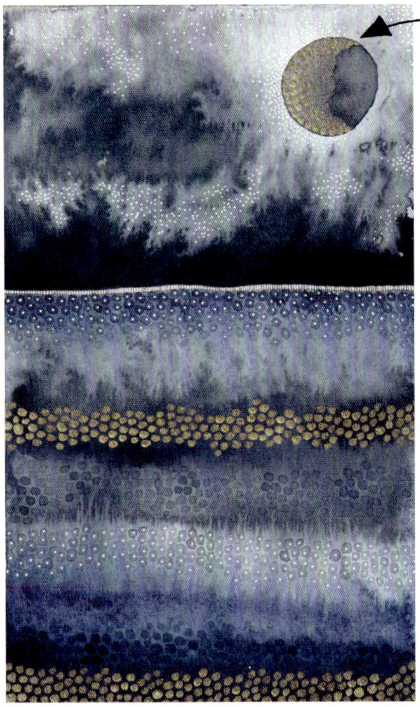

Goldene Details heben den Mond dezent hervor.

Sparsam dem Meer hinzugefügtes Gold erzeugt Drama und Bewegung.

Schritt 5: DER LETZTE SCHLIFF

Tritt zurück, um das Bild noch mal anzusehen und ein paar mehr weiße Punkte hinzuzufügen, wenn du möchtest. Dann ist dein Bild vollständig!

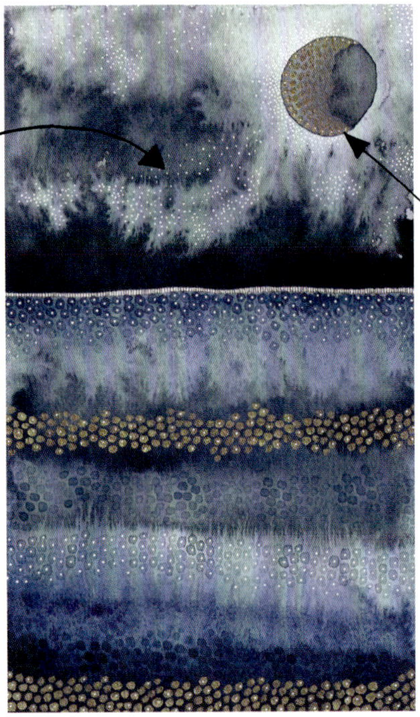

Ein paar weiße Punkte mehr soften die Mitte des Himmels ab.

Weiße Punkte über dem Gold umranden den Mond dezent.

Highlights entstehen durch das Hinzufügen weißer Punkte auf einigen der goldenen Flecken.

Der gute Tipp: Das würde in einem Passepartout gut aussehen, das die düsteren Farben mit viel weißer Fläche umgibt.

Mehr Inspiration

Das ist der „Tag“ zum Hauptprojekt „Nacht“. Ich habe dieselben Grundtechniken angewendet, aber die Farbpalette besteht aus sanften, blassen Blautönen. Statt melancholischem Nachthimmel steht eine abstrakte Sonne mit leichten Wolken am Himmel. Die Bilder würden nebeneinander hängend toll aussehen.

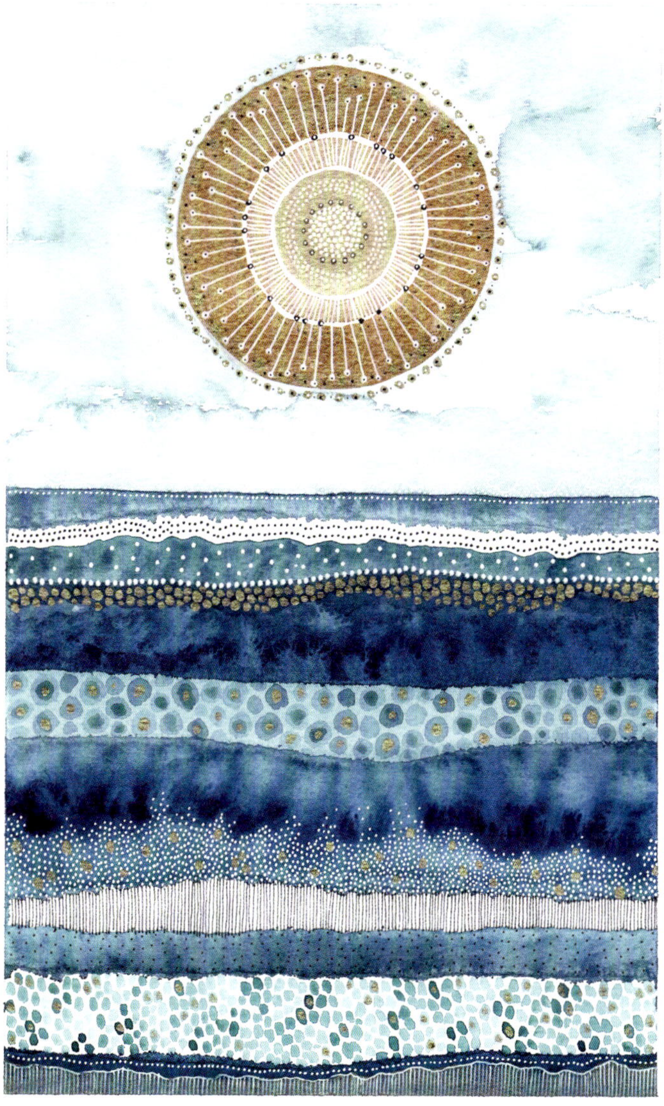

Über die Autorin

Kate Rebecca Leach ist Künstlerin, Illustratorin und Tutorin und lebt in Hertfordshire, UK.

Ihre Marke Essoldo Design hat sie 2020 gegründet und seither eine Community von mehr als 100 000 Instagram-Followern aufgebaut, ihre Arbeit weltweit in mehr als 35 Länder verkauft und Produkte in Großbritannien, Europa und den USA lizensiert. Das ist Kates erstes Buch.

Kate würde gern sehen, wie du das Buch benutzt und mit abstrakten Aquarellen experimentierst. Teile deine Fotos auf Social Media mit dem Hashtag **#EssoldoAbstractWatercolor**, mit etwas Glück wirst du dann auf ihren Social-Media-Kanälen gefeatured! Dort erfährst du mehr über Kate und ihre Kunst:

Instagram + Facebook: @essoldodesign

Webseite: essoldodesign.com

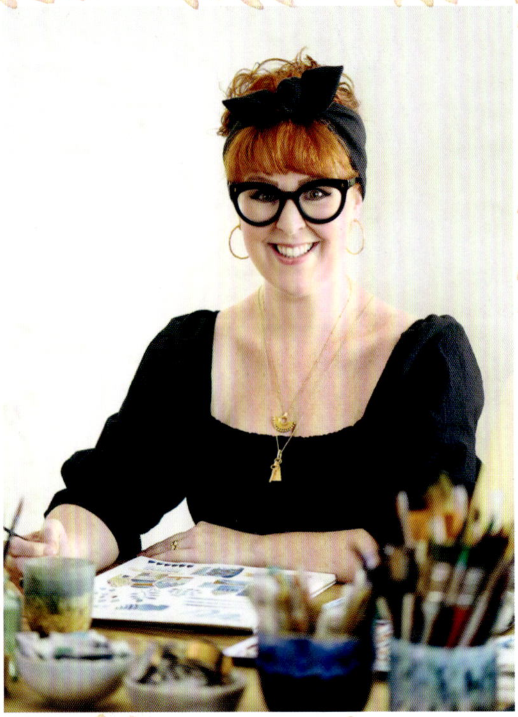

Danksagung

Dieses Buch wäre ohne die Liebe und Unterstützung meiner Familie und Freunde nicht möglich gewesen.

Meinem tollen Partner Anthony – du hast mich seit dem Anfang meiner Kunstreise ermutigt, und wenn du mich nicht angefeuert hättest, wüsste ich nicht, wo ich wäre! Deine Liebe und Unterstützung (ganz zu schweigen von deinem grafischen Geschick hat diese Erfahrung geformt – danke.

Meinen Eltern und meinem Bruder für ihr unerschütterliches Vertrauen in mich. Ihr wart immer da, auf den Kindheitsausflügen nach Kew Gardens, um die Blumen zu studieren, bis zu meinen künstlerischen Studententagen und darüber hinaus – danke, dass ihr meine Kreativität gefüttert habt.

Ohne Ame, Jenny und das Team von David & Charles wäre dieses Buch nicht möglich gewesen. Sie haben meinen Traum, eine echte veröffentlichte Autorin zu werden, wahr werden lassen. Eure Begleitung auf jedem Schritt des Wegs haben die (etwas beängstigende) Vorstellung, ein Buch zu schreiben, zu einer absoluten Freude werden lassen. Hoffentlich gefällt euch das Ergebnis genauso gut wie mir.

Und schließlich danke ich noch meiner Instagram-Familie. Ohne eure täglichen netten Worte, euer Feedback und eure positive Energie wäre ich nicht da, wo ich heute bin. Dieses Buch ist für euch!

Empfohlene Marken

Diese Marken verwende ich für meine Arbeiten und in diesem Buch:

Farben
- Daler-Rowney
- Kuretake
- Winsor & Newton

Papier
- Arches
- Canson
- Daler Rowney
- St Cuthberts Mill

Pinsel
- Daler-Rowney
- Jackson's Art
- Panart

Tinte
- Winsor & Newton Drawing Ink

Stifte
- Posca
- Staedtler Fineliner
- Uni-ball Signo

Maskierflüssigkeit
- Winsor & Newton Künstler-Markierflüssigkeit

Abdeckband
- Frog Tape Delicate Surface
- Masking Tape – Yellow

Keramikpaletten
- Jackson's Keramikpaletten

Register

Impressum

Originalausgabe erschienen 2024
unter dem Titel „Creativ Abstract Watercolor"
von Kate Rebecca Leach

Für die deutsche Ausgabe:
Projektmanagement: Xenia Kuczera
Lektorat: A. Reuß
Übersetzung: Mareike Weber
Satz: Sabine Vonderstein
Umschlaggestaltung: Mathias Frisch
Herstellung: Vanessa Brunner
Printed by Asia Pacific Offset Ltd.

★★★★★

Sind Sie mit diesem Titel zufrieden? Dann würden wir uns über Ihre Weiterempfehlung freuen. Erzählen Sie es im Freundeskreis, berichten Sie Ihrem Buchhändler oder bewerten Sie beim Onlinekauf. Und wenn Sie Kritik, Korrekturen, Aktualisierungen haben, freuen wir uns über Ihre Nachricht an:
Christian Verlag, Postfach 40 02 09, 80702 München
oder per E-Mail an lektorat@verlagshaus.de.

Unser komplettes Programm finden Sie unter

www.christophorus-verlag.de

Alle Angaben und Anleitungen sind mit größtmöglicher Sorgfalt zusammengestellt. Dennoch kann bei Fehlern keinerlei Haftung für direkte oder indirekte Folgen übernommen werden. Sollte dieses Werk Links auf Webseiten Dritter enthalten, so machen wir uns die Inhalte nicht zu eigen und übernehmen für die Inhalte keine Haftung.
In diesem Buch wird aus Gründen der besseren Lesbarkeit das generische Maskulinum verwendet. Weibliche und anderweitige Geschlechteridentitäten werden dabei ausdrücklich mitgemeint, soweit es für die Aussage erforderlich ist.

Die Deutsche Nationalbibliothek verzeichnet diese Publikation in der Deutschen Nationalbibliografie; detaillierte bibliografische Daten sind im Internet über http://dnb.d-nb.de abrufbar.

ISBN 978-3-86230-469-1

FSC MIX Papier | Fördert gute Waldnutzung FSC® C136333

Kreativ-Service

Sie haben Fragen zu unseren Büchern und Materialien? Wir beraten Sie gern rund um alle Kreativthemen.
Rufen Sie uns einfach an. Wir interessieren uns auch für Ihre eigenen Ideen und Anregungen.
Sie erreichen uns per E-Mail kreativ-service@c-verlag.de oder unter der Telefonnummer 0049-89-1306 99 577.

Besuchen Sie uns im Internet: **www.christophorus-verlag.de & www.selbstgemacht.de**